Unity 2017.X

Curso práctico

Unity 2017.X

Curso práctico

Adrián Domínguez Díaz
Fernando Navarro Pulido
Javier Manuel Castro González

La ley prohíbe fotocopiar este libro

Unity 2017.X. Curso Práctico
© Adrián Domínguez Díaz, Fernando Navarro Pulido, Javier Manuel Castro González
© De la edición: Ra-Ma 2017
© De la edición: ABG Colecciones 2020

MARCAS COMERCIALES. Las designaciones utilizadas por las empresas para distinguir sus productos (hardware, software, sistemas operativos, etc.) suelen ser marcas registradas. RA-MA ha intentado a lo largo de este libro distinguir las marcas comerciales de los términos descriptivos, siguiendo el estilo que utiliza el fabricante, sin intención de infringir la marca y solo en beneficio del propietario de la misma. Los datos de los ejemplos y pantallas son ficticios a no ser que se especifique lo contrario.

RA-MA es marca comercial registrada.

Se ha puesto el máximo empeño en ofrecer al lector una información completa y precisa. Sin embargo, RA-MA Editorial no asume ninguna responsabilidad derivada de su uso ni tampoco de cualquier violación de patentes ni otros derechos de terceras partes que pudieran ocurrir. Esta publicación tiene por objeto proporcionar unos conocimientos precisos y acreditados sobre el tema tratado. Su venta no supone para el editor ninguna forma de asistencia legal, administrativa o de ningún otro tipo. En caso de precisarse asesoría legal u otra forma de ayuda experta, deben buscarse los servicios de un profesional competente.

Reservados todos los derechos de publicación en cualquier idioma.

Según lo dispuesto en el Código Penal vigente, ninguna parte de este libro puede ser reproducida, grabada en sistema de almacenamiento o transmitida en forma alguna ni por cualquier procedimiento, ya sea electrónico, mecánico, reprográfico, magnético o cualquier otro sin autorización previa y por escrito de RA-MA; su contenido está protegido por la ley vigente, que establece penas de prisión y/o multas a quienes, intencionadamente, reprodujeren o plagiaren, en todo o en parte, una obra literaria, artística o científica.

Editado por:
RA-MA Editorial
Madrid, España

Colección American Book Group - Informática y Computación - Volumen 11.

ISBN No. 978-168-165-710-3

Biblioteca del Congreso de los Estados Unidos de América: Número de control 2019935030
www.americanbookgroup.com/publishing.php

Maquetación: Antonio García Tomé
Diseño de portada: Antonio García Tomé
Código para acceder al contenido en línea: 978849964713-5

ÍNDICE

SOBRE LOS AUTORES 13
INTRODUCCIÓN 15
CAPÍTULO 1. INTRODUCCIÓN A UNITY 17
   1.1   EL MOTOR UNITY 17
   1.2   DESCARGA E INSTALACIÓN 18
   1.3   PRIMER USO Y ACTIVACIÓN DE LICENCIA 20
   1.4   CREACIÓN DE UN NUEVO PROYECTO 21
   1.5   APERTURA DE UN PROYECTO EXISTENTE 22
   1.6   ESTRUCTURA DE CARPETAS DE UN PROYECTO 22
   1.7   EDITOR DE CÓDIGO FUENTE 24
CAPÍTULO 2. CONCEPTOS BÁSICOS 25
   PREPARACIÓN 25
   2.1   INTERFAZ DE USUARIO DE UNITY 26
   2.2   PREVISUALIZACIÓN Y JUEGO 29
           2.2.1   Resolución y escala de la vista de juego 31
   2.3   ESCENAS Y VISTA DE ESCENA 31
           2.3.1   Movimiento de cámara en la vista de escena 32
           2.3.2   *Gizmo* de escena 32
           2.3.3   Selección y foco 34
           2.3.4   Transformación de objetos 34
           2.3.5   Ajuste de posición por vértices 36
           2.3.6   Ejes globales y locales 36
           2.3.7   Punto de origen 38
           2.3.8   *Snapping* 39
           2.3.9   Barra de vista de escena 40

- 2.4 GAME OBJECTS Y JERARQUÍA 42
  - 2.4.1 Creación de objetos 43
  - 2.4.2 Relaciones de jerarquía 43
  - 2.4.3 Operaciones en la jerarquía 44
- 2.5 COMPONENTES E INSPECTOR 44
  - 2.5.1 Propiedades de un GameObject 45
  - 2.5.2 Componentes 47
  - 2.5.3 Parámetros de los componentes 48
  - 2.5.4 Operaciones con componentes 51
  - 2.5.5 Acceso a componentes desde *script* 52
- 2.6 ASSETS Y PROYECTO 53
  - 2.6.1 Opciones de la ventana de proyecto 55
  - 2.6.2 Creación de una estructura de carpetas 55
  - 2.6.3 Creación y gestión de *assets* 57
  - 2.6.4 Importación de *assets* 59
  - 2.6.5 Importación de paquetes de *assets* 59
  - 2.6.6 Importación de paquetes de la Asset Store 61
  - 2.6.7 Opciones de importación y ficheros .meta 63
  - 2.6.8 Creación y uso de *prefabs* 65
- 2.7 CONSOLA Y DEPURACIÓN 68
  - 2.7.1 Opciones de la consola 69
- 2.8 EJECUTABLE Y OPCIONES DE CONSTRUCCIÓN 70

CAPÍTULO 3. SCRIPTING 73
- PREPARACIÓN 73
- 3.1 EL LENGUAJE C# 74
- 3.2 *SCRIPT*S Y LA CLASE MONOBEHAVIOUR 74
  - 3.2.1 Creación de un *script* 75
  - 3.2.2 Esqueleto de un nuevo *script* 76
  - 3.2.3 La clase MonoBehaviour 78
- 3.3 VARIABLES DE UN COMPONENTE 79
  - 3.3.1 Tipos de variables 80
  - 3.3.2 Variables editables desde el inspector 82
- 3.4 BUCLE DE JUEGO 85
  - 3.4.1 Inicialización de un *script* 87
  - 3.4.2 Actualización de físicas 88
  - 3.4.3 Actualización de *input* 89
  - 3.4.4 Actualización de lógica 91
  - 3.4.5 Destrucción de un *script* 92
  - 3.4.6 Otros eventos del bucle de juego 93
- 3.5 INPUT DE USUARIO 93
  - 3.5.1 La clase *Input* 93
  - 3.5.2 *Input* mediante teclas y botones del ratón 94
  - 3.5.3 *Input* mediante botones virtuales 95

          3.5.4   *Input* mediante ejes virtuales 96
          3.5.5   Configuración del botones y ejes virtuales 97
          3.5.6   Otras formas de *input* 98
    3.6   TRANSFORMACIONES BÁSICAS 98
          3.6.1   Acceso al componente Transform 99
          3.6.2   Sistema de coordenadas 100
          3.6.3   Coordenadas globales y locales 102
          3.6.4   Coordenadas locales y jerarquía de escena 103
          3.6.5   Puntos, direcciones y vectores 104
          3.6.6   Operaciones con vectores 106
          3.6.7   Movimiento de objetos 107
          3.6.8   Rotación de objetos 110
          3.6.9   Escalado de objetos 112
    3.7   CREACIÓN Y DESTRUCCIÓN DE OBJETOS 113
          3.7.1   Creación de objetos 113
          3.7.2   Destrucción de objetos 115
    3.8   COMUNICACIÓN ENTRE OBJETOS 116
          3.8.1   Autorreferencias 117
          3.8.2   Referencias públicas a otros objetos 118
          3.8.3   Búsqueda de objetos por nombre 119
          3.8.4   Búsqueda de objetos por etiqueta 120
          3.8.5   Acceso a componentes 121
    3.9   DEPURACIÓN POR CONSOLA 123
          3.9.1   Envío de mensajes a la consola de depuración 124
          3.9.2   Mensajes de depuración y rendimiento 125
          3.9.3   Mensajes de error generados por Unity 126
    3.10 OTRAS FUNCIONALIDADES 127

CAPÍTULO 4. CREACIÓN DE NIVELES 129
    PREPARACIÓN 129
    4.1   CREACIÓN DE TERRENOS 130
          4.1.1   Creación del terreno 130
          4.1.2   Colisiones del terreno 132
          4.1.3   Mapa de alturas 133
          4.1.4   Texturas 136
          4.1.5   Árboles 140
          4.1.6   Hierba y detalles 144
          4.1.7   Zonas de viento 147
          4.1.8   Configuración de opciones de terreno 149
          4.1.9   Agua 151
    4.2   MODELOS 3D 152
          4.2.1   Importación de modelos 153
          4.2.2   Estructura de un modelo 156
          4.2.3   Materiales de un modelo 157
          4.2.4   L.O.D. (Level of Detail) 168

4.3 SKYBOX 173
    4.3.1 *Skybox* mediante mapas de texturas 173
    4.3.2 *Skybox* procedural 178
4.4 ILUMINACIÓN 179
    4.4.1 Tipos de luz 180
    4.4.2 Opciones de iluminación general 184
4.5 CÁMARAS 189
    4.5.1 Componentes de la cámara 190
    4.5.2 Componente Camera 191
    4.5.3 First Person Controller 197
4.6 AUDIO 199
    4.6.1 Importación de audio 199
    4.6.2 Reproducción de audio 200
    4.6.3 Componente AudioSource 201
    4.6.4 Reproducción de audio desde *script* 202

CAPÍTULO 5. FÍSICAS 205
   PREPARACIÓN 205
   5.1 EL MOTOR FÍSICO 206
       5.1.1 Aclaración sobre 3D y 2D 207
   5.2 RIGIDBODY 207
       5.2.1 Propiedades del Rigidbody 208
       5.2.2 Interacción de componentes Rigidbody y Transform 212
       5.2.3 Sleep / WakeUp 215
   5.3 VOLÚMENES DE COLISIÓN 215
       5.3.1 Motor de dibujo vs Motor de físicas 216
       5.3.2 Añadir un volumen de colisión a un objeto 217
       5.3.3 Unión de varios volúmenes de colisión 217
       5.3.4 Propiedades comunes de todos los *colliders* 219
       5.3.5 Tipos de *collider* 221
       5.3.6 Physic Material 225
       5.3.7 Volúmenes de colisión y *Triggers* 228
       5.3.8 Matriz de Colisiones 230
   5.4 TIPOS DE OBJETOS FÍSICOS 233
       5.4.1 Objetos dinámicos 233
       5.4.2 Objetos cinemáticos 237
       5.4.3 Objetos estáticos 240
   5.5 CHARACTER CONTROLLER 241
       5.5.1 Propiedades de Character Controller 242
       5.5.2 Movimiento 244
       5.5.3 Diferencias con otros objetos físicos 246
       5.5.4 Detección de colisiones 247

5.6 RAYCAST 250
    5.6.1 Origen y dirección del rayo 250
    5.6.2 Creación y visualización de un rayo 253
    5.6.3 *Raycasting* 254
    5.6.4 Otros métodos de la clase *Physics* 255
5.7 FÍSICAS Y BUCLES DE JUEGO 255
    5.7.1 Bucle de juego de paso variable 256
    5.7.2 Bucle de juego de paso fijo 257
    5.7.3 Escala de Tiempo 260

CAPÍTULO 6. INTERFAZ DE USUARIO 261
PREPARACIÓN 261
6.1 LA INTERFAZ DE USUARIO 262
6.2 CANVAS 263
    6.2.1 EventSystem 264
    6.2.2 *Canvas* 265
    6.2.3 Modos de renderizado del *canvas* 267
6.3 ESCALADO AUTOMÁTICO DEL CANVAS 269
    6.3.1 Resolución de pantalla 269
    6.3.2 Relación de aspecto 271
    6.3.3 Componente Canvas Scaler 273
6.4 *WIDGETS* 275
    6.4.1 Componentes visuales 276
    6.4.2 Componentes de interacción 279
    6.4.3 *Widgets* preconstruidos 280
    6.4.4 Button 281
    6.4.5 Toogle 281
    6.4.6 Slider 281
    6.4.7 Dropdown 281
    6.4.8 InputField 282
    6.4.9 Panel 282
    6.4.10 Scroll View 282
6.5 POSICIONAMIENTO DE *WIDGETS* 283
    6.5.1 Posicionamiento absoluto y relativo 283
    6.5.2 Rect Tool 284
    6.5.3 RectTransform: Ancla, Pivote y Posición 285
    6.5.4 Ubicación de anclas y pivote 289
    6.5.5 Jerarquía y profundidad de los *widgets* 290
6.6 SPRITES Y COMPONENTE IMAGE 291
    6.6.1 *Sprites* 291
    6.6.2 Componentes *Image* y *RawImage* 293
    6.6.3 Tipos de imagen 295
    6.6.4 Edición de un *sprite* para una imagen *Sliced* 297
    6.6.5 Uso de componente Image por *script* 298

  6.7 COMPONENTE TEXT 300
    6.7.1 Propiedades del componente Text 300
    6.7.2 Modo Rich Text y etiquetas de estilos 301
    6.7.3 Componentes Outline y Shadow 302
    6.7.4 Uso de componente Text por *script* 302
  6.8 AUTO-LAYOUT 303
    6.8.1 Fundamentos del sistema de Auto-Layout 303
    6.8.2 Componente Layout Element 305
    6.8.3 Componentes Layout Controller 306

APÉNDICE **309**
 HERRAMIENTAS 309
 RECURSOS 311
 BIBLIOGRAFÍA 311
 TUTORIALES 312
 COMUNIDADES Y FOROS 312

MATERIAL ADICIONAL **313**

AGRADECIMIENTOS

Adrián: A Cristina, Yolanda y Manuel por su apoyo constante. Y a todos mis alumnos, por ser mi fuente de motivación, de aprendizaje y los que hacen posible que ejerza mi vocación.

Fernando: Para Rosa y Fernando. A mi amigo y maestro Juan Carlos, que desde su aportación en *LaPasionPorEscribir.blogspot.com.es*, nos ayuda a todos a expresarnos un poco mejor.

Javier: A todos aquellos que no se han rendido, a todos los que han luchado y a todos los que se esfuerzan día tras día. Nunca dejéis de tener hambre por aprender: El futuro es vuestro.

SOBRE LOS AUTORES

ADRIÁN DOMÍNGUEZ DÍAZ

Ingeniero informático especializado en desarrollo de apps y videojuegos. Desde 2012 trabaja como formador en estas áreas, impartiendo cursos y másteres en distintas instituciones y empresas como la Universidad de Alcalá o la escuela CICE.

Desde 2014 ha compatibilizado su labor docente con labores de director y desarrollador en Chaotic Kingdoms, estudio del que es cofundador, desarrollando apps y juegos dirigidos al marketing, la salud o la educación. En 2017 finalizó esta aventura empresarial para dedicarse de lleno a su vocación docente.

Actualmente ejerce como director del Máster en Desarrollo de Videojuegos con Unity en CICE, labor que compatibiliza con la investigación y la realización de su tesis doctoral en la Universidad de Alcalá, en las áreas de la gamificación y el uso de nuevas tecnologías en la educación.

Para más información sobre Adrián puedes consultar su web personal *http://adriandominguez.tech* o contactar con él vía Twitter en *@profvideojuegos*.

FERNANDO NAVARRO PULIDO

Especialista en ingeniería informática aplicada a la formación y RRHH, ha desarrollado desde el año 1999 multitud de sistemas de información aplicados a estas áreas, para grandes corporaciones como Deloitte, Endesa, la Confederación Española de Cajas de Ahorros, la Universidad de Deusto, etc., incluyendo el videojuego y la gamificación como elementos innovadores dentro de los procesos formativos.

Desde el año 2007 ha colaborado con distintos estudios en el desarrollo de varios videojuegos para distintas plataformas.

Actualmente ejerce su labor profesional como director técnico del estudio Digital Dream Games & VR Factory, especializado en la integración de videojuegos educativos en sistemas de formación on-line, gamificación de contenidos y desarrollo de aplicaciones de transformación digital, basadas en realidad aumentada y virtual.

JAVIER MANUEL CASTRO GONZÁLEZ

Informático por vocación, Javier creció en una familia de programadores, adquiriendo una pasión por el desarrollo de videojuegos que le ha acompañado desde su niñez. Sus especialidades son la programación de lógica, gráfica, core y scripting para videojuegos.

Desde 2014 se dedica al mundo de la enseñanza en estas áreas, impartiendo clases magistrales y cursos en distintas empresas como ConMasFuturo o CICE. Además, desde 2007 ha trabajado de forma profesional como programador en distintas empresas y colaborado con diversos grupos independientes, desarrollando software educativo, herramientas de imprenta digital, videojuegos, diseño, modelado, texturizado y rigging 3D.

Actualmente ocupa el puesto de formador en el Master en Desarrollo de Videojuegos con Unity en CICE, mientras continua de forma activa en el desarrollo de videojuegos con herramientas como Unreal Engine y Unity3D en diversos grupos con los que se relaciona.

INTRODUCCIÓN

Unity es actualmente uno de los *game engines* más utilizados en la industria del desarrollo de videojuegos. Desde el lanzamiento de Unity 3 en 2010, esté motor ha sufrido un gran crecimiento tanto a nivel técnico, ofreciendo cada vez más y mejores funcionalidades; como en cuanto a volumen de usuarios, siendo adoptado por todo tipo de desarrolladores y empresas, desde aficionados hasta colosos de la industria como Nintendo o Square Enix. Este éxito se ha debido sin duda al lema de la compañía, enfocada en "democratizar el desarrollo de videojuegos" con sus herramientas. Además del avanzado y completo motor que nos ofrece Unity, algunas de sus características, como sus versiones gratuitas, la tienda de recursos o las capacidades de compilación multiplataforma, han sido elementos diferenciales clave para el éxito de Unity por encima de otros motores.

El objetivo de este libro es que los lectores adquieran una base sólida de conocimiento sobre Unity, descubriendo y comprendiendo los conceptos, elementos y herramientas esenciales para el desarrollo de videojuegos con este motor. Dada la gran cantidad de funcionalidades que ofrece Unity, el alcance del libro se ha acotado a aquellas partes del motor que resultan esenciales en el desarrollo de cualquier tipo de videojuego. A cambio, cada uno de los temas cubiertos es abordado en profundidad, tratando de que el lector no solamente aprenda a utilizar el motor, sino que, sobre todo, entienda los conceptos subyacentes a cada técnica y herramienta explicada. Los distintos capítulos van acompañados también de consejos de experto, basados en la experiencia de los autores, con los que el lector podrá evitar errores comunes y acelerar su proceso de aprendizaje y posterior trabajo con Unity. Por último, gracias a los contenidos descargables que acompañan al libro, el lector podrá acceder a proyectos con los que ver de forma práctica todo lo aprendido durante la lectura.

El libro se divide en los siguientes capítulos:

- Capítulo 1. Introducción a Unity
- Capítulo 2. Conceptos básicos
- Capítulo 3. *Scripting*
- Capítulo 4. Creación de niveles
- Capítulo 5. Físicas y colisiones
- Capítulo 6. Interfaz de usuario
- Apéndice

1

INTRODUCCIÓN A UNITY

En este capítulo explicaremos qué es Unity y cuáles son sus características más importantes. Después procederemos a su descarga e instalación paso a paso, y a la creación y apertura de un nuevo proyecto, descubriendo la estructura de carpetas que siguen los proyectos. A lo largo del capítulo podrás aprender más sobre los siguientes temas:

1. El motor Unity
2. Descarga e instalación
3. Primer uso y activación
4. Creación de un nuevo proyecto
5. Apertura de un proyecto
6. Estructura de carpetas del proyecto
7. Editor de código fuente

1.1 EL MOTOR UNITY

Unity es un motor de desarrollo de videojuegos, una *suite* de herramientas diseñadas para facilitar la labor de trabajar en los distintos aspectos de un videojuego, tales como los gráficos, las físicas, las animaciones o la inteligencia artificial. Además, Unity tiene determinadas características que han ayudado a su adopción por parte de empresas y profesionales y a su rápido crecimiento, que se enumeran a continuación:

- Gratuito: Unity dispone de una licencia gratuita totalmente funcional para desarrolladores *indie* y pequeños estudios, así como un plan de precios escalable según el volumen de negocio de cada estudio. Esto hace de Unity una herramienta asequible que se adapta a las necesidades de cada desarrollador.

- Multiplataforma: Unity permite crear juegos para sistemas de sobremesa como Windows o MAC OS, dispositivos móviles cómo iOS y Android, consolas como Playstation, Xbox o Wii, e incluso para otros dispositivos como televisores inteligentes Samsung o Apple TV, así como los distintos sistemas de realidad virtual que hay en el mercado. La compilación para gran parte de estas plataformas es completamente gratuita, lo que permite ahorrar grandes costes en el desarrollo de juegos multiplataforma.

- Extensible: la funcionalidad de Unity puede ser incrementada mediante *plugins*, consiguiendo de esta forma que el motor maneje y gestione elementos para los que, en un principio, no estaba pensado. Esta característica permite a los desarrolladores usar Unity para todo tipo de proyectos y utilizar *plugins* propios o de terceros para acelerar su trabajo.

- Tienda de recursos: Unity no solo es extensible, sino que además ofrece un portal para comprar y vender extensiones y otro tipo de recursos, denominado Asset Store. Dentro de este portal es posible encontrar todo tipo de complementos y recursos desarrollados por terceros, tanto gratuitos como de pago. Además de ser útil para los desarrolladores de juegos, también permite a numerosas compañías forjar su negocio alrededor de esta tienda, como creadores de herramientas y contenido.

- Servicios: Unity ofrece una serie de servicios adicionales, en su mayor parte gratuitos, que ayudan en distintas fases del negocio de los videojuegos. Por ejemplo, Unity Ads permite añadir publicidad en juegos para dispositivos móviles, Unity Analytics facilita la captura de analíticas sobre interacción de usuarios y Unity Networking ofrece infraestructura para el desarrollo de juegos *online* y *matchmaking*.

1.2 DESCARGA E INSTALACIÓN

Unity puede descargarse gratuitamente desde la web *https://unity3d.com/es/* accediendo a la página **Obtén Unity ahora** que aparece al entrar y seleccionando el tipo de licencia **Personal** en caso de que queramos utilizar la licencia gratuita.

Al respecto de las distintas licencias de Unity, conviene indicar que, aunque existen cuatro modelos, Personal, Plus, Pro y Enterprise, en todas ellas están incluidas las mismas funcionalidades y herramientas del motor. Las versiones de pago se distinguen únicamente por una serie de servicios externos adicionales que pueden ser de especial interés para desarrolladores profesionales y empresas, pero no afectan de ninguna forma a las funcionalidades del propio motor. En consecuencia, todo lo explicado en este libro podrá llevarse a cabo con cualquier modelo de licencia, ya sea gratuita o de pago.

Una vez descargado el instalador de Unity, procederemos a abrirlo para instalar el motor. Tras aceptar las condiciones de la licencia, durante el proceso de instalación podremos elegir qué paquetes deseamos instalar y para qué plataformas habilitaremos la compilación de proyectos. Para agilizar la instalación te recomendamos activar únicamente la instalación de Unity (primer *checkbox*) y los *Standard Assets* (tercer *checkbox*) que utilizaremos en algunos de los capítulos del libro:

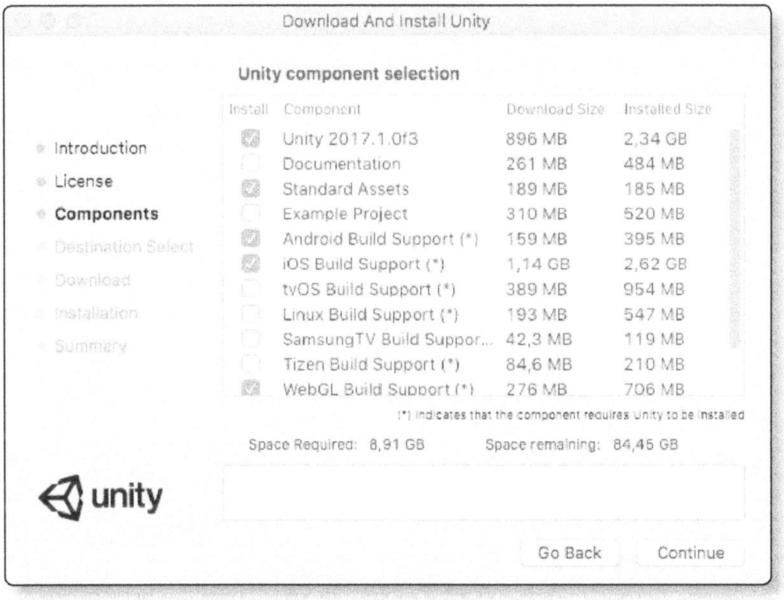

Figura 1.1. Opciones de instalación

Una vez seleccionados los paquetes a instalar y la ruta de instalación, Unity procederá a descargar todos los paquetes necesarios y a instalarlos en nuestro equipo.

> **TRUCO**
> Pueden descargarse e instalarse paquetes y plataformas adicionales en cualquier momento después de la instalación, por lo que no debes preocuparte si se te ha olvidado seleccionar alguno de los paquetes durante la instalación.

1.3 PRIMER USO Y ACTIVACIÓN DE LICENCIA

Cuando abramos el motor por primera vez, este nos solicitará los datos de nuestra cuenta Unity. En caso de no disponer de esta cuenta, necesaria para poder utilizar la herramienta, procederemos a registrarnos pulsando sobre el enlace indicado o a través de la web de Unity. Tras ello introduciremos el email y contraseña con los que nos hayamos registrado, y continuaremos:

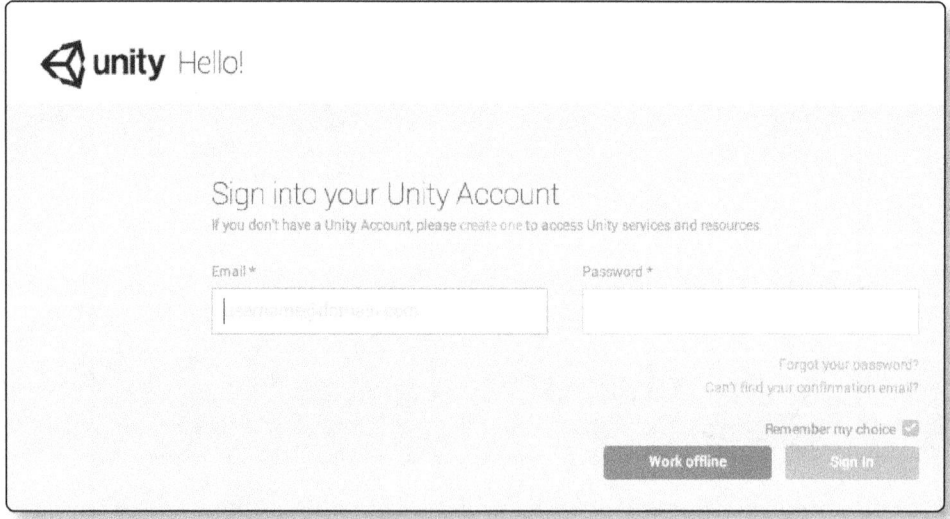

Figura 1.2. Ingreso de datos de cuenta de desarrollador

Una vez introducida la cuenta de Unity, se abrirá la ventana inicial. Esta ventana, que se mostrará por defecto cada vez que iniciemos el motor, muestra el contenido de los proyectos recientes con los que hemos trabajado, así como opciones para crear nuevos proyectos o cargar otros que no se encuentran en la lista de recientes.

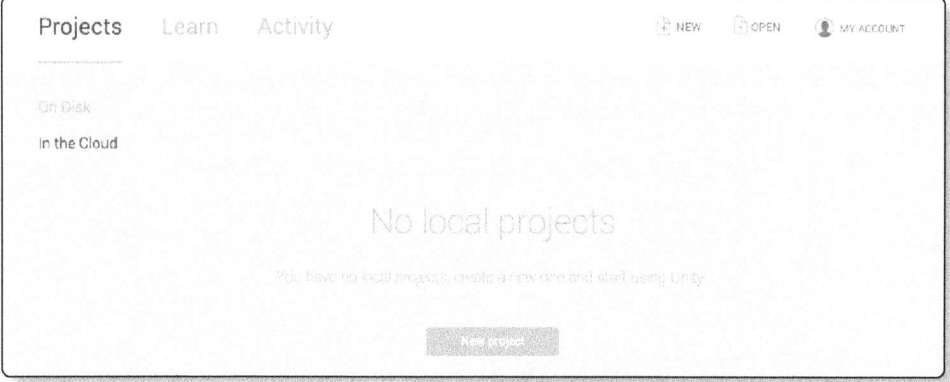

Figura 1.3. Ventana inicial

Desde esta pantalla también podemos acceder a las opciones de nuestra cuenta de Unity, pulsando para ello el botón **My Account**. Aunque una vez validada la licencia podemos cerrar la sesión y trabajar con Unity de forma *offline*, recomendamos mantener la sesión iniciada ya que nos ahorrará introducir los datos de nuestra cuenta al acceder a determinadas secciones, como el Asset Store o los servicios.

1.4 CREACIÓN DE UN NUEVO PROYECTO

Para crear un nuevo proyecto podemos seleccionar la opción **New**, con lo que nos aparecerá la siguiente ventana:

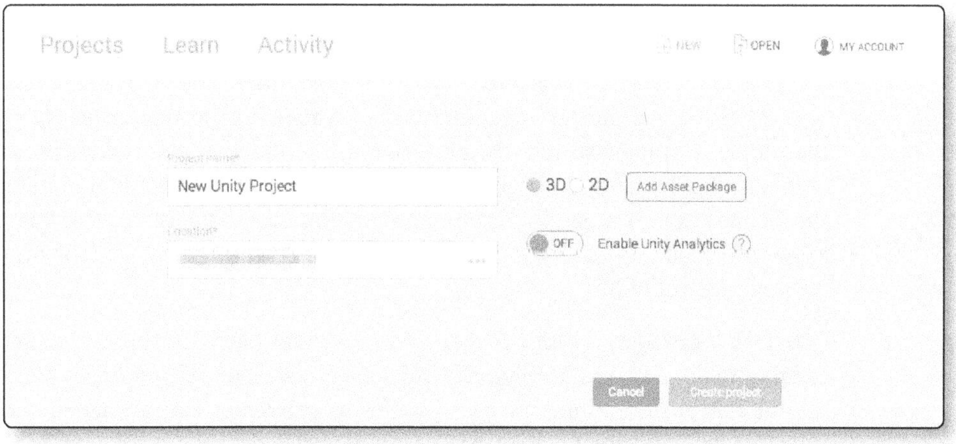

Figura 1.4. Creación de un nuevo proyecto

En esta ventana debemos indicar el nombre que tendrá nuestro proyecto, en qué lugar del disco lo vamos a guardar, si va a ser un proyecto 3D o 2D y si queremos añadir paquetes o servicios adicionales. Cualquiera de estos valores puede ser cambiado con posterioridad, por lo que no debemos preocuparnos si cometemos cualquier error.

Una vez cumplimentada esta información pulsaremos sobre el botón **Create Project**. Unity creará un nuevo directorio con el nombre del proyecto en la ubicación que le hemos indicado, generando una estructura de carpetas y ficheros básica para el proyecto. Tras ello se abrirá el editor.

1.5 APERTURA DE UN PROYECTO EXISTENTE

Para abrir un proyecto utilizaremos la opción **Open** de la ventana, con lo que Unity nos mostrará el explorador del disco para seleccionar la carpeta donde se encuentra el proyecto.

También es posible abrir un proyecto haciendo doble clic en uno de sus ficheros de escena. Una vez abierto un proyecto, éste aparecerá en el listado de proyectos frecuentes y bastará hacer clic en el mismo para volver a abrirlo en cualquier momento.

1.6 ESTRUCTURA DE CARPETAS DE UN PROYECTO

Al crear un nuevo proyecto, Unity genera una serie de carpetas y ficheros dentro de la carpeta del proyecto.

La estructura de carpetas inicial es la siguiente:

- **Assets**: esta es la carpeta raíz de todos los recursos de nuestro juego. En general trabajaremos con esta carpeta a través del editor de Unity, ya que es el lugar donde se copiarán todos los recursos que importemos, y donde se desplegarán los distintos *plugins* y paquetes que instalemos. Junto a cada recurso almacenado en esta carpeta, Unity generará también un fichero con el mismo nombre y extensión .meta, que almacenará las opciones de importación del recurso, por lo que en ningún caso debemos eliminarlos o modificarlos.

- **Project Settings**: Unity dispone de un conjunto de herramientas denominadas *Settings Managers*. Cada una de estas herramientas gestiona algún aspecto de configuración de nuestro proyecto, como pueden ser los controles del juego, los tipos de objetos físicos, la calidad gráfica o el nombre e icono del juego, entre otras muchas opciones. El resultado de estas configuraciones se almacena en la carpeta Project Settings. Es por tanto una carpeta importante ya que almacena gran parte de la configuración de nuestro juego y entorno de trabajo.

▼ **Library**: esta carpeta almacena versiones procesadas y optimizadas de los distintos recursos que guardamos en la carpeta Assets. Los recursos de la carpeta Assets nunca se usarán tal cual en la versión ejecutable del juego, si no que Unity los procesará y optimizará para adecuarlos al *hardware* o plataforma de destino. Por ejemplo, Unity nos permite importar ficheros de Photoshop en un proyecto, pero este formato no es adecuado para el "renderizado" de imágenes en una tarjeta gráfica, por lo que Unity lo procesará, comprimiéndolo y optimizándolo adecuadamente. Este procesamiento se realizará en todos y cada uno de los recursos de la carpeta Assets, independientemente de su formato. En ningún momento debemos modificar estos ficheros a mano, aunque si podremos borrarlos sin preocupación si lo necesitamos, ya que Unity volverá a generarlos de nuevo al abrir el proyecto.

▼ **Temp**: en esta carpeta Unity almacena ficheros temporales necesarios para su funcionamiento interno. Entre otros, en esta carpeta se crearán ficheros que almacenarán el estado actual de la escena en la que estemos trabajando. En general nunca modificaremos o eliminaremos estos ficheros.

▼ **Otras carpetas**: aunque inicialmente el proyecto solo contará con las carpetas anteriormente mencionadas, cuando editemos *scripts* por primera vez se generarán dos carpetas adicionales, "obj" y "bin", además de varios ficheros con distintas extensiones como .sln, .csproj o .unityproj. Todas estas carpetas y ficheros son utilizados durante las compilaciones de proyectos, o por el editor de código fuente, y en general nunca querremos abrirlos o modificarlos manualmente.

TRUCO

A la hora de mantener tu proyecto bajo control de versiones o de realizar copias de seguridad del mismo, solo deberás mantener versiones o copiar las carpetas Assets y Project Settings de la carpeta raíz del proyecto, asegurando que copias todo su contenido incluyendo los ficheros .meta que acompañan a cada recurso. El resto de carpetas y ficheros puedes mantenerlos fuera del control de versiones u omitirlos a la hora de realizar una copia de seguridad, ya que Unity los volverá a generar automáticamente al abrir el proyecto.

1.7 EDITOR DE CÓDIGO FUENTE

Una de las herramientas más importantes a la hora de desarrollar un juego es el editor de código fuente, también denominado IDE[1] (*Integrated Development Environment*). El IDE nos permite programar *scripts* con los que definiremos el comportamiento de los distintos elementos de nuestro juego. Unity no dispone de un IDE incrustado en el editor, si no que utiliza un editor externo con el que se integra y sincroniza automáticamente.

El editor de código por defecto es MonoDevelop, herramienta que se instalará automáticamente junto con Unity. Si bien en la versión de Unity para Windows también tendremos la posibilidad de instalar y utilizar Microsoft Visual Studio en su lugar. Aunque cada una de estas herramientas tiene sus ventajas e inconvenientes, ambos permiten desarrollar exactamente los mismos *scripts*. En este libro utilizaremos MonoDevelop debido a que está disponible tanto en Windows como en Mac.

---

1   IDE: un IDE (en español, Entorno de Desarrollo Integrado), es un sistema de *software* diseñado para desarrollar *software* y que incluye una gran variedad de herramientas como editor de código, compilador, depurador, etc. Existen muchos tipos de IDE para distintos lenguajes de programación o plataformas, como Visual Studio para C# y NetBeans para Java.

2
CONCEPTOS BÁSICOS

En este capítulo abordaremos conceptos esenciales necesarios para trabajar con Unity tales como la estructura de un proyecto, los tipos de recursos o el funcionamiento de su arquitectura basada en componentes, a la vez que descubriremos la interfaz de usuario de la herramienta y sus partes más importantes. A lo largo del capítulo podrás aprender más sobre los siguientes temas:

1. Interfaz de usuario de Unity
2. Previsualización y juego
3. Escenas y vista de escena
4. GameObjects y jerarquía
5. Componentes e inspector
6. Assets y proyecto
7. Consola y depuración
8. Ejecutable y opciones de construcción

PREPARACIÓN

Con el objetivo de que puedas entender mejor los distintos conceptos y técnicas que vamos a explicarte, este capítulo va acompañando del proyecto de ejemplo "Capítulo2-Proyecto1". A lo largo del capítulo te mostraremos varias ilustraciones extraídas de este proyecto, y te invitaremos a realizar distintos cambios sobre él que te ayudarán a entender mejor las explicaciones. Consulta la Sección "Material Adicional" al final del libro para más información sobre la descarga de este y el resto de proyectos que acompañan al libro.

2.1 INTERFAZ DE USUARIO DE UNITY

Al crear o abrir un proyecto con Unity nos encontraremos con la interfaz de usuario de la herramienta. Comúnmente nos referiremos a la ventana de Unity y a su interfaz de usuario como el editor, debido a que está diseñada para permitirnos editar una gran cantidad de aspectos del juego. El editor, por defecto, tendrá un aspecto similar al de la Figura 2.1, que muestra el proyecto de ejemplo.

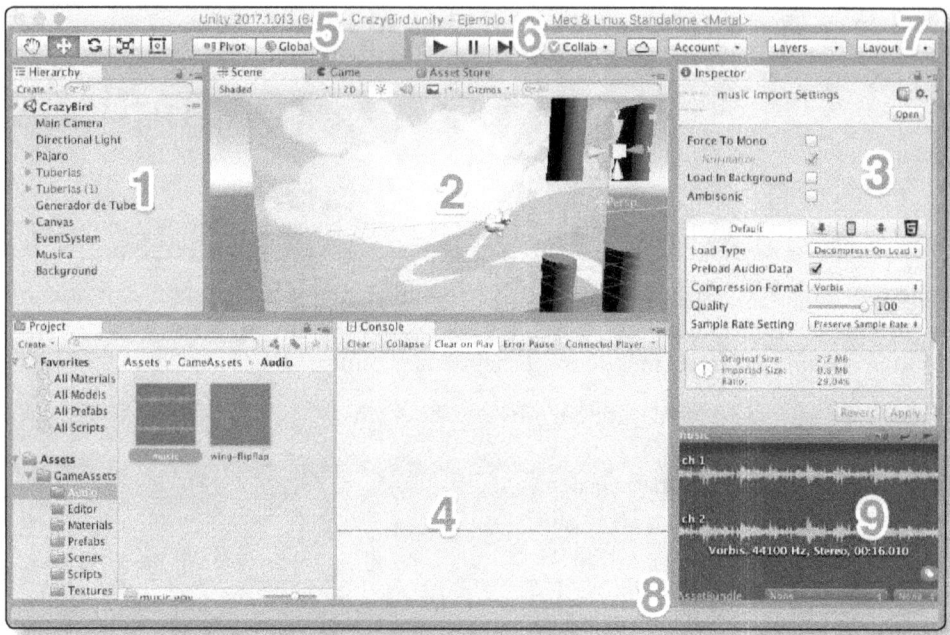

Figura 2.1. Interfaz de usuario de Unity

⚠ **CUIDADO**

Si al abrir el proyecto no visualizas una escena similar a la de la Figura 2.1, mira la ventana Project (zona 4) en la parte inferior del interfaz de Unity, y busca la carpeta "Assets/GameAssets/Scenes". Dentro podrás encontrar el fichero de escena CrazyBird, representado con un icono de Unity. Haz doble clic sobre él para abrirlo antes de continuar.

En la Figura 2.1 podemos distinguir nueve zonas diferenciadas bordeadas en rojo. Aunque más adelante se explicarán con detenimiento, a continuación indicamos de forma resumida qué es y para qué sirven las distintas ventanas y controles que podemos encontrar en cada una de esas zonas:

▼ **Zona 1. Hierarchy (jerarquía)**

En la ventana **Hierarchy**, a la que nos referiremos como **jerarquía**, están representados todos los objetos que se encuentren actualmente en la escena. En el proyecto de ejemplo podrás ver el objeto del pájaro, algunas tuberías, el fondo del escenario, etc. El nombre de "jerarquía" viene dado porque dentro de unos objetos puede haber subobjetos, creándose así relaciones jerárquicas que estudiaremos más adelante. Prueba a hacer doble clic sobre distintos objetos de la jerarquía para visualizarlos en la ventana *Scene* que explicamos a continuación.

▼ **Zona 2. Scene y Game (escena y juego)**

En la ventana **Scene**, al que nos referiremos como **vista de escena**, podremos trabajar visualmente con la escena actual para seleccionar, mover, rotar y escalar los distintos objetos que la forman, y en la ventana **Game**, también denominada vista de juego, podremos reproducir una versión "jugable" de la escena. Para cambiar de una a otra usaremos el botón **Play** (zona 6) que activará o desactivará el modo de juego. Más adelante profundizaremos en el uso de estas vistas.

▼ **Zona 3. Inspector**

En la ventana **Inspector**, al que nos referiremos como inspector, se visualizarán todos los componentes del objeto que esté actualmente seleccionado en la escena. Un componente es un elemento que proporciona cierta funcionalidad a un objeto. Hay componentes para gráficos 2D, gráficos 3D, reproducción de sonido, etc. Mediante *scripting*[2] también podremos programar nuestros propios componentes. Prueba a seleccionar distintos objetos de la jerarquía para ir viendo uno a uno sus componentes. Más adelante profundizaremos en el concepto de componente y explicaremos cómo trabajar con esta ventana.

---

2   Scripting: en Unity un *script* es un fichero de código donde está programada la funcionalidad de un componente. Por tanto, el termino *scripting* se refiere a la acción de crear un *script* o sencillamente a la acción de programar.

▼ **Zona 4. Project y Console (proyecto y consola)**

Desde la ventana **Project**, o ventana de proyecto, podemos gestionar los *assets* o recursos del juego. Los recursos se organizan en carpetas, a partir de la carpeta raíz Assets. Dentro de ella podremos crear una estructura de carpeta como creamos conveniente para organizar todos nuestros recursos. Navega por la estructura de carpetas del proyecto para identificar los distintos recursos que contiene.

La ventana **Console**, a la que nos referiremos como consola, contiene la consola de depuración donde se mostrarán mensajes informativos, alertas y errores que tengan lugar en el proyecto, ya sea durante la compilación de código y recursos, o durante la ejecución, cuando el modo de juego esté activado. Algunos mensajes son errores internos de Unity, por lo que no te preocupes si aparece algún mensaje de error en la consola por el momento.

▼ **Zona 5. Toolbar (herramientas)**

En la **Toolbar**, o barra de herramientas, situada en la parte superior izquierda de la ventana, tenemos a nuestra disposición una serie de herramientas que nos permitirán movernos por la escena; mover, rotar o escalar los objetos de la misma; así como cambiar el sistema de referencia para todas estas transformaciones. Más adelante profundizaremos en estas herramientas.

▼ **Zona 6. Botones Play, Pause y Step**

Los botones situados en la parte superior central del editor nos permiten reproducir nuestro juego, pausarlo o avanzar un *frame*[3], así como detener y resumir el juego según el caso. En general usaremos estos botones a la hora de depurar la escena actual, reproduciéndola, pausándola o avanzándola paso a paso según necesitemos.

---

3 Frame: unidad mínima de ejecución del juego. En un *frame* se ejecuta una pasada de la lógica y del renderizado del juego. La duración de un *frame* depende de la velocidad a la que el procesador y la tarjeta gráfica sean capaces de reproducir el juego, así como las opciones V-Sync entre otros influyentes.

▼ **Zona 7. Services, Layers y Layouts (servicios, capas y disposición)**

En esta zona podemos acceder a una serie de botones y listas desplegables que nos dan acceso a distintas funcionalidades. El botón **Services** nos da acceso a los servicios externos de Unity cuyo uso queda fuera del ámbito de este libro. El botón **Layers** permite mostrar u ocultar determinadas capas de objetos en la vista de escena. Más adelante se explicará el concepto de capa. El botón **Layout** permite cambiar la disposición de las ventanas de Unity al igual que la opción de menú **Windows → Layouts**.

▼ **Zona 8. Barra de estado**

La barra de estado nos presenta el último mensaje que haya aparecido en la consola de depuración.

▼ **Zona 9. Preview (vista previa)**

Este panel nos ofrece una vista previa de recurso que tengamos seleccionado en la ventana **Project** siempre que sea posible. Si el recurso se puede reproducir, como una animación o un fichero de audio, aparecerá un botón **Play** en esta ventana que nos permitirá reproducir el recurso.

2.2 PREVISUALIZACIÓN Y JUEGO

Una de las características más interesantes de Unity es el **modo de juego**, que nos permite ejecutar una escena sin necesidad de compilar[4] una versión ejecutable del proyecto completo. Esto hace mucho más rápido y cómodo desarrollar nuestros juegos, ya que podremos previsualizar con facilidad cualquier cambio que hagamos desde el editor. Para activar el modo de juego utilizaremos el botón **Play** del **Toolbar**. A partir de ese momento podremos jugar desde la vista de juego tal y como si lo hiciésemos en una versión compilada para PC o Mac.

---

4   Compilar: compilar el juego consiste en procesar todo el proyecto incluyendo *scripts*, *assets*, escenas, configuración, etc.; para generar una versión ejecutable del mismo para una plataforma en concreto de las soportadas por Unity. Este proceso no es instantáneo, si no que puede llegar a requerir varios minutos o incluso horas en juegos de gran tamaño.

> ### ✎ EJEMPLO
> Utiliza el botón **Play** para poner en marcha el proyecto de ejemplo.
> Podrás jugar pulsando espacio para hacer que el pájaro se impulse, con el objetivo de volar entre las tuberías el mayor tiempo posible sin golpear ninguna de ellas.
> Cuando termines de probarlo vuelve a pulsar el botón Play para detener la ejecución.
> También puedes usar **Ctrl+P** (Windows) o **Cmd+P** (MacOS) como atajo de teclado.

Una vez estemos en el modo de juego, mediante los botones **Play**, **Pause** y **Step** podremos pausar, reanudar y avanzar un *frame* la ejecución del juego. Al pausar el juego mediante el botón **Pause** nos será más sencillo navegar por la ventana de escena para hacer comprobaciones y detectar posibles errores en un instante concreto de la ejecución del juego. El botón **Step** nos permitirá avanzar *frame* a *frame* la ejecución, lo que nos ayudará a depurar partes de nuestro juego donde se produzcan cambios rápidamente, pudiendo observar estos cambios detenidamente en cada instante.

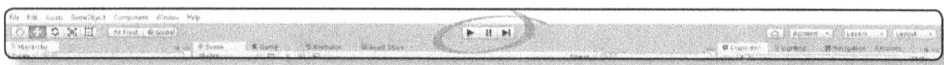

Figura 2.2. Botones Play, Pause y Step

>  **TRUCO**
> Un truco muy habitual para hacer más cómodo el uso del modo de juego consiste en mostrar a la vez la vista de escena y la vista de juego. Para ello, solo tienes que arrastrar la ventana **Game** (haciendo clic y arrastrando sobre la pestaña en la esquina superior izquierda de la ventana) para situarla a un lado de la ventana **Scene**, de forma que se muestren ambas a la vez. De esta forma podrás visualizar y trabajar con ambas ventanas al mismo tiempo mientras el modo de juego esté activo.

Figura 2.3. Vista conjunta del modo edición y del modo juego

2.2.1 Resolución y escala de la vista de juego

La vista de juego nos permite seleccionar una resolución o una relación de aspecto específica para probar nuestro juego, pudiendo simular de esta forma la ejecución del juego en distintos tipos de pantallas como la de un ordenador de sobremesa o la de un dispositivo móvil.

Haciendo clic sobre el **botón de resolución** en la vista de juego, que por defecto tendrá el valor **Free Aspect**, podremos cambiar la relación de aspecto o resolución de la ventana a una serie de valores predefinidos como **4:3**, **16:9**, etc. Si hacemos clic sobre el símbolo + aparecerá una ventana donde podremos introducir una relación de aspecto o resolución personalizadas.

Si seleccionamos una resolución demasiado grande para nuestra pantalla, Unity escalará automáticamente el juego, mostrándonos la escala aplicada en el **deslizador de escala**, situado al lado del botón de resolución. En cualquier momento podremos utilizar este deslizador para cambiar la escala de la ventana de juego.

2.3 ESCENAS Y VISTA DE ESCENA

A la hora de crear un juego lo dividiremos en distintas pantallas o, usando la terminología de Unity, **escenas**. Algunos ejemplos habituales de escenas son el menú principal, la pantalla de opciones, la escena de juego o la pantalla de **Game Over**. También suelen usarse escenas distintas para cada uno de los niveles del juego. En Unity las distintas escenas se representan como ficheros con extensión .unity. El proyecto de ejemplo tiene una única escena llamada CrazyBird.unity.

La ventana **Scene**, a la que nos referiremos habitualmente como vista de escena, nos permite explorar gráficamente el contenido de una escena tal y como se vería en el juego final, y seleccionar, mover, rotar y escalar los distintos objetos de juego, o **GameObject**[5], que contenga. A continuación, vamos a ver en detalle cómo trabajar con la vista de escena.

---

5   GameObject: este término se refiere a cualquier objeto o entidad que exista en nuestro juego, como por ejemplo personajes, ítems, elementos de escenografía, menús, posiciones clave del escenario, *triggers*, etc. Una escena está compuesta por una serie de **GameObject** organizados en una jerarquía.

2.3.1 Movimiento de cámara en la vista de escena

En primer lugar, aprenderemos a navegar por la escena moviendo, girando y haciendo *zoom* con la cámara de la vista de escena.

La primera opción para mover la cámara por la escena consiste en hacer clic dentro de la vista de escena para, a continuación, usar las **flechas del teclado** que nos permitirán mover la cámara hacia delante, hacia atrás y hacia los lados. Una vez iniciado el movimiento podemos pulsar **SHIFT** para aumentar la velocidad de desplazamiento de la cámara.

Otra opción muy útil para mover la cámara y girarla es el **modo de vuelo**, que activaremos manteniendo pulsado el **botón derecho del ratón**. En este modo podemos girar la cámara arrastrando el ratón y movernos como si de un videojuego se tratara usando las teclas **A**, **W**, **S**, **D**, **Q** y **E**. Además, si una vez iniciado el movimiento pulsamos **SHIFT**, la cámara aumentará su velocidad poco a poco, pudiendo desplazarla mucho más rápidamente por la escena.

Además del modo de vista libre, también tenemos a nuestra disposición la **herramienta mano** que ofrece varios mecanismos para mover, girar y hacer *zoom* con la cámara de la vista de escena. Para activar la herramienta mano, haremos clic sobre el icono con forma de mano que está situado en la barra de herramientas de edición, en la parte superior izquierda de Unity. También podremos usar la tecla **Q** del teclado para activar esta herramienta. Por defecto la herramienta mano nos permite **mover** la cámara pulsando el botón izquierdo del ratón y arrastrando hacia arriba, abajo o hacia los lados. Si mantenemos pulsado **ALT** la herramienta nos permitirá orbitar pulsando el botón izquierdo del ratón y arrastrando para girar la cámara alrededor de cualquier objeto que tengamos seleccionado. Por último, si pulsamos **ALT** + **clic derecho** la herramienta nos permitirá hacer *zoom* arrastrando el ratón. También es posible hacer *zoom* en cualquier momento mediante la rueda del ratón.

2.3.2 Gizmo de escena

En la esquina superior derecha de la vista de escena se encuentra el *Scene Gizmo* (*gizmo* de escena). Mediante este *gizmo* podemos alinear la cámara con los ejes globales del mundo de juego (véase más adelante "**Ejes globales y locales**"). Si hacemos clic en uno de los ejes de este *gizmo*, la cámara girará automáticamente para alinearse con él.

Figura 2.4. Gizmo de escena

También podemos usar el *gizmo* de escena para cambiar el modo de cámara. Si hacemos clic sobre el centro del *gizmo*, la cámara cambiará entre los **modos Ortho** (ortográfica) y **Persp** (perspectiva). El modo de cámara ortográfica se utiliza frecuentemente en juegos 2D, ya que ignora la distancia entre la cámara y los objetos a la hora de representarlos en pantalla. Por este motivo no tiene sentido hacer *zoom* ni acercarse o alejarse a un objeto en este modo de cámara, y las herramientas explicadas anteriormente varían su comportamiento mientras el modo ortográfico esté activado. Por el contrario, la cámara en perspectiva es más adecuada para juegos 3D ya que tiene en cuenta la distancia entre la cámara y los objetos para aplicar un efecto de perspectiva adecuado, tal y como sucede en el mundo real. A lo largo de este libro usaremos en todo momento el modo de cámara en perspectiva.

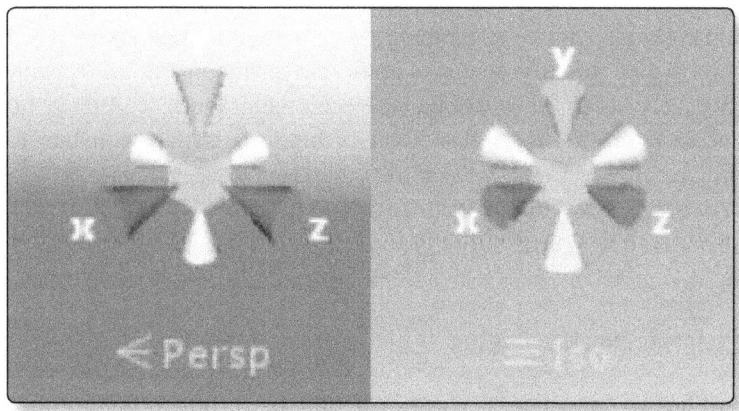

Figura 2.5. Gizmo de cámara en modo perspectiva y ortográfico

> ⚠ **CUIDADO**
>
> Si detectas que no puedes acercarte ni alejarte de un objeto en el editor con los métodos que hemos explicado anteriormente, o si visualizas una perspectiva distorsionada del juego, es muy probable que tengas el modo de cámara ortográfica activado. En ese caso pulsa sobre el centro del *gizmo* de escena para activar el modo de cámara en perspectiva y resolver el problema.

2.3.3 Selección y foco

Una vez sabemos movernos por la escena, el siguiente paso es aprender a seleccionar y enfocar un **GameObject**. Seleccionar un objeto puede ser tan sencillo como mover la cámara en la vista de escena hasta visualizarlo y hacer clic encima. Aunque se trata de una tarea sencilla, hemos de tener cuidado de que realmente estemos seleccionando el objeto que deseamos. Cuando un objeto contiene a su vez otros subobjetos es muy fácil seleccionar sin querer uno de los subobjetos en lugar del objeto raíz. Para evitarlo, siempre que seleccionemos un objeto en la vista de escena nos fijaremos inmediatamente después en la jerarquía, donde aparecerá resaltado, para verificar que se trata del objeto deseado, corrigiendo la selección si fuese necesario. Otra forma menos propensa a errores es seleccionar los objetos directamente desde la jerarquía.

Una vez tenemos un objeto seleccionado, lo podemos **enfocar** para verlo desde una perspectiva que resulte más cómoda para trabajar. Tras seleccionar un objeto con el ratón en la vista de escena, podremos pulsar la tecla **F** para que la cámara enfoque al objeto de frente y en toda su extensión. Desde la jerarquía también podemos conseguir el mismo efecto haciendo **doble clic** sobre el objeto en cuestión. Otra herramienta muy útil es el bloqueo de cámara, que mediante **SHIFT** + **F** nos permite enfocar un objeto y seguirlo desde esa posición durante su movimiento. Podemos bloquear la cámara con objetos seleccionados tanto desde la vista de escena como desde la jerarquía. Para desactivar el bloqueo bastará con hacer cualquier movimiento de cámara. Si una vez enfocado un objeto deseamos rotar alrededor de él para verlo desde otro ángulo, pulsaremos la tecla **ALT** y el botón izquierdo del ratón de tal forma que al arrastrar la cámara, éste orbitará alrededor del objeto.

2.3.4 Transformación de objetos

Después de aprender a seleccionar objetos, veremos cómo transformarlos para situarlos en la escena tal y como deseemos. A cualquier objeto se le pueden aplicar tres transformaciones distintas: traslación, rotación y escalado.

Estas tres acciones se realizan mediante los tres botones centrales de la barra de herramientas de edición, denominados *transform tools* o herramientas de transformación. El primero de los botones se utiliza para trasladar o cambiar la posición de un objeto, el segundo para modificar su rotación y el tercero para cambiar su escala. Estos botones pueden activarse más cómodamente mediante atajos de teclado, con la tecla **W** para la herramienta de movimiento, la tecla **E** para la de rotación y la tecla **R** para la de escalado.

Figura 2.6. Herramientas de edición

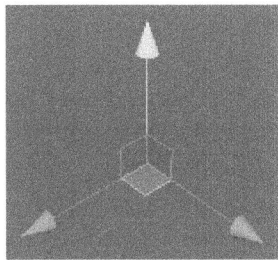 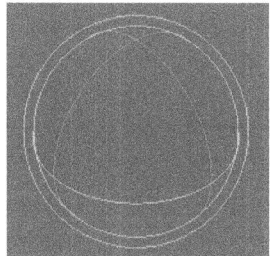 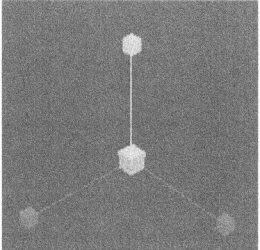

Figura 2.7. Gizmo de traslación   **Figura 2.8.** Gizmo de rotación   **Figura 2.9.** Gizmo de escalado

Cuando alguna de las herramientas de transformación esté activa, aparecerá un pequeño indicador visual o *gizmo*[6] sobre el objeto que tengamos actualmente seleccionado en la escena. Este *gizmo* nos permitirá transformar el objeto con el ratón, haciendo clic y arrastrando sobre él, y será distinto según la herramienta que esté activa. En el caso de la herramienta de traslación aparecerán unas flechas que nos permitirán desplazar el objeto en los ejes x, y o z (Figura 2.7); en el caso de la herramienta de rotación, serán unas circunferencias con las que podremos rotar el objeto alrededor de cada uno de los ejes (Figura 2.8); y en el caso de la herramienta de escalado serán unos pequeños cubos que nos permitirán escalar el objeto a lo ancho, alto y largo, así como en todos los ejes a la vez mediante el cubo central (Figura 2.9).

---

6   Gizmo: indicadores visuales que aparecen sobre los objetos de la vista de escena para darnos información sobre un objeto o para ayudarnos a manipularlo. Estos indicadores son invisibles en la versión "jugable", su único cometido es ayudarnos con información visual mientras trabajamos en la escena.

2.3.5 Ajuste de posición por vértices

El ajuste de posiciones por vértices nos facilita el posicionamiento de dos objetos, uno respecto a otro, mediante la herramienta de traslación, permitiéndonos ajustar sus posiciones utilizando los vértices de los modelos 3D de ambos objetos. Para utilizar esta funcionalidad debemos seleccionar el objeto que deseamos mover, activar la herramienta de traslación y mantener pulsada la tecla **V**. Si mientras hacemos esto movemos el ratón por encima del objeto seleccionado, el *gizmo* de traslación, que habitualmente se sitúa en el pivote o en centro del objeto, se situará en este caso sobre el vértice más cercano al ratón de su modelo 3D. Al hacer clic y arrastrar en cualquiera de estos vértices hasta la posición de otro objeto, sin soltar la tecla **V**, el ratón se irá deteniendo en los distintos vértices del modelo 3D del objeto de destino, trasladando el objeto origen de tal forma que la posición de ambos vértices coincida. Utilizaremos esta funcionalidad cada vez que necesitemos ajustar unos objetos junto a otros con la máxima precisión posible.

2.3.6 Ejes globales y locales

Cuando transformemos un objeto es importante tener en cuenta el significado de los ejes y las diferencias entre los ejes globales del mundo de juego, y los ejes locales al objeto. En Unity el eje x positivo representa "derecha" y se representa en color rojo, el eje y positivo representa "arriba" y se representa en color verde, mientras que el eje z positivo representa "adelante" y se representa en color azul. Los **ejes globales** del mundo de juego son comunes a todos los objetos, tratándose de un concepto similar al de los puntos cardinales norte, sur, este y oeste. Como casos prácticos: cuando movemos un objeto en el eje z positivo global, lo estamos moviendo hacia el norte de la escena. Por el contrario, los **ejes locales** no son comunes a todos los objetos, si no que varían para cada uno de ellos en función de su rotación, es decir, de hacia donde están mirando. Si movemos un objeto en su eje z positivo local lo estamos moviendo hacia delante, lo que dependerá de hacia donde esté mirando en ese momento.

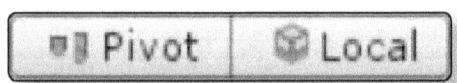

Figura 2.10. Herramienta de disposición de gizmos

> **TRUCO**
> Tal y como puedes ver en la siguiente Figura, en Unity cada uno de los ejes lleva asociado un color. Estos colores surgen de asociar los ejes XYZ con el sistema de color RGB (*Red, Green, Blue*). De esta forma el eje X se corresponde con el color **R**ed (rojo), el eje Y con el color **G**reen (verde) y el eje Z con el color **B**lue (azul). ¡Aprovecha esto para saber con qué eje estás trabajando en cada momento!

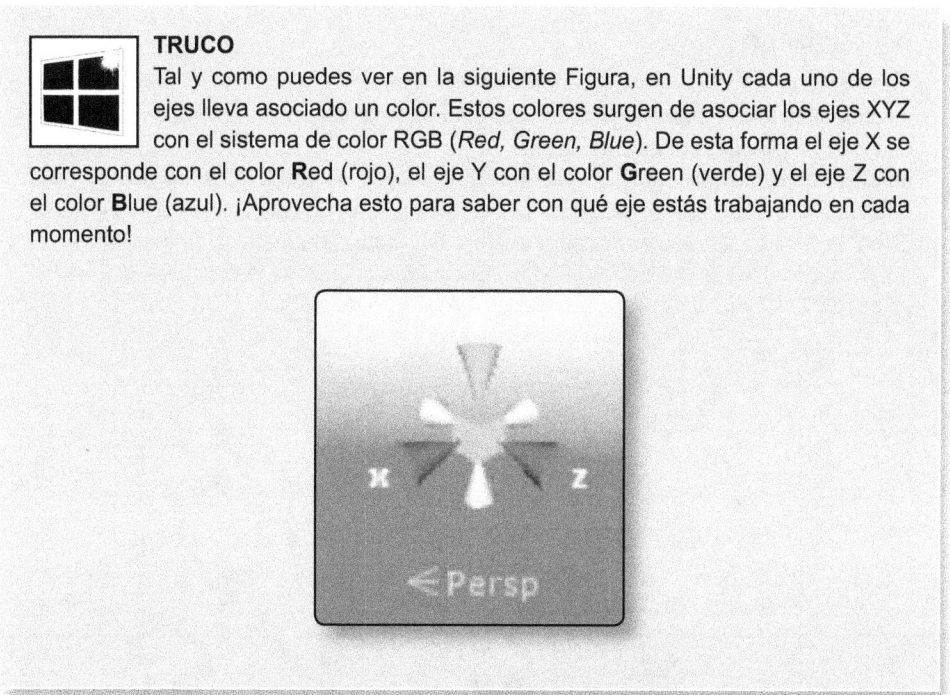

A la hora de trasladar, rotar o escalar un objeto podemos elegir el **sistema de referencia** a utilizar para dicha transformación. Mediante el botón **Local/Global** de la herramienta de disposición del *gizmos* (Figura 2.10) podemos cambiar el sistema de referencia entre global y local. Si seleccionamos el sistema de referencia **global**, los *gizmos* de las herramientas de transformación se alinearán con los ejes x, y, z globales ignorando la rotación actual del objeto. Por el contrario, si seleccionamos el sistema de referencia **local**, los *gizmos* se verán afectados por la rotación del objeto y se alinearán con sus ejes x, y, z locales.

🖉 EJEMPLO

Para ver la diferencia entre ambos sistemas de referencia selecciona en el proyecto de ejemplo el objeto "Pajaro" y seguidamente la herramienta de traslación para visualizar el *gizmo* con flechas. Si activas el sistema de referencia local la flecha azul del *gizmo* apuntará en la misma dirección en la que mira el objeto, y podrás moverlo hacia delante y hacia atrás del nivel, atravesando las tuberías. Si activas el sistema de referencia global la flecha azul apuntará hacia el eje z del mundo de juego, y podrás mover al pájaro hacia el fondo del escenario o hacia la cámara. Deshaz los cambios al finalizar pulsando **CTRL+Z** hasta restaurar la posición original del pájaro.

Figura 2.11. Ejes en modo global y local

2.3.7 Punto de origen

Al realizar cualquier transformación es importante considerar también el punto de origen. El **punto de origen** es el punto del objeto que permanecerá fijo en su posición durante cualquier rotación o escalado, de tal forma que el resto de puntos del objeto se verán desplazados a su alrededor como fruto de dicha transformación. Mediante el primer botón de la herramienta de disposición del *gizmos* (Figura 2.10) podemos cambiar el punto de origen entre el centro del objeto, calculado por Unity en base a su geometría; y su punto de pivote, el cual está prefijado en el modelo 3D del objeto. El punto pivote de un objeto viene configurado en el fichero de modelo 3D y solo se puede modificar mediante herramientas externas de modelado.

✏️ EJEMPLO

Para ver la diferencia entre ambos puntos de origen selecciona el objeto "Pajaro" y cambia el punto de origen entre un modo y otro. Verás que el *gizmo* se mueve consecuentemente entre el pivote que hemos situado en la cabeza del pájaro (opción *Pivot*) y el centro del pájaro teniendo en cuenta toda su geometría (opción Center). Cambia la escala del objeto en uno y otro modo, para ver cómo el punto de origen se mantiene fijo durante la transformación.

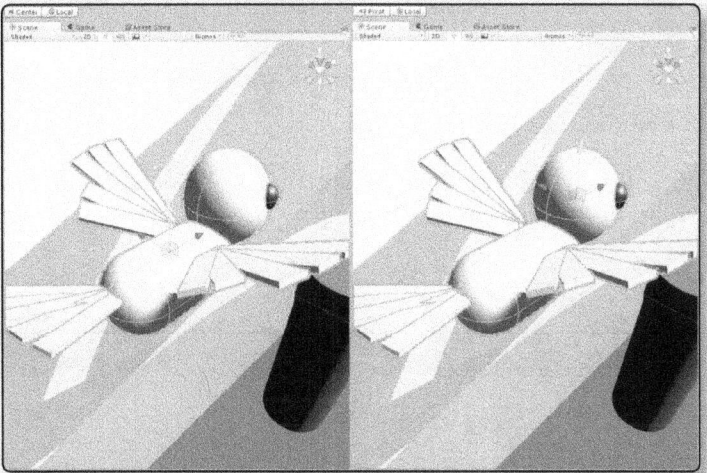

Figura 2.12. Punto de origen en modo centro o pivote

2.3.8 Snapping

El *snapping* nos permite manipular un objeto con más precisión realizando movimientos, rotaciones o escalados en incrementos prefijados. Si cuando transformemos un objeto lo hacemos pulsando simultáneamente la tecla **CTRL** ó **CMD**, el objeto se transformará en incrementos preestablecidos de unidades. Puedes establecer los valores de *snapping* en el menú **Edit → Snap settings** (Figura 2.13), donde las unidades de desplazamiento son metros, las de rotación grados y las de escalado, porcentaje con respecto al objeto original.

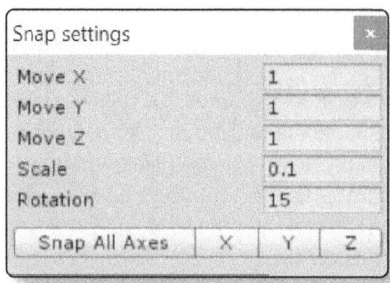

Figura 2.13. Snap settings

2.3.9 Barra de vista de escena

En la vista de escena también encontramos la barra de control de la vista de escena que se puede ver en la siguiente imagen (Figura 2.14):

Figura 2.14. Barra de vista de escena

Desde esta barra podemos controlar diversas opciones relativas a la visualización de la escena en la vista de escena. Estas opciones solo tienen efecto durante el desarrollo y depuración en la ventana de escena, pero no tendrán efecto en el juego final, ni en la vista de juego. A continuación, detallamos la utilidad de estos botones por orden de aparición:

1. El primer botón de la barra se corresponde con las opciones de dibujado. Al pulsarlo se despliega un menú que contiene diversas opciones avanzadas. Las únicas que pueden interesarnos en este momento son las siguientes:

    - **Shading Mode -> Shaded:** muestra las texturas y las sombras de los objetos.

    - **Shading Mode -> Wireframe**: dibuja la malla poligonal de los objetos.

    - **Shading Mode -> Shaded wireframe:** combina las dos anteriores, mostrando sombreado y texturas con la malla poligonal sobre el objeto.

2. El segundo botón de la barra con el texto 2D, nos permite cambiar entre la visualización 2D y 3D de la escena. Esta opción será de especial utilidad a la hora de desarrollar juegos 2D o a la hora de trabajar en el GUI[7] del juego.

3. El tercer botón de la barra con forma de sol nos permite desactivar todas las luces de la escena activándose en su lugar una luz por defecto cuyo punto de origen será la cámara de la vista de escena y que iluminará hacia delante desde ese punto. Un error habitual es desactivar este botón sin querer, lo que hace que todas las luces de la escena dejen de iluminar como si se hubiese producido algún tipo de error.

4. El cuarto botón con forma de altavoz activa o desactiva el sonido de la escena permitiéndonos silenciar todos los sonidos del juego mientras trabajamos.

5. El quinto botón con forma de paisaje nos permite desactivar distintos efectos gráficos en la vista de escena, como el *skybox*, la niebla, los destellos u otros efectos de iluminación avanzados.

6. El sexto botón es el menú de *gizmos* donde podremos configurar cómo se visualizan los diversos indicadores que aparecen encima de los objetos en la vista de escena, así como mostrar y ocultar los que nos interesen en cada momento.

7. Por último, al final de la barra disponemos de un campo de búsqueda donde podemos introducir el nombre de un objeto o un componente. Al hacerlo se mostrarán y resaltarán los objetos que cumplan con nuestro criterio de búsqueda tanto en la jerarquía como en la vista de escena, quedando oscurecidos y en blanco y negro todos los demás objetos.

> ⚠ **CUIDADO**
>
> Si detectas que gran parte de tu escena aparece en blanco y negro y que en la jerarquía no aparecen todos los objetos de la escena, es muy probable que hayas introducido algún texto en el campo de búsqueda de la barra de vista de escena o de la jerarquía. Elimina todo el contenido que haya en estos campos y volverás a visualizar los objetos con normalidad.

---

7 GUI: *Graphical User Interface* es el término técnico en inglés usado habitualmente para referirse al interfaz de usuario del juego, compuesto habitualmente por imágenes 2D, textos y botones.

2.4 GAME OBJECTS Y JERARQUÍA

Cada entidad que tengamos en una escena se denomina **GameObject**. Los **GameObjects**, a los que en ocasiones nos referiremos simplemente como objetos, son elementos genéricos con unos ciertos datos básicos: nombre, etiqueta, capa, estado de activación, posición, rotación y escala, entre los más importantes. Los objetos además pueden tener diversos componentes que les proporcionan funcionalidad, así como contener a otros subobjetos creando una relación jerárquica.

De esta forma los objetos pueden utilizarse para representar distintos tipos de elementos del juego como personajes, elementos de escenografía, ítems, posiciones clave en el escenario, partes del cuerpo de un personaje, o incluso conceptos más abstractos como gestores de partida, menús o agrupaciones de otros objetos. En la ventana de **jerarquía** puedes visualizar todos los objetos de la escena y navegar por ellos de forma jerárquica, desde los objetos padre a los objetos hijo.

✏ EJEMPLO

Selecciona de nuevo en la jerarquía el objeto "Pajaro". Verás que haciendo clic en la flecha a la izquierda del nombre del objeto, o pulsando la tecla flecha derecha, puedes desplegar la jerarquía de este objeto y visualizar todos sus subobjetos para la cabeza, cuerpo, ala1, ala2, cola, sonido de aleteo y sonido de muerte.

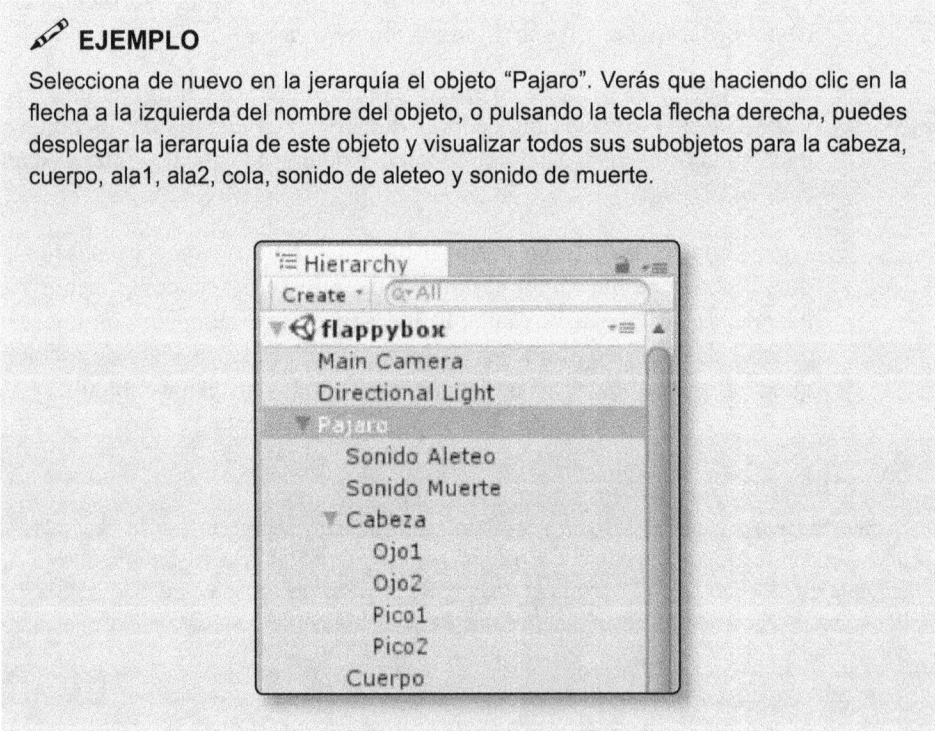

Figura 2.15. Jerarquía del objeto "Pajaro"

2.4.1 Creación de objetos

Si deseamos añadir un nuevo objeto a la jerarquía podemos hacerlo de dos formas distintas. En primer lugar, haciendo **clic derecho** sobre la jerarquía aparecerá un menú desde el que podemos añadir un nuevo objeto, tanto vacío, como prediseñado de entre un amplio catálogo de opciones. Si hemos hecho clic derecho en un espacio libre de la jerarquía, el nuevo objeto hijo se posicionará delante de la cámara de la vista de escena. Si hemos hecho clic derecho sobre un objeto de la jerarquía, el nuevo objeto aparecerá como hijo de éste, posicionado en el punto de pivote del padre.

En segundo lugar, a través del menú **Game Object** de la barra de herramientas también crearemos nuevos objetos, que en este caso se añadirán siempre al primer nivel de la jerarquía, posicionados por delante de la cámara de la vista de escena. La única excepción será la opción **Game Object -> Create Empty Child** que, en caso de tener seleccionado un objeto, creará un nuevo objeto hijo vacío posicionado en el punto de pivote del padre; y en caso de no tener seleccionado ningún objeto, creará un nuevo objeto vacío en el origen de coordenadas del mundo de juego.

2.4.2 Relaciones de jerarquía

La jerarquía entre objetos tiene una gran importancia a la hora de estructurar la escena. Todos los objetos hijos utilizan la posición, rotación y escala del padre como sistema de referencia. Es decir, si se mueve, rota o escala un objeto, dicha transformación afectará también a todos sus hijos. De forma similar, si un objeto se desactiva, todos sus hijos quedarán también desactivados *de facto* debido a la relación de jerarquía (aunque no perderán su estado de activación propio). Por último, si un objeto se elimina, también se eliminarán todos sus hijos.

> ### ✏ EJEMPLO
> Prueba a trasladar, rotar o escalar al objeto "Pajaro" y verás que este cambio se aplica a todos los hijos, de forma que se transformarán cada una de sus partes del cuerpo convenientemente. Si desactivas al pájaro haciendo clic en la casilla de verificación junto a su nombre en el inspector, verás que desaparecen de la escena todas las partes del cuerpo, y en la jerarquía aparecerán en gris, indicando que se encuentran desactivadas. ¡Vuelve a activar el objeto "Pajaro" para poder jugar!

2.4.3 Operaciones en la jerarquía

Dentro de la ventana de jerarquía podemos realizar diversas operaciones con los objetos. Podemos seleccionar un objeto mediante **clic**, varios objetos individuales mediante **Ctrl** + **clic** o todos los que se encuentren entre dos objetos con **Shift** + **clic**.

Podemos navegar por la jerarquía tanto con el ratón, desplegando u ocultado los hijos de un objeto mediante las flechas en el lateral izquierdo de cada uno, y usando el ratón para seleccionar; como con el teclado, usando las teclas **flecha izquierda** y **flecha derecha** para desplegar u ocultar los hijos de un objeto, y **flecha arriba** y **flecha abajo** para desplazarnos uno a uno por los elementos de la jerarquía desplegados.

Para eliminar un objeto de la jerarquía lo seleccionaremos y pulsaremos la tecla **Supr** en Windows o **Cmd** + **Del** en Mac. Si queremos duplicar un objeto, con él seleccionado, pulsaremos **Ctrl** + **D** en Windows o **Cmd** + **D** en Mac, creándose una copia exacta del objeto en la misma posición. Estas operaciones pueden realizarse con múltiples objetos seleccionados.

La relación jerárquica entre dos objetos existentes puede establecerse arrastrando uno de ellos y soltándolo sobre el otro en la ventana de jerarquía, de tal forma que el primero se convertirá en hijo del segundo. Si el objeto padre ya tiene otros hijos, podremos elegir la posición que ocupará el nuevo hijo entre sus hermanos arrastrándolo al punto deseado hasta que aparezca una línea azul con un pequeño círculo en la posición deseada. Una relación de jerarquía puede deshacerse en cualquier momento seleccionado un subobjeto y arrastrándolo fuera de ésta.

2.5 COMPONENTES E INSPECTOR

Como hemos explicado anteriormente, un objeto inicialmente solo consta de ciertos atributos básicos como nombre, posición, rotación o escala. Para dar funcionalidad a un objeto es necesario añadirle **componentes**. Los componentes son elementos combinables entre sí que añaden distintos tipos de funcionalidad a los objetos, como por ejemplo gráficos, físicas, audio, animación o lógica. Unity nos ofrece una gran cantidad de componentes predefinidos, pero también podemos crear nuestros propios componentes mediante *scripting*.

En la ventana del **inspector** podemos visualizar y editar las propiedades y los componentes de cualquier objeto que seleccionemos. A través de esta ventana configuraremos los objetos de la escena y sus componentes para conseguir que funcionen tal y como deseamos. Desde el inspector también podemos configurar las opciones de importación de ficheros del proyecto, algo en lo que profundizaremos más adelante.

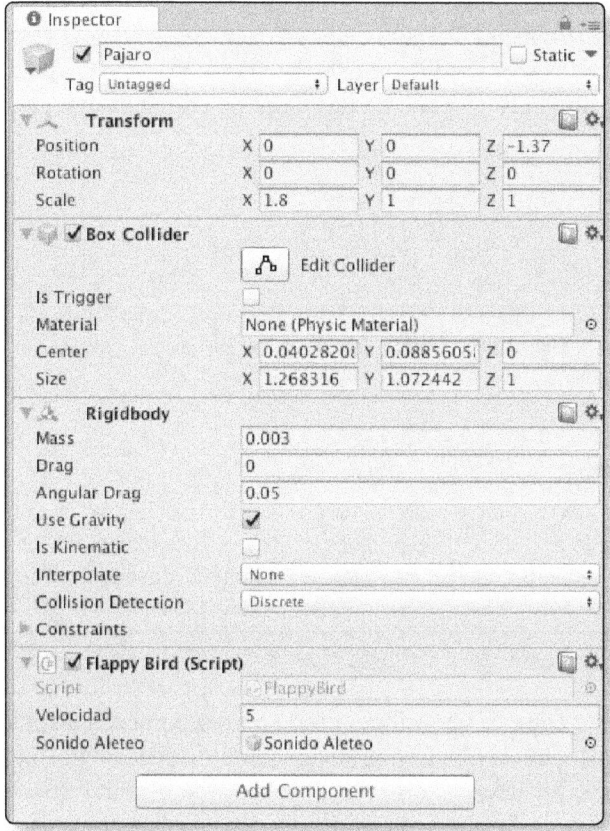

Figura 2.16. Inspector del objeto "Pajaro"

2.5.1 Propiedades de un GameObject

Un **GameObject** tiene una serie de atributos como nombre, etiqueta o capa, todos ellos editables desde el inspector, y cuya utilidad explicaremos a continuación.

El **nombre** de un objeto sirve para identificarlo en la escena y para poder acceder al objeto por *script* a través de dicho nombre. El campo de nombre en el inspector permite introducir el nombre deseado, y pulsando **Enter** una vez escrito para que se aplique el cambio. En general trata de utilizar nombres que comiencen en mayúsculas, y si es necesario, introduce espacios para separar nombres compuestos.

El *tag* o **etiqueta** de un objeto sirve para etiquetar a un objeto y posteriormente poder identificarlo desde *script* por su etiqueta. También permite acceder desde *script* a todos los objetos que compartan la misma etiqueta. El campo **Tag** en el inspector te permite elegir la etiqueta del objeto o abrir la ventana de configuración de etiquetas para añadir una nueva así modificar las existentes a través de la opción **Tag -> Add tag...**. Por defecto Unity dispone de una serie de etiquetas que puedes utilizar a tu gusto.

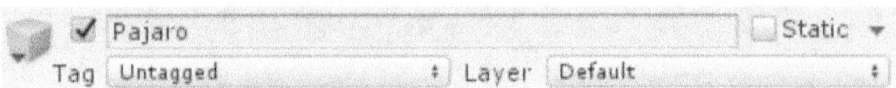

Figura 2.17. Nombre, Tag y Layer del objeto en el inspector

△ **CUIDADO**

Al añadir un nuevo tag en la ventana de configuración etiquetas, este no se asignará automáticamente al GameObject a través del cual abriste la ventana. Una vez añadida una etiqueta, recuerda seleccionar otra vez el objeto deseado y asígnale la nueva etiqueta.

El *layer* o **capa** es un atributo usado para separar los distintos objetos de la escena en grupos tanto a nivel de gráficos como de físicas. Por ejemplo, distintos objetos pueden agruparse en dos capas distintas para evitar que los de una capa colisionen con los de la otra, consiguiendo que puedan atravesarse entre sí. Más adelante, cuando sea necesario, explicaremos usos específicos de los *layers*.

La opción *static* o **estático** de un **GameObject** sirve para indicar si el objeto va a permanecer quieto durante el juego, o si por el contrario va a tener algún tipo de movimiento. Esta información ayuda a Unity a optimizar distintos aspectos del juego como la iluminación o la búsqueda de caminos. Si marcas un objeto como estático no podrás cambiar su posición, rotación o escala mientras tengas activo el modo de juego.

 **TRUCO**

Si sabes que un objeto de tu escena no se va a mover en ningún momento durante la partida, puede ser buena idea activar la casilla de verificación Static, ya que Unity aplicará diversas optimizaciones sobre el objeto que harán que tu juego funcione más rápidamente.

2.5.2 Componentes

Además de tener unos atributos básicos, un **GameObject** funciona también como un contenedor de componentes que le otorgan funcionalidad.

El componente más importante de cualquier objeto es su componente **Transform**. Todos los **GameObjects** incluyen por defecto este componente y no es posible eliminarlo de ningún modo. El componente **Transform** se encarga de gestionar la posición, rotación y escala del objeto, así como la relación de jerarquía del objeto con sus hijos. Se trata por tanto de un componente esencial. Al seleccionar un objeto, desde el inspector podremos ver y editar la posición, rotación y escala del objeto numéricamente. La transformación del objeto en el inspector estará en todo momento sincronizada con la vista de escena, por lo que modificar los valores en el inspector es otra forma válida para mover, rotar o escalar objetos.

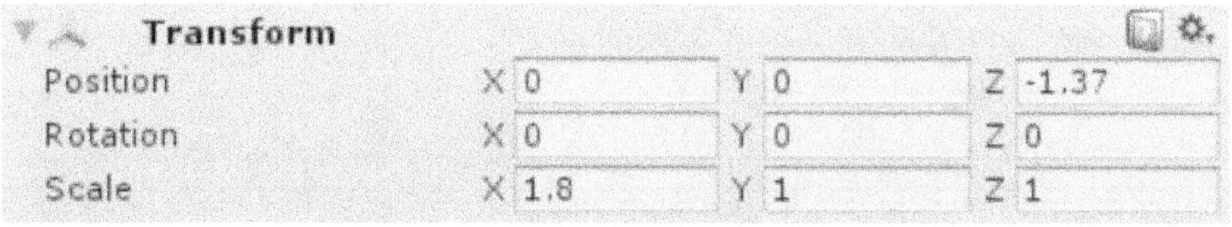

Figura 2.18. Transform del objeto en el inspector

> **TRUCO**
> Los campos de texto del inspector son más potentes de lo que parecen. A la hora de introducir un valor, puedes introducir una operación matemática de suma, resta, multiplicación o división. Unity calculará y asignará el resultado automáticamente. También, si haces clic sobre un campo numérico en el inspector y arrastras el ratón, el valor del campo disminuirá o aumentará poco a poco en función de la dirección de desplazamiento.

Además del componente **Transform**, un objeto puede tener una gran diversidad de componentes. A continuación, mencionamos algunos de los más frecuentes:

- ▼ **Rigidbody**: otorga al objeto distintas cualidades y funcionalidades físicas, como por ejemplo masa, gravedad o el uso de fuerzas por *script*. Suele utilizarse junto a un componente **Collider**.

- **Collider**: otorga al objeto un volumen de colisión y la funcionalidad de colisionar con otros objetos. Los componentes **Collider** pueden ser de distintos tipos como **BoxCollider**, **SphereCollider** o **CapusleCollider** entre otros.

- **MeshFilter**: otorga al objeto una representación gráfica tridimensional a través de una malla 3D. Suele utilizarse junto con un componente **MeshRenderer** que se encarga de dibujar la malla 3D por pantalla.

- **Renderer**: otorga al objeto la funcionalidad de dibujar su representación gráfica por pantalla. Los componentes *renderer* pueden ser de distintos tipos como **MeshRenderer**, **SkinnedMeshRenderer** o **SpriteRenderer** entre otros.

- **AudioSource**: otorga al objeto la funcionalidad de reproducir un fichero de sonido con distintos efectos de audio. Según su configuración el sonido se reproducirá automáticamente al crear el objeto, mientras que en otros se reproducirá por *script*.

Todos los componentes mencionados hasta ahora son componentes propios de Unity, es decir, vienen precompilados dentro de las librerías del motor, y solo podemos configurar sus parámetros desde el inspector. Sin embargo, también podemos crear nuestros propios componentes mediante programación o *scripting*. En el Capítulo 3 "Scripting" veremos cómo programar *scripts* para crear nuevos componentes.

✏ EJEMPLO

Si seleccionas el objeto "Pajaro" y observas el inspector, verás que tiene varios componentes: "BoxCollider", "Rigidbody" y un componente "FlappyBird" que has ido programado por nosotros. Dentro del objeto "Pajaro", en la jerarquía, podrás encontrar a su vez dos objetos llamados "Sonido Aleteo" y "Sonido Muerte" que tienen cada uno un componente AudioSource. El resto de objetos dentro del pájaros son las partes del cuerpo que tienen componentes MeshRenderer. Todo ello sin mencionar el componente "Transform" que tienen todos y cada uno de los objetos de la escena.

2.5.3 Parámetros de los componentes

Los componentes tienen diversas opciones de configuración o parámetros que podemos modificar en el inspector para alterar su comportamiento. En primer lugar, podemos activar o desactivar un componente marcando la casilla de verificación junto a su nombre. Al desactivar un componente, éste dejará de funcionar por completo, como si no lo hubiésemos añadido al objeto. Mediante *scripting* es posible activar o desactivar componentes, de forma que podremos cambiar el comportamiento de un objeto en tiempo de ejecución[8].

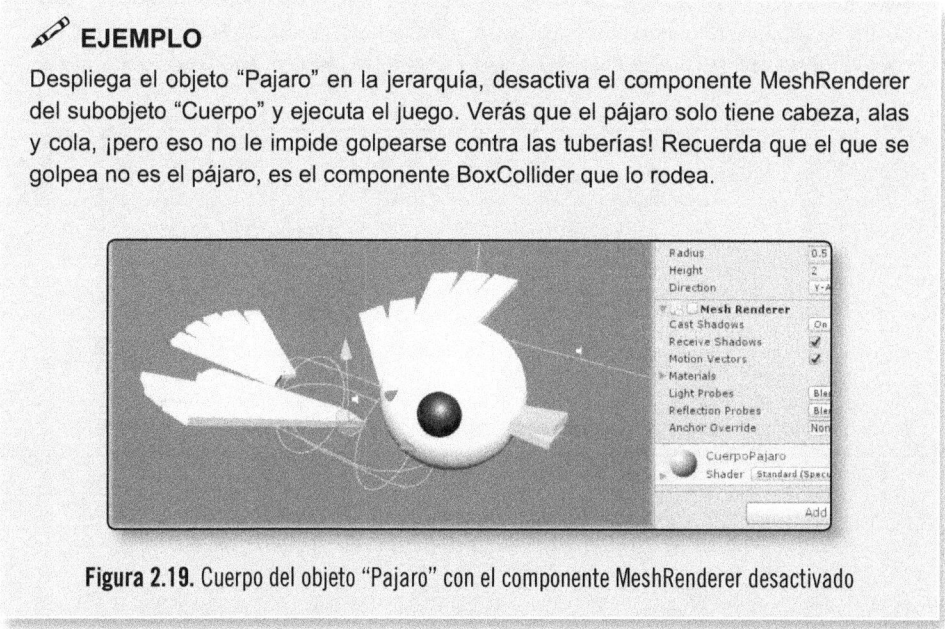

EJEMPLO

Despliega el objeto "Pajaro" en la jerarquía, desactiva el componente MeshRenderer del subobjeto "Cuerpo" y ejecuta el juego. Verás que el pájaro solo tiene cabeza, alas y cola, ¡pero eso no le impide golpearse contra las tuberías! Recuerda que el que se golpea no es el pájaro, es el componente BoxCollider que lo rodea.

Figura 2.19. Cuerpo del objeto "Pajaro" con el componente MeshRenderer desactivado

Además de la casilla de activación, cada componente tiene una serie de parámetros que determinan su comportamiento sobre el **GameObject**. Por ejemplo, el componente **Rigidbody**, que añade un comportamiento físico al objeto, tienen propiedades como *Mass* o *Use Gravity* que nos permiten configurar la masa del objeto y si este se ve afectado por la gravedad.

---

8   Tiempo de ejecución: esta expresión significa "mientras el juego está ejecutándose". En muchos casos nos encontraremos con **GameObject** que no existen inicialmente en la escena o cuya configuración cambiará a lo largo del juego. Esto significa que esos objetos se crearán o modificarán en tiempo de ejecución, es decir, mientras jugamos.

🖉 EJEMPLO

Selecciona de nuevo el objeto "Pajaro" y en el inspector cambia el parámetro Mass del componente Rigidbody desde 0.03 hasta 1. Con esto habrás conseguido aumentar la masa del pájaro de 3 gramos a 1 kilo. Ejecuta el juego y trata de hacer que el pájaro se eleve pulsando la tecla espacio. Notarás que la fuerza aplicada al pájaro no hace el mismo efecto que antes, como es lógico, ya que ha aumentado la masa del pájaro, pero la fuerza aplicada es la misma. Vuelve a ponerle la masa original para poder jugar.

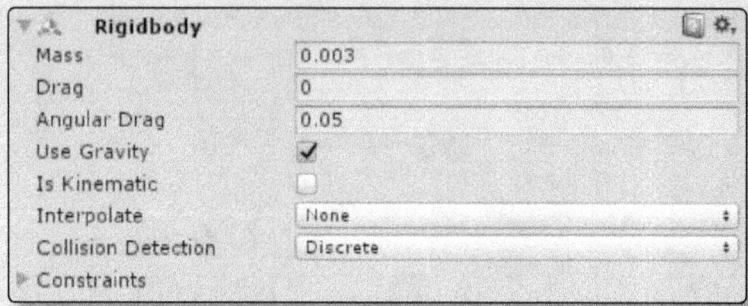

Figura 2.20. RigidBody del objeto en el inspector

⚠ CUIDADO

Mientras que el juego está en ejecución podrás modificar los parámetros de los componentes y ver su efecto en el juego, lo cual es ideal para depurar y probar cambios en el comportamiento. Sin embargo, todos los cambios que realices durante la ejecución se perderán al volver al modo de edición, por lo que, si vas a hacer un cambio persistente, ¡recuerda detener antes el modo de juego!

Parte del proceso de aprendizaje de Unity consiste en entender para qué sirven los distintos parámetros de cada componente y cómo hay que configurarlos para conseguir que los objetos se comporten como deseamos. Aunque iremos estudiando diversos componentes y sus parámetros a lo largo de este libro, si quisiéramos saber más sobre un determinado componente haz clic en el icono de interrogación que se encuentra en la esquina superior derecha de cada componente en el inspector. Se abrirá la documentación relativa a ese componente donde vendrán explicados todos sus parámetros.

2.5.4 Operaciones con componentes

Además de poder cambiar los parámetros de un componente manualmente, Unity también nos permite copiar y pegar componentes para aplicar una determinada configuración sobre otros objetos. Para copiar un componente lo primero que hay que hacer es situarse encima del nombre del componente en el inspector, y hacer clic con el botón derecho del ratón en la opción **Copy component**.

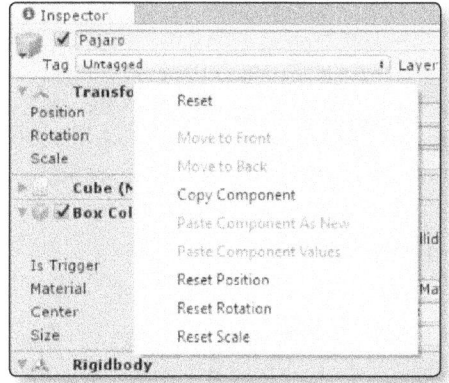

Figura 2.21. Opción de copiado de componentes

Una vez copiado, podrás pegarlo en otro objeto como un componente completamente nuevo, o pegar únicamente los valores de configuración sobre un componente ya existente. En cualquiera de los dos casos, haz clic derecho sobre el nombre del componente **Transform** del objeto donde desees pegar el componente, y selecciona la opción **Paste componente as new** para pegarlo como un nuevo componente; o la opción **Paste component values** para pegar los valores sobre el componente existente, que obviamente debe ser del mismo tipo que el componente copiado.

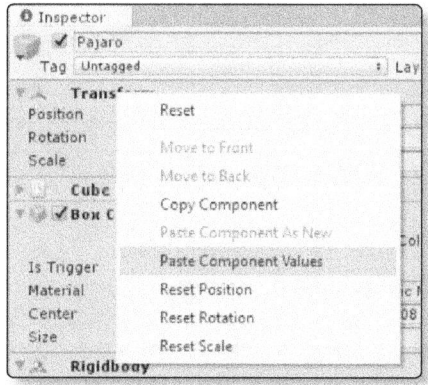

Figura 2.22. Opciones de pegado de componentes

> **TRUCO**
>
> La posibilidad de copiar y pegar la configuración puede ser muy útil para no perder los cambios realizados sobre un componente mientras estás en el modo de juego. Si durante el modo de juego modificas un componente, podrás copiarlo antes de salir del modo de juego, para pegarlo después sobre el mismo objeto y conseguir que se quede con la configuración que habías establecido. Esto solo lo puedes hacer para un componente cada vez.

Además de copiar y pegar, haciendo clic derecho sobre el nombre de un componente en el inspector, también podrás moverlo hacia arriba o hacia abajo dentro de éste con las opciones **Move up** y **Move down**, en caso de que quieras colocar los componentes en un orden concreto; así como resetearlo a su configuración por defecto con la opción **Reset**. Todas estas opciones son también accesibles desde el icono del engranaje que hay en la esquina superior derecha de cada componente, en el inspector.

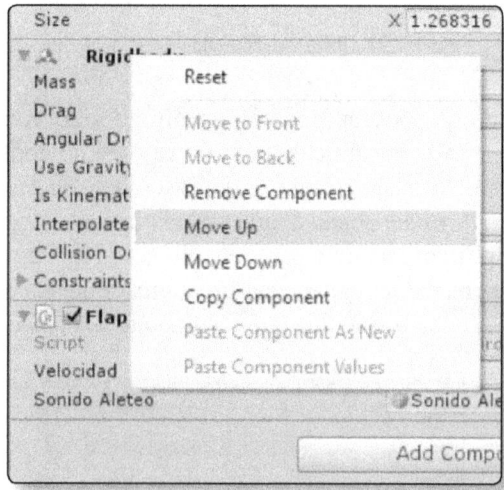

Figura 2.23. Opciones de movimiento de componentes

2.5.5 Acceso a componentes desde *script*

Los componentes, además de los diversos parámetros que podemos configurar desde el inspector, también disponen de parámetros adicionales, y de algunas funciones especiales, a las que únicamente es posible acceder mediante *scripts*. Por ejemplo, mediante *scripting* podríamos modificar la masa de un objeto, acceder a su velocidad actual (algo que no podemos ver desde el inspector) e incluso usar una función que añada una fuerza al objeto para propulsarlo (cosa que tampoco podemos hacer desde el inspector). Esto significa que para poder explotar al máximo los componentes no bastará solo con añadirlos a un objeto y configurarlos, si no que tendremos que acceder a los mismos desde nuestros propios *scripts*.

> ✏ **EJEMPLO**
> En el objeto "Pajaro" el componente "CrazyBird" es un *script* programado por nosotros que se encarga de gestionar las acciones del pájaro durante el juego. Una de las funciones que realiza este *script* es llamar a una función del Rigidbody denominada AddForce con la que propulsa al pájaro hacia arriba cada vez que se pulsa espacio. Prueba a buscar el fichero "CrazyBird.cs" y a abrirlo haciendo doble clic sobre él para ver el script. En el Capítulo 3 aprenderás qué significa cada línea de ese fichero de código.

En el Capítulo 3 "Scripting", aprenderemos a acceder a un componente desde *script* para utilizar aquellas funciones que solo sean accesibles desde código y veremos las funcionalidades que ofrece el componente **Transform**. Posteriormente en el Capítulo 5 "Físicas" descubriremos cómo acceder a determinados componentes físicos, como el componente **Rigidbody**, desde nuestros *scripts*.

2.6 ASSETS Y PROYECTO

Una forma de entender el desarrollo de un videojuego es la de ser capaz de poner en movimiento imágenes, modelos, músicas y sonidos de la forma adecuada en función de la interacción del jugador. En Unity a todos esos elementos se les denomina *assets*, o recursos: ficheros que en muchos casos se crean mediante herramientas externas y que almacenan distinta información multimedia necesaria para el desarrollo del juego. A continuación enumeramos algunos de los *assets* más habituales que podemos encontrar en un videojuego:

- **Modelos 3D**: son ficheros que contienen información matemática sobre la representación tridimensional de un objeto mediante triángulos. Se crean y editan mediante herramientas de modelado 3D como 3D Studio Max o Blender. Unity admite modelos 3D en diversos formatos como .fbx, .dae, .3ds o .obj entre otros.

- **Texturas e imágenes**: son ficheros que almacenan una textura de un modelo 3D o de una de sus partes; o una imagen para la interfaz de usuario o para otros elementos 2D del juego. Se crean y editan mediante herramientas de edición de imagen como Photoshop o GIMP. Unity admite texturas e imágenes en diversos formatos como .jpg, .png, .bmp o .psd.

- **Músicas y sonidos**: son ficheros que almacenan información de audio como una canción, una melodía o un efecto de sonido. Se crean y editan mediante herramientas de edición de audio como Audacity o Logic Pro. Unity admite ficheros de audio en diversos formatos como .wav, .mp3 o .ogg.

- **Scripts**: son ficheros de código, pequeños programas que normalmente implementan la funcionalidad de componentes. Se editan mediante cualquier editor de texto, aunque normalmente se utilizan los IDE (entornos de desarrollo integrado) MonoDevelop o Visual Studio debido a las facilidades que ofrece Unity para trabajar con ellos. Unity admite ficheros de código en formatos .cs para los *scripts* programados en el lenguaje C#, y .js para los programados en el lenguaje UnityScript.

- **Prefabs**: son ficheros que contienen la configuración completa de un **GameObject**, incluyendo nombre, etiquetas, *layers*, componentes, configuración de cada componente, así como la configuración completa de todos sus objetos descendientes. Los *prefabs* son muy útiles para crear clones de un determinado objeto durante la ejecución del juego. A diferencia de muchos otros tipos de recurso, los *prefabs* se crean desde el propio editor de Unity. Más adelante en este capítulo profundizaremos en ellos.

Aunque se han enumerado solo algunos de los tipos de recursos más importantes, a lo largo del libro descubriremos otros muchos tipos como escenas, materiales, materiales físicos, etc.

La ventana de **proyecto** nos permite trabajar con los recursos de nuestro juego. A través de ella podremos crear o importar nuevos *assets* a nuestro proyecto, crear carpetas así como organizar y agrupar los distintos tipos de recurso de una forma lógica, como cambiarles el nombre o eliminarlos. A continuación aprenderemos algunos de los usos más importantes de esta ventana.

2.6.1 Opciones de la ventana de proyecto

La ventana de proyecto por defecto está dividida en dos áreas: a la izquierda se encuentra el **árbol de navegación** de carpetas, donde podemos explorar la estructura de carpetas del proyecto y seleccionar cualquiera de ellas para ver su contenido; mientras que a la derecha se encuentra el **explorador de assets**, donde visualizaremos todos los recursos que se encuentren dentro de la carpeta seleccionada. Dentro del explorador de *assets* también podremos hacer doble clic en una carpeta para abrirla.

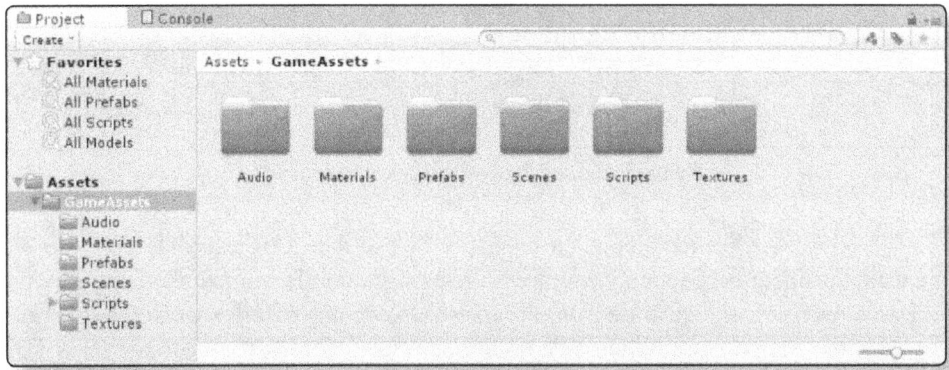

Figura 2.24. Ventana de proyecto

En la esquina inferior derecha del explorador de *assets* podemos encontrar un deslizador que nos permite ajustar el tamaño de los iconos de recurso. Si desplazamos el deslizador hasta el tamaño más pequeño posible los recursos pasarán a mostrarse como una lista, en vez de como una rejilla de iconos, lo que nos facilitará trabajar con carpetas que tengan una gran cantidad de *assets*.

2.6.2 Creación de una estructura de carpetas

En cualquier proyecto de videojuegos se utilizan una gran cantidad y variedad de *assets*, y si no los organizamos adecuadamente el trabajo con ellos puede convertirse en una ardua tarea. Para evitarlo, antes de crear o importar *assets* en nuestro proyecto, crearemos una estructura de carpetas básica para organizar todo adecuadamente.

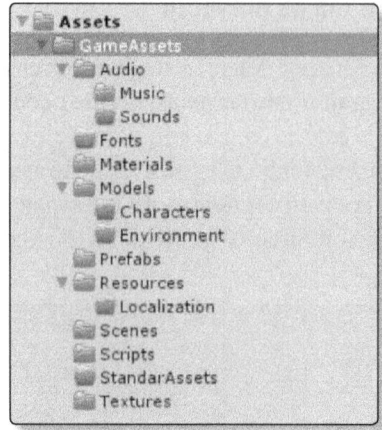

Figura 2.25. Estructura de carpetas recomendada

Nuestra recomendación en cuanto a la estructura de carpetas consiste en crear una primera carpeta con nombre **GameAssets** donde iremos añadiendo todos nuestros recursos, y dentro de esta, diversas subcarpetas para los distintos tipos de *assets* como Scripts para ficheros de código, Textures para texturas de modelos 3D, Audio para ficheros de sonido o Models para modelos 3D. Con esta estructura de carpetas conseguiremos separar nuestros recursos del resto de *assets* que podremos importar de los Standard Assets o desde la **Asset Store** (como veremos más adelante).

✎ EJEMPLO

Observa la estructura de carpetas de la Figura 2.25. Verás cómo seguimos la recomendación del párrafo anterior de forma que en el primer nivel de la estructura de carpetas encontrarás una carpeta llamada GameAssets, y dentro de esta, varias subcarpetas para distintos tipos de recursos.

 TRUCO

Cada equipo de desarrollo y cada proyecto son distintos, por lo que mientras una cierta estructura de carpetas puede ser útil y práctica en un proyecto, en otro quizás resulte insuficiente para mantener bien organizados los recursos. No existe por tanto una estructura de carpetas perfecta, si no que conforme adquieras experiencias la irás adaptando a cada proyecto y a los gustos de tu equipo de desarrollo. La estructura de carpetas que te recomendamos en este libro es básica y te irá bien para pequeños proyectos.

Para crear una carpeta en la ventana de proyecto, haremos clic derecho sobre la misma y seleccionaremos la opción **Create -> Folder**, introduciendo su nombre acto seguido. Mediante el árbol de navegación de la ventana de proyecto podremos desplegar y abrir carpetas, para ir creando la estructura de carpetas deseada. Puedes eliminar una carpeta y todo su contenido haciendo clic derecho sobre ella y seleccionando la opción **Delete**.

2.6.3 Creación y gestión de *assets*

A través de la ventana de proyecto podemos crear nuevos *assets* de determinados tipos, como *scripts*, materiales, *sprites* con formas geométricas y otros tipos de recursos básicos que Unity es capaz de crear por sí solo. Para ello haremos clic derecho sobre la ventana de proyecto y seleccionaremos la opción deseada dentro del menú desplegable **Create -> ….** Una de las opciones que usaremos más frecuentemente será la de crear nuevos *scripts* con **Create -> C# Script**, como veremos más detalladamente en el Capítulo 3.

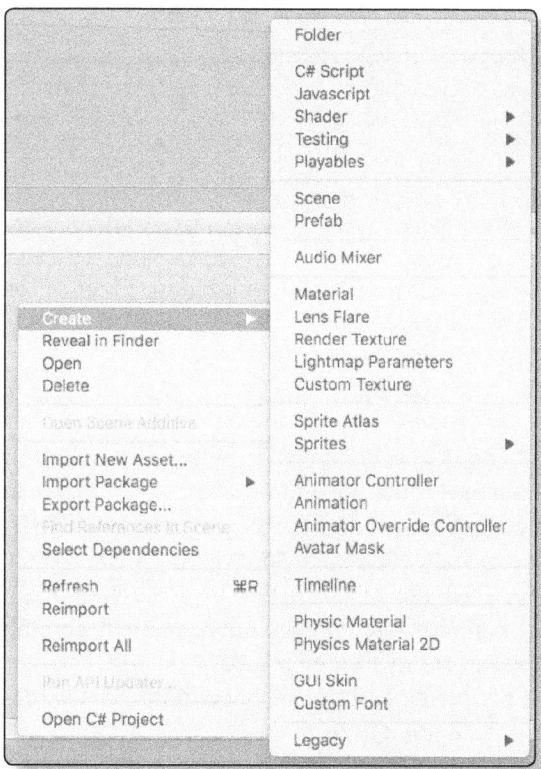

Figura 2.26. Opciones del menú Create

Además de crear *assets*, Unity nos permitirá moverlos entre carpetas con solo arrastrarlos de una a otra con el ratón. Mover un recurso entre carpetas a través de la ventana de proyecto es una operación completamente limpia, no provocando ningún error ni desajuste en el juego, lo que nos facilitará ordenar nuestros recursos siguiendo la estructura de carpetas que queramos sin preocupaciones. Otra operación similar es el cambio de nombre de un recurso, que podemos hacer pulsando encima del nombre del recurso, y una vez esté seleccionado, pulsando **F2** en Windows o **Enter** en Mac. Al igual que el movimiento de recursos, cambiar el nombre a un *asset* no provocará errores ni desajustes en el juego.

> ⚠ CUIDADO
>
> Aunque puedes mover y cambiar el nombre a los *assets* sin ningún problema a través de la ventana de proyecto de Unity, no debes hacer lo mismo a través del explorador de ficheros de Windows o Mac; estos escapan al control de Unity y podrías provocar errores en los objetos de la escena que utilicen dicho recurso. Para evitar problemas, una vez has creado o importado un recurso en Unity, evita moverlo o cambiar su nombre desde cualquier sitio que no sea la ventana de proyecto.

> ⚠ CUIDADO
>
> Existe una excepción para el movimiento y el cambio de nombre a recursos del proyecto. Si estos se encuentran dentro de la carpeta Resources o de alguna de sus subcarpetas, sí podrán producirse errores si los movemos a otra carpeta o les cambiamos el nombre, incluso aunque lo hagas desde la ventana de proyecto. Los ficheros de la carpeta Resources son accedidos desde *script* a través de la ruta del recurso, por lo que si ésta cambia, dichos *scripts* dejarán de funcionar correctamente.

Otras operaciones que podemos hacer con *assets* son la eliminación seleccionando el recurso y pulsando **SUPR** en Windows o **CMD + DEL** en Mac; o la duplicación seleccionando el recurso y pulsando **CTRL + D** en Windows o **CMD + D** en Mac. Si queremos ver una carpeta o un *asset* en el explorador de ficheros de Windows o Mac haremos clic derecho sobre el mismo y pulsaremos la opción **Show in Explorer** o **Reveal in Finder** respectivamente. Para abrir un fichero en el *software* de edición pertinente bastará con hacer doble clic sobre el fichero, o hacer clic derecho y pulsar la opción **Open**.

TRUCO
En cualquier momento podemos abrir un recurso del proyecto y editarlo con un programa externo. Al guardar los cambios y volver a Unity, este detectará que el fichero ha cambiado, lo procesará de nuevo y aplicará los cambios a todos los objetos de la escena que estén utilizando ese recurso. Únicamente debes tener cuidado de no guardarlo como copia o con otro nombre, ya que entonces Unity lo considerará como un nuevo fichero.

2.6.4 Importación de *assets*

La mayor parte de recursos que utilizaremos en nuestro proyecto tendremos que importarlos desde ficheros que habremos descargado de Internet o creado mediante herramientas externas como Photoshop o 3D Studio Max. Para importar un fichero lo arrastraremos desde Windows o Mac hasta la ventana de proyecto sobre la carpeta deseada. Alternativamente podremos hacer clic derecho sobre la ventana de proyecto, en la carpeta donde queramos importar el *asset*, y hacer clic en la opción **Import asset**. Al hacerlo se abrirá el explorador de ficheros de Windows o Mac y podremos seleccionar uno o varios ficheros a importar.

Cuando importamos un fichero al proyecto, Unity creará una copia del mismo dentro de la carpeta Assets del proyecto, en la subcarpeta que hayamos elegido. Unity nunca hará referencia a ficheros que estén fuera de la carpeta Assets, por lo que no debes preocuparte por eliminar o mover el fichero original una vez importado. Por similar motivo, si Unity detecta que ha aparecido un nuevo fichero dentro de la carpeta Assets procederá a importarlo automáticamente. En consecuencia, otra forma de importar ficheros y carpetas es añadirlos desde el explorador de Windows o Mac a la carpeta Assets para que Unity los detecte y los autoimporte.

2.6.5 Importación de paquetes de *assets*

Unity también permite añadir grupos de recursos de una sola vez a través de los **paquetes de recursos**. Los paquetes de recursos son ficheros con extensión .unitypackage que contienen múltiples carpetas y ficheros de recurso. Unity trae por defecto una serie de paquetes denominados **Standard Assets**, que incluyen gran cantidad de recursos útiles para diversos tipos de proyecto. Para importar un paquete de los *standard assets* haremos clic en la venta de proyecto y seleccionaremos la opción deseada en el menú **Import package -> ...** Algunos paquetes de los *standard assets* son **Characters** para personajes en primera o tercera persona, **Effects** para diversos efectos gráficos y de cámara, **ParticleSystems** que incluye diversos sistemas de partículas preconfigurados, o **Environment** que incluye modelos 3D y texturas ideales para crear entornos naturales.

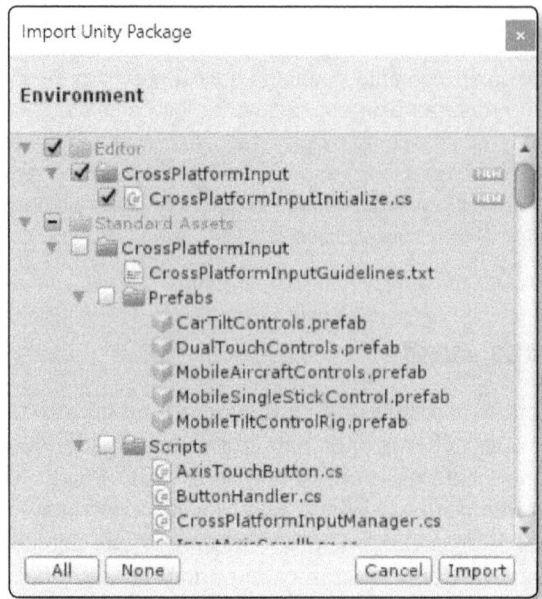

Figura 2.27. Ventana de importación de un paquete

Cuando seleccionemos un paquete de recursos a importar, aparecerá una ventana que nos mostrará toda la estructura de carpetas y recursos del paquete. En ella podremos elegir qué recursos importamos y cuáles no. Mediante distintos iconos Unity nos avisará de si ya hemos importado el recurso previamente, o de si la nueva versión que vamos a importar es distinta respecto a la que tenemos ahora mismo en el proyecto. Esto puede suceder si el paquete ha sufrido una actualización, o si nosotros hemos modificado los recursos del paquete después de importarlos. Una vez hayas elegido los recursos a importar, pulsa el botón **Import** para importarlos.

> △ **CUIDADO**
>
> Si después de importar un paquete (independientemente del origen) vas a realizar modificaciones sobre alguno de los recursos importados, te recomendamos que muevas los recursos que vayas a modificar desde la carpeta del paquete a una carpeta propia (como podría ser la carpeta GameAssets que usamos en nuestros proyectos). De esta forma, si por cualquier motivo vuelves a importar ese paquete en el futuro, evitarás que se sobrescriban y que se pierdan tus cambios.

En ocasiones nos encontraremos con la necesidad de importar un paquete de recursos a través de un fichero .unitypackage suelto. Para importar un fichero de paquete de recursos, simplemente abriremos en Unity el proyecto en el cual queremos importarlo y haremos doble clic sobre el fichero del paquete. Alternativamente podemos hacer clic derecho sobre la ventana de proyecto y seleccionar la opción **Import Package -> Custom Package**, para abrir un explorador de ficheros donde tendremos que seleccionar el paquete a importar.

> ⚠ **CUIDADO**
>
> A la hora de importar recursos, y especialmente paquetes de recursos, debemos tener en cuenta que Unity los procesará. Este procesamiento puede llevar un cierto tiempo dependiendo de la cantidad y el tamaño que tengan. Mientras se procesan los recursos no podrás hacer ningún uso de Unity. Por tanto, si vas a importar una gran cantidad de *assets* a la vez, ya sean sueltos o a través de algún paquete, prepárate para esperar un buen rato hasta que se procesen por completo.

2.6.6 Importación de paquetes de la Asset Store

Además de los *Standard Assets*, otro lugar donde normalmente encontraremos paquetes de recursos es la tienda de recursos de Unity, la Asset Store. Para acceder a la Asset Store podemos usar la combinación **CTRL + 9** en Windows o **CMD + 9** en Mac, o alternativamente acceder a través del menú **Window -> Asset Store**. Al hacerlo, se abrirá un navegador integrado con el que podremos explorar la tienda y navegar entre miles de paquetes de recursos tanto gratuitos como de pago. Si la ventana de la Asset Store aparece a un tamaño demasiado pequeño, arrastraremos su pestaña a un hueco libre para desacoplarla y poder hacerla más grande.

Figura 2.28. Asset Store

La Asset Store funciona como una tienda *online* tradicional, permitiéndonos buscar paquetes y recursos, filtrar por precio u otras características, navegar por distintas categorías de productos, añadir elementos al carrito de la compra para su posterior pago, o incluso mantener una lista de elementos deseados. Para poder comprar cualquier *asset*, aunque sea gratuito, es necesario disponer de una cuenta de desarrollador de Unity, ya que la compra quedará asociada a esta cuenta para poder descargar el paquete posteriormente en cualquier momento. La Asset Store también es accesible desde cualquier navegador web tradicional a través de la URL *www.assetstore.unity3d.com*, aunque desde esta web solo se puede efectuar la compra de los *assets* para posteriormente descargarlos desde la ventana de la Asset Store de Unity.

Una vez comprado un *asset* podremos dirigirnos a la sección **Download Manager**, representado con un icono de bandeja de entrada en la parte superior de la ventana de la Asset Store, donde aparecerá los paquetes que hayamos comprado. Pulsando en el botón **Download** al lado de cada paquete, Unity descargará los contenidos del paquete en nuestro ordenador. Una vez descargado, pulsando en el botón **Import** importaremos dicho paquete en nuestro proyecto. A partir de ahí el proceso de importación será el mismo que hemos visto anteriormente para los *standard assets*.

> ⚠ **CUIDADO**
> Muchos de los paquetes de la Asset Store son actualizados frecuentemente por sus autores, por lo que si los importas varias veces en el proyecto a lo largo del tiempo, puedes encontrarte con que algunos ficheros hayan cambiado, aparecido o desaparecido de una vez a otra. Unity te informará de estos cambios mostrándote un icono ilustrativo al lado de cada fichero en la ventana que se abrirá antes de importar el paquete. Revisa cuidadosamente esta información para saber exactamente qué cambios van a tener lugar al importar el paquete.

Recuerda que en la Asset Store es posible encontrar miles de paquetes de todo tipo en los que podremos ayudarnos o incluso basarnos para desarrollar nuestros juegos. A continuación mostramos unas imágenes de un juego de tipo FPS realizado íntegramente con *assets* gratuitos disponibles en la Asset Store.

Figura 2.29. Juego hecho con assets gratuitos disponibles en la Asset Store

2.6.7 Opciones de importación y ficheros .meta

Cuando importamos un recurso en nuestro proyecto, sea cual sea su origen, Unity realiza un procesamiento del mismo donde lo prepara para el uso que vamos a hacer de él en el juego. Este procesamiento puede ser configurado gracias a las **opciones de importación** de cada recurso.

Determinados ficheros de recurso como imágenes, modelos 3D o sonidos tienen opciones de importación que podemos ver y editar desde el inspector, tras seleccionar el recurso en cuestión. Estas opciones sirven por ejemplo para que Unity comprima una imagen a un determinado tamaño optimizando su uso en el juego, o para seleccionar de qué manera se van a importar las animaciones de un modelo 3D. Existen multitud de opciones, algunas de ellas técnicamente complejas. En este libro apenas veremos alguna de ellas cuando las necesitemos, pero te invitamos a explorarlas y probar a modificar aquellas que te resulten más intuitivas para ver su efecto en el juego.

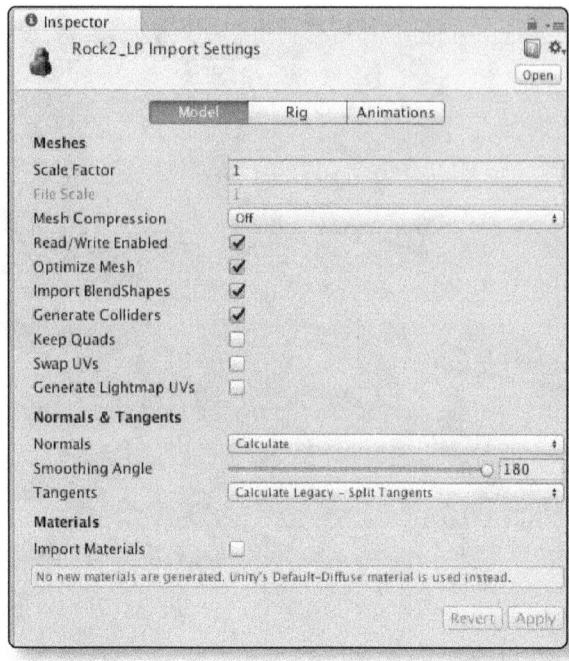

Figura 2.30. Opciones de importación de un modelo 3D

Las opciones de importación de los recursos son almacenadas por Unity en unos ficheros que acompañan a cada *asset* del proyecto con su mismo nombre y la extensión .meta. Por defecto estos ficheros están ocultos, solo podrás verlos si activas la visibilidad de ficheros ocultos en el explorador de ficheros de Windows o Mac. Mediante opciones avanzadas de Unity es posible configurar estos ficheros para que sean visibles. En todo caso, debes tener en cuenta la existencia de estos ficheros, en especial al copiar el proyecto a otro ordenador o al copiar un recurso de un proyecto a otro. Si no copias también el fichero .meta correspondiente, perderás las opciones de importación de ese recurso.

> ⚠ **CUIDADO**
> El proceso de importación que hace Unity con los recursos del proyecto tiene ciertas implicaciones que debes tener muy en cuenta a la hora de trabajar. Unity nunca utilizará directamente los ficheros de recursos multimedia que importes, como imágenes, modelos 3D o audio, sino que los procesará e internamente utilizará versiones optimizadas y comprimidas de los mismos. En consecuencia, no debes hacer demasiadas asunciones sobre el tamaño o la calidad final de los recursos basándote solo en el fichero de origen, si no que debes fijarte muy bien en las opciones de importación utilizadas.

2.6.8 Creación y uso de *prefabs*

Uno de los tipos de *asset* con los que más habitualmente trabajaremos son los **Prefab**. Un *prefab* es un objeto de la escena cuya configuración completa se almacena como *asset* para luego poder crear clones del mismo. Un ejemplo habitual son los enemigos de cualquier juego que normalmente se repetirán múltiples veces a lo largo de los distintos niveles.

> **EJEMPLO**
>
> En un juego de tipo *shooter* una de las armas dispara proyectiles de energía. El desarrollador decide convertir el proyectil en un *prefab* para poder clonarlo después. El *script* responsable de gestionar el disparo del arma creará nuevos proyectiles clonando el *prefab* cada vez que el jugador efectúe un disparo.
>
> Tras crear un nuevo proyectil, el *script* lo posicionará en el cañón de la pistola y le aplicará una fuerza para que vuele hacia delante, tras lo cual el proyectil saldrá disparado. Todos estos cambios serán particulares para cada clonación del proyectil y no afectarán al *prefab* original.

Los *prefabs* almacenan la configuración completa de un **GameObject**, incluyendo todas sus opciones de configuración como nombre, *tag*, *layer* y estado de activación, todos sus componentes con la correspondiente configuración de cada uno de ellos, así como la configuración completa de todos los objetos descendientes en la jerarquía. Gracias a que se almacena toda esta información, Unity puede crear clones de un objeto fácilmente a partir de su *prefab*. Los clones creados a partir de un *prefab* funcionarán de forma autónoma, pudiendo cambiar su configuración particular sin que afecte al propio *prefab* original.

Para crear un *prefab* arrastraremos un objeto desde la jerarquía hasta la carpeta deseada en la ventana de proyecto. El *prefab* quedará almacenado en dicha carpeta en un fichero con extensión .prefab. El objeto que hayamos convertido en *prefab*, y cualquier nuevo clon que creemos a partir de éste, pasarán a aparecer en color azul dentro de la jerarquía, lo que nos ayudará a distinguirlos del resto.

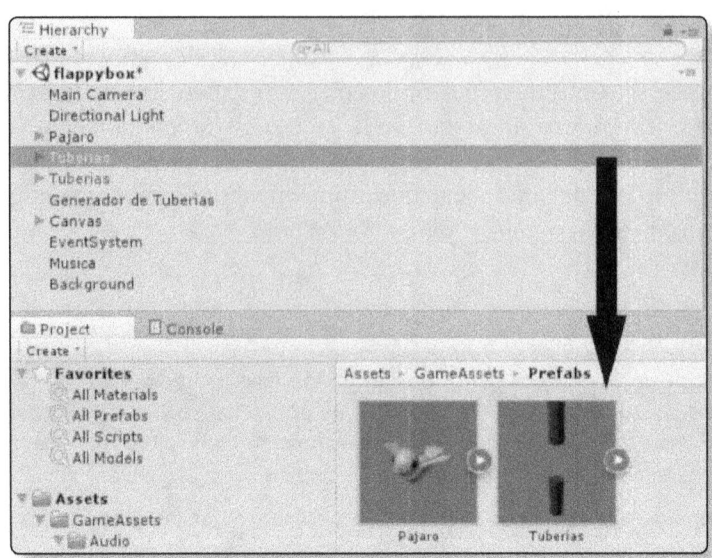

Figura 2.31. Creación de un prefab

A partir de este fichero podremos crear clones del *prefab* mediante dos procedimientos distintos. El primero consiste en crear clones en tiempo de diseño, arrastrando el fichero del *prefab* desde la ventana de proyecto hasta la ventana **Scene** o hasta la jerarquía. Al hacerlo se creará un clon del *prefab* que podremos reposicionar y configurar a nuestro gusto, como si de cualquier otro objeto se tratara. El segundo procedimiento consiste en crear un clon del *prefab* por código mediante el método Instantiate. En el Capítulo 3 descubriremos cómo utilizar este método desde los *scripts*.

Una de las características más interesantes de los *prefabs* es que los cambios que se hacen en ellos afectan automáticamente a todos sus clones. Al seleccionar un *prefab* y modificar cualquier propiedad del objeto o de sus componentes desde el inspector, este cambio se trasladará automáticamente a todos los clones, exceptuando aquellos clones en los que ya hubiésemos configurado dicha propiedad con un valor personalizado.

△ **CUIDADO**

Después de crear un *prefab* o de aplicar cambios sobre él, te recomendamos encarecidamente que guardes la escena actual. Los ficheros de *prefab* y los cambios que hagas sobre ellos solo se escriben en el disco duro en el momento de guardar la escena. Un problema frecuente es que Unity se cierre inesperadamente sin que la escena se haya guardado y, por ende, sin que los *prefabs* hayan llegado a escribirse en disco. Al volver a abrir el proyecto todos esos *prefabs* estarán corruptos y tendrás que volver a crearlos desde cero.

Esta gestión de cambios también se puede realizar a la inversa, desde el lado de los clones. Al seleccionar en la escena o en la jerarquía un objeto clonado de un *prefab*, en el inspector aparecerán una serie de botones que nos ayudarán a trabajar con el *prefab* asociado:

- ▼ **Select** buscará y seleccionará el *prefab* asociado al objeto, mostrándolo en la ventana de **Proyecto**.

- ▼ **Revert** restaurará toda la configuración del objeto y sus componentes (excepto nombre, posición y rotación) a los valores originales del *prefab*, deshaciendo cualquier configuración personalizada que hubiésemos hecho en este clon.

- ▼ **Apply** guardará en el *prefab* original todos los cambios que hayamos hecho en la configuración del objeto y sus componentes (excepto nombre, posición y rotación). De esta forma el resto de clones también se verán afectados por estos cambios. Esta es una forma muy cómoda de realizar cambios en los *prefabs*, pudiendo visualizar y ajustar la configuración del objeto clonado desde la vista de escena, y aplicando los cambios al *prefab* una vez estén completamente ajustados.

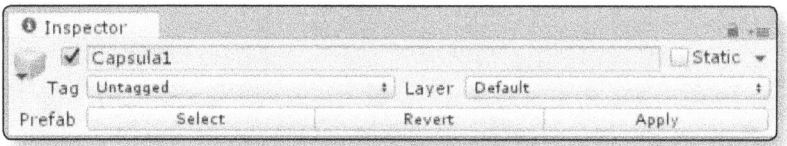

Figura 2.32. Panel de prefab

En ocasiones, al hacer un cambio importante en un clon de un *prefab*, como por ejemplo al eliminar un objeto hijo, Unity nos avisará indicando que el clon perderá la conexión con su *prefab* y nos pedirá confirmación para realizar el cambio.

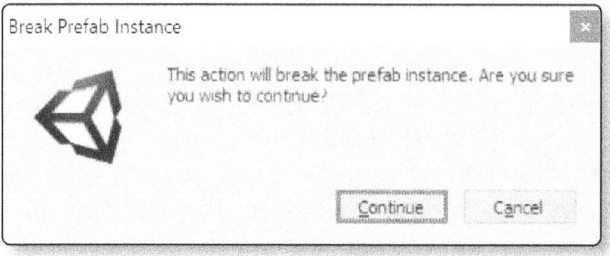

Figura 2.33. Ruptura de prefab

Al aceptar, el clon volverá a mostrarse de color blanco en la jerarquía y dejará de recibir los cambios del *prefab*, por lo que podría dejar de funcionar como el resto de clones. Sin embargo, seguirá manteniendo una referencia al *prefab* a partir del cual fue creado, por lo que los botones **Select**, **Revert** y **Apply** seguirán funcionando con normalidad. Si usamos el botón **Apply** el cambio realizado sobre el clon se aplicará al *prefab* y a todos los otros clones, restableciéndose así la conexión con el *prefab*. Si usamos el botón **Revert** el cambio realizado sobre el clon se deshará, restableciéndose también la conexión con su *prefab*.

2.7 CONSOLA Y DEPURACIÓN

La ventana de consola es el lugar donde Unity nos informará de cualquier error que tenga lugar mientras trabajamos en el proyecto, ya sea mientras trabajemos en la escena o durante la ejecución del juego. También podremos utilizar la consola para mostrar mensajes desde nuestros propios *scripts*, lo que nos ayudará a depurarlos y detectar problemas que no podremos ver tan fácilmente desde el editor.

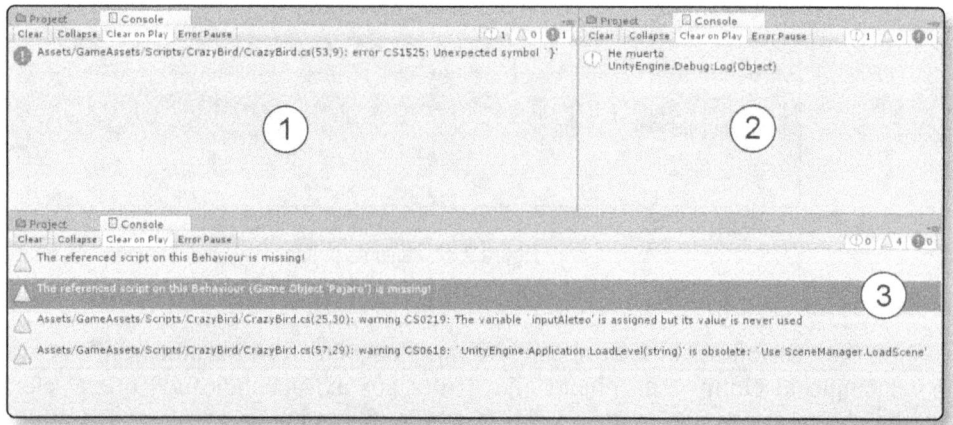

Figura 2.34. Varias vistas de la consola con mensajes de error (1), de depuración (2) y de aviso(3)

Junto a cada mensaje que aparezca en la consola se mostrará un icono que indica el nivel de gravedad del mensaje: informativo, aviso o error. Los avisos sirven para indicarnos circunstancias en la configuración de la escena, objetos y componentes que podrían llegar a provocar errores en el juego. Los errores sirven para advertirnos de que ha tenido lugar un error, normalmente en alguno de nuestros *scripts*. Haciendo doble clic sobre un mensaje que se haya generado a través de un *script*, Unity abrirá el *script* donde haya tenido lugar el error y nos mostrará la línea en cuestión. En el Capítulo 3 veremos algunos errores habituales que pueden ocurrir al programar *scripts*.

> 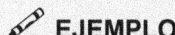 **EJEMPLO**
>
> Activa el modo de juego y observa los mensajes que van apareciendo en la consola conforme juegas. Todos estos mensajes han sido añadidos por nosotros en los distintos *scripts* que gestionan la lógica del juego. Prueba a hacer doble clic sobre alguno de los mensajes para abrir el *script* por la línea exacta donde mostramos el mensaje.

2.7.1 Opciones de la consola

La consola tiene algunas opciones que pueden sernos útiles a la hora de depurar nuestros juegos:

- ▼ **Clear**: la consola se limpia, borrando todos los mensajes que se estaban mostrando.

- ▼ **Collapse**: mientras esta opción esté activa todos los mensajes que sean iguales se agrupan en un único mensaje con un contador de ocurrencias. Muy útil para evitar que la consola se llene de mensajes repetidos, aunque no recomendamos activarla si no es necesario.

- ▼ **Clear On Play**: mientras esta opción esté activa la consola se limpiará cada vez que activemos el modo de juego. Recomendamos mantener esta opción activa para evitar que al ejecutar el juego nos equivoquemos al ver errores antiguos que quizás ya hemos solucionado.

- ▼ **Error Pause**: el juego se pausará automáticamente en cuanto tenga lugar un error. Útil para ver con tranquilidad el momento exacto del juego en el que se ha producido un error. Recomendamos mantener esta opción desactivada salvo que la necesites para depurar un error en concreto.

Figura 2.35. Opciones de la consola

> ⚠ **CUIDADO**
> Si detectas que tu juego se pausa automáticamente sin saber el motivo, es muy probable que tengas la opción Error Pause de la consola activada. Desactívala o corrige el error en cuestión para evitar este problema.

2.8 EJECUTABLE Y OPCIONES DE CONSTRUCCIÓN

Como último paso antes de cerrar este capítulo aprenderemos a construir una versión ejecutable para PC o Mac de nuestro proyecto. A través del menú **File -> Build Settings** podemos acceder a la ventana de **opciones de construcción**.

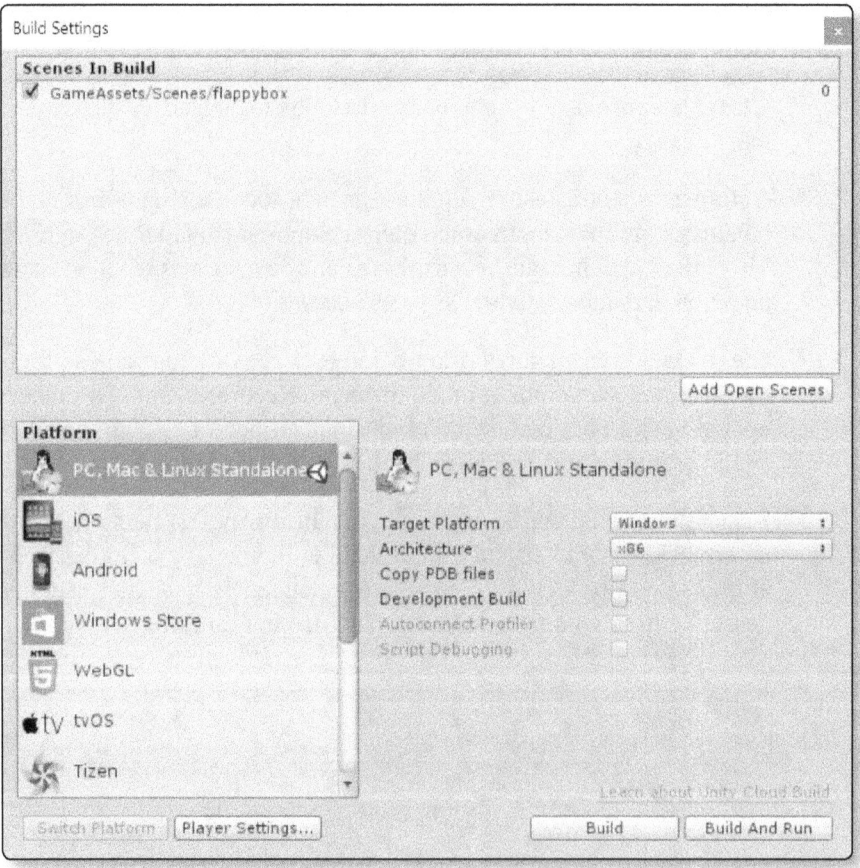

Figura 2.36. Opciones de construcción

En la parte superior de la ventana aparecerán las escenas que van a incluirse en el ejecutable. Al principio este espacio estará vacío. Para añadir escenas simplemente arrastraremos los ficheros de escena desde la ventana de proyecto hasta aquí. La primera escena de la lista será la que empiece a ejecutarse al lanzar el juego, por lo que si no están en el orden adecuado las podremos reordenar arrastrándolas con el ratón.

En la parte inferior de la ventana aparecen las distintas plataformas para las cuales podemos compilar nuestro juego. En este libro solo abordaremos la compilación *standalone* para PC o Mac, ya que el resto de plataformas pueden requerir la instalación de *software* adicional que se escapa del ámbito de este libro. Para cambiar la plataforma de destino seleccionaremos la plataforma deseada y pulsaremos el botón **Switch Platform**. Unity procesará de nuevo todo el proyecto preparándolo para la nueva plataforma de destino, lo cual podrá llevar un cierto tiempo en función del tamaño del proyecto.

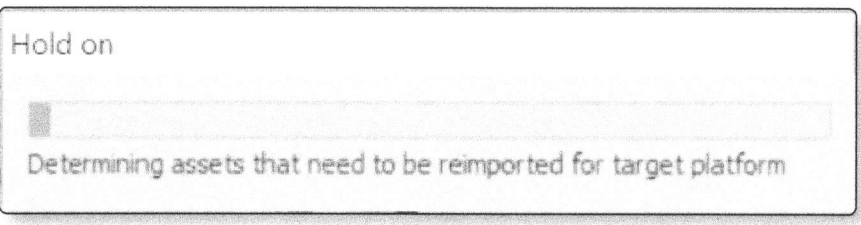

Figura 2.37. Procesamiento del contenido del proyecto al cambiar la plataforma de destino

Una vez añadidas las escenas y seleccionada la plataforma de destino, pulsaremos el botón **Build** para compilar el proyecto. Tras seleccionar la carpeta de destino donde queremos generar el ejecutable y aceptar, Unity empezará a compilar el proyecto mostrándonos una barra de progreso. No podremos seguir trabajando en el proyecto mientras se está compilando. Al finalizar, nos aparecerá el fichero ejecutable en el explorador de ficheros de Windows o Mac. Si abrimos el fichero ejecutable podremos jugarlo como si de cualquier juego comercial se tratase.

EJEMPLO

El proyecto de ejemplo viene ya preparado para que puedas compilarlo fácilmente en versión standalone para Windows o Mac. Abre la ventana Build Settings, pulsa el botón Build y selecciona la carpeta de destino para el ejecutable.
En unos instantes la compilación habrá terminado y podrás jugar al juego desde tu ordenador.

> ⚠ **CUIDADO**
> La versión standalone del juego en Mac consta de un fichero ejecutable único con el nombre del proyecto, mientras que en Windows consta de un fichero ejecutable con el nombre del proyecto y extensión .exe, y una carpeta con el mismo nombre terminada en _Data. Si quieres copiar o compartir el ejecutable de Windows con otras personas recuerda incluir la carpeta _Data junto con el .exe, ya que de otra forma el proyecto no funcionará.

3
SCRIPTING

En este capítulo abordaremos distintos conceptos y técnicas necesarias para programar en Unity. Aprenderemos a crear *scripts* sencillos que utilicen distintas funcionalidades esenciales del motor, como el bucle de juego, el *input* de usuario, las transformaciones, o la búsqueda y comunicación entre objetos. A lo largo del capítulo podrás aprender más sobre los siguientes temas:

1. El lenguaje C#
2. Scripts y la clase MonoBehaviour
3. Variables de un componente
4. Bucle de juego
5. Input de usuario
6. Transformaciones básicas
7. Creación y destrucción de objetos
8. Comunicación entre objetos
9. Depuración por consola
10. Otras funcionalidades

PREPARACIÓN

Con el objetivo de que puedas entender mejor los distintos conceptos y técnicas que vamos a explicarte, este capítulo va acompañando de los proyectos de ejemplo "Capítulo3-Proyecto1" y "Capítulo3-Proyecto2". Estos proyectos te permitirán ver en la práctica muchas de las técnicas explicadas a lo largo del capítulo. Consulta la Sección "Material Adicional" al final del libro para más información sobre la descarga de estos y el resto de proyectos que acompañan al libro.

3.1 EL LENGUAJE C#

Unity, como motor de videojuegos, ofrece a los desarrolladores un conjunto de características que permiten programar la funcionalidad del videojuego mediante pequeños ficheros de código, denominados *scripts*. Los *scripts* pueden programarse en dos lenguajes distintos: C# y UnityScript. En este libro utilizaremos C#, al tratarse del lenguaje más habitualmente utilizado por los desarrolladores que trabajan con Unity.

C# es un lenguaje de programación orientado a objetos que fue diseñado por Microsoft tomando características de otros lenguajes como C++ o Java. Inicialmente C# fue desarrollado por Microsoft, y aunque se utilizaba principalmente en entornos Windows, fue diseñado y estandarizado para poder llegar a ejecutarse en cualquier sistema operativo. Alrededor de esta característica surgió el denominado proyecto Mono, un proyecto de código libre respaldado por Microsoft cuyo objetivo es que el *software* programado con C# pueda ejecutarse en cualquier sistema operativo, como Windows, Linux o Mac. Unity se basa en las tecnologías del proyecto Mono para ofrecer su principal característica, la capacidad de exportar a una gran diversidad de plataformas.

En la actualidad C# se encuentra en su versión 6.0, continúa siendo actualizado con frecuencia por Microsoft, y se utiliza para todo tipo de desarrollo de *software*: escritorio, web, dispositivos móviles, videojuegos, etc. Aprender a programar en C# es una materia extensa que queda fuera del ámbito de este libro. Sin embargo, resulta necesario disponer de unas nociones básicas de programación en C# para poder entender por completo el desarrollo de este y sucesivos capítulos. Por este motivo, si fuese de tu interés, te recomendamos leer el libro *El lenguaje de programación C#* de Ra-Ma Editorial ya que te podrá ayudar a adquirir estos conocimientos.

A lo largo del libro daremos por supuesto que conoces términos básicos de programación orientada a objetos tales como clases, objetos, instancias, variables, métodos, parámetros, sentencias de control, bucles, etc.; así como que sabes crear programas sencillos mediante el lenguaje C#.

3.2 SCRIPTS Y LA CLASE MONOBEHAVIOUR

Los *scripts* son ficheros de código que utilizaremos para implementar nuevos componentes que añadan distintas funcionalidades a los objetos de nuestro juego. Al programar un *script* correctamente, se creará un nuevo componente que podremos añadir a nuestros objetos a través del inspector. Los ficheros de *script* internamente no son más que ficheros de texto que contienen código C#, motivo por el cual su extensión es .cs.

3.2.1 Creación de un *script*

Podemos crear un nuevo *script* a través de la ventana de proyecto. Para ello entraremos en la carpeta del proyecto donde queramos crearlo, haremos clic derecho en la ventana de proyecto y en el menú desplegable seleccionaremos **Create → C# Script**. Se creará un *script* con el nombre "NewBehaviourScript", que deberemos cambiar inmediatamente por otro nombre a nuestra elección.

> ⚠ **CUIDADO**
> Los nombres que asignes a tus *scripts* son muy importantes para tener organizado adecuadamente tu proyecto, entender la función de cada *script* y facilitar su futuro mantenimiento. Te recomendamos pensar detenidamente el nombre que vas a dar a un nuevo *script* antes de crearlo. Aun así, si después de crear un *script* deseas cambiar su nombre recuerda que debes renombrar tanto el propio fichero de *script*, como el nombre de la clase que se declara en el código, ya que de otra forma Unity no será capaz de procesarlo correctamente.

Para nombrar los *scripts* usaremos la sintaxis CamelCase, es decir, comenzaremos el nombre con una letra mayúscula y separaremos las palabras simplemente poniendo en mayúsculas el comienzo de cada una de ellas, sin usar espacios ni otro tipo de caracteres de separación. Esta nomenclatura es el estándar utilizado en C# para nombrar los ficheros de código y las clases, ya que estos no pueden contener símbolos en blanco, ni muchos otros caracteres de símbolo o separadores.

> ⚠ **CUIDADO**
> Si introduces algún carácter inadecuado en el nombre del fichero es posible que Unity te muestre un mensaje de error para advertirte de ello. Corrígelo renombrando tanto el fichero como el nombre de la clase o volviendo a crear el *script* desde cero con un nombre adecuado.

Cada fichero de *script* que creamos en Unity genera a su vez un nuevo componente, con el mismo nombre, que podremos añadir a los objetos de nuestro proyecto y utilizar como si de cualquier otro componente de Unity se tratara. Es importante tener en cuenta que, aunque hay un único fichero .cs por cada *script*, éste puede estar ejecutándose varias veces en el juego, una vez por cada uno de los objetos a los que le hayamos añadido dicho componente.

3.2.2 Esqueleto de un nuevo script

Una vez creado un *script* podremos editarlo haciendo doble clic sobre él, con lo que se abrirá el editor por defecto que esté configurado en Unity (dependerá del sistema operativo y de las opciones de instalación). Por defecto Unity genera automáticamente un esqueleto de código similar al siguiente:

```
using UnityEngine;
using System.Collections;

public class Player: MonoBehaviour {

    // Use this for initialization
    void Start () {

    }

    // Update is called once per frame
    void Update () {

    }
}
```

En este esqueleto podemos distinguir tres zonas claramente diferenciadas:

▼ Importación de librerías mediante la palabra `using`.

Aquí se informa al compilador de las librerías que vamos a utilizar mediante sentencias `using`. La librería `UnityEngine` da acceso a las funcionalidades específicas del motor. La librería `System.Collections` incluye algunas clases necesaria para utilizar determinadas funcionalidades de Unity.

En esta zona del fichero deberemos añadir referencias con la palabra clave `using` a cualquier librería que vayamos a utilizar, por ejemplo, `UnityEngine.UI` si vamos a acceder a elementos de la interfaz de usuario de Unity desde código, o `UnityEngine.SceneManagement` si necesitamos acceder a las funciones de gestión de escenas del motor.

> ⚠ **CUIDADO**
> Si no declaramos la utilización de una librería y pretendemos utilizar cualquier clase de la misma, el compilador nos notificará un error ya que no será capaz de encontrarla. Algunos IDE, como Visual Studio, nos darán indicaciones sobre cómo corregir el error añadiendo la sentencia using correspondiente.

▼ Declaración de la clase del componente.

La clase comienza su declaración a través de la siguiente línea: `public class Player: MonoBehaviour`. Esta línea indica que el *script* contiene una clase pública con nombre `Player` y que esta implementa la funcionalidad de un componente con el mismo nombre gracias a que hereda de `MonoBehaviour`. `MonoBehaviour` es una clase de Unity en la cual se basan todos los componentes programados mediante *script*, y cuya función es integrar el componente con la arquitectura y el bucle de juego del motor. Más adelante profundizaremos en las funcionalidades de esta clase.

> ⓘ **ATENCIÓN**
> Dado que en el *script* que estamos analizando la clase que implementa se llama Player, el fichero de código de este *script* tendrá que llamarse necesariamente "Player.cs" para que Unity sea capaz de procesarlo correctamente.

▼ Variables y métodos de la clase.

El cuerpo de la clase, la zona entre llaves después de la declaración, es el lugar donde declararemos todas las variables y métodos que necesitemos utilizar en nuestro *script*.

Las variables nos permiten añadir al *script* información sobre la lógica que tiene que gestionar (puntuaciones, contadores, velocidades, aceleraciones, daños, etc.), así como establecer referencias a otros componentes internos (`Rigidbody`, `Collider`, `Renderer`, etc.), y objetos externos (*managers*, *prefabs*, objetos importantes de la escena, etc.), para posteriormente trabajar con todas ellas en los distintos métodos que implementemos. Una de las principales ventajas a la hora de trabajar con variables en nuestros *scripts*, es que aquellas que sean públicas aparecerán en el inspector del componente, para que podamos ver sus valores y modificarlos desde el editor. En la Sección 3.3 "Variables de un componente" de este capítulo profundizaremos en las variables que podemos declarar en un *script*.

Los métodos nos permiten implementar las distintas funcionalidades del componente. En nuestros *scripts* crearemos métodos con tres objetivos principales: dar respuesta a eventos del bucle de juego (Start, Update, etc.); implementar la gestión de la lógica interna del objeto (comprobar, actualizar o realizar cálculos con variables, comunicarse con otros objetos); y ofrecer métodos con los que otros *scripts* podrán relacionarse con éste (métodos públicos). En el esqueleto del *script* generado por Unity encontraremos los métodos Start() y Update(), que sirven para responder a dos de los eventos más importantes del bucle de juego. El método Start() nos permite implementar las acciones a realizar cuando el componente comience a funcionar sobre un objeto. El método Update() nos permite actualizar la lógica del componente durante las sucesivas iteraciones del bucle de juego. En la Sección 3.4 "Bucle de juego" veremos otros muchos métodos que forman parte del bucle de juego.

3.2.3 La clase MonoBehaviour

En el esqueleto de *script* analizado en la sección anterior hemos visto cómo los componentes heredan de la clase MonoBehaviour. Esta es una de las clases más importantes de Unity, ya que es la responsable de que podamos programar nuevos componentes y de que estos se integren correctamente en la infraestructura del motor. En esta sección analizamos las funcionalidades que nos proporciona esta clase con más detenimiento.

La clase MonoBehaviour representa un componente genérico, un lienzo en blanco sobre el que podemos programar cualquier comportamiento que deseemos. Automáticamente, solo por heredar de esta clase, Unity procesará nuestro *script* y lo tratará como un componente, permitiéndonos añadirlo a cualquier objeto de nuestra escena y editar sus variables y propiedades públicas.

Además, la clase MonoBehaviour proporciona muchas funcionalidades en las que nos apoyaremos al programar. La más importante es que integrará los *scripts* automáticamente dentro del bucle de juego de Unity, explicado en detalle más adelante. Esto nos permitirá implementar los comportamientos deseados en las distintas fases de la ejecución del juego, como la actualización de físicas, de *input* de usuario o de lógica.

Otras ventajas que nos da `MonoBehaviour` son el acceso a funciones especiales como invocaciones y corrutinas, así como a una gran cantidad de métodos y propiedades heredadas a su vez de las clases superiores de la jerarquía: `Behaviour`, `Component` y `Object`. Estas clases contienen diversas variables y métodos necesarios para la búsqueda y comunicación entre componentes y objetos.

A continuación, enumeramos algunos de los métodos y propiedades más importantes a las que podemos acceder desde cualquier componente de Unity:

- `enabled` -> Booleano que controla si el componente está habilitado o deshabilitado.

- `name` -> Referencia, desde un componente, a una cadena de texto con el nombre del **GameObject** al que está asociado.

- `tag` -> Referencia, desde un componente, a una cadena de texto con la etiqueta del **GameObject** al que está asociado.

- `transform` -> Referencia, desde un componente, al componente `Transform` del **GameObject** al que está asociado.

- `gameObject` -> Referencia, desde un componente, al **GameObject** al que está asociado.

- `gameObject.SetActive` -> Método que permite activar o desactivar el **GameObject** al que está asociado el componente.

- `GetComponent` -> Método que nos permite buscar, desde un componente, otro componente distinto de un cierto tipo dentro del mismo **GameObject**. Existen múltiples variantes de este método.

A lo largo de las distintas secciones de este capítulo aprenderemos cómo utilizar, desde nuestros *scripts*, distintas funcionalidades esenciales de la clase `MonoBehaviour` y del componente `Transform`.

3.3 VARIABLES DE UN COMPONENTE

Las variables de un componente determinan qué datos se van a almacenar en memoria para poder implementar su funcionalidad. Las variables en un *script* pueden tener diversos usos: establecer los parámetros de configuración del componente, mantener el estado de su lógica interna, o mantener referencias a otros componentes y objetos para la comunicación con ellos durante el juego.

Además, las variables de un componente también pueden configurarse para aparecer en el inspector de dicho componente en Unity, de forma que sus valores se puedan modificar fácilmente desde el editor sin tener que modificar el fichero de código.

3.3.1 Tipos de variables

Como en cualquier clase de C#, los *scripts* pueden tener variables de diversos tipos y clases. A continuación, se enumeran los tipos más frecuentemente utilizados en cualquier tipo de *script*, y las particularidades de su uso en Unity:

- `int` -> Almacenamiento de un número entero con signo. Ideal para contadores y todo tipo de valores que no necesiten decimales.

    Ej.: `int vidaMaxima = 5;`

- `bool` -> Almacenamiento de un valor booleano, con valor *true* o *false*. Ideal para llevar el control de distintas condiciones que pueden o no estarse cumpliendo en un determinado instante.

    Ej.: `bool vidaMayorQueCero = true;`

- `float` -> Almacenamiento de un número con decimales y signo. Ideal para valores matemáticos, geométricos o físicos como posiciones, velocidades, rotaciones, distancias, etc. Al asignarles un valor literal este debe ir seguido de la letra **f** para que el compilador no lo interprete con un valor de tipo *double*.

    Ej.: `float velocidad = 20.0f;`

- `double` -> Almacenamiento de un número con decimales y signo en doble precisión. No es frecuente su uso en *scripts* ya que ocupa el doble de memoria que el tipo *float* y las operaciones de la tarjeta gráfica requieren más tiempo para realizar cálculos con ese nivel de precisión, motivo por el cual las librerías de Unity tampoco lo utilizan. Sin embargo, es imprescindible su uso cuando se necesitan almacenar valores con más de siete números decimales, por ejemplo, en coordenadas geográficas que requieran una gran precisión.

    Ej.: `double coordenadaX = 3.7658421093;`

- `string` -> Almacenamiento de una cadena de texto en codificación UTF-16 que permite almacenar todo tipo de caracteres multilenguaje. Ideal para almacenar textos, para leer o escribir ficheros de texto, o para codificar información en forma de texto. Las variables de tipo *string* pueden ser tratadas como *arrays* de caracteres. Al asignarles un valor literal este debe ir entre dobles comillas.

Ej.: `string nombrePersonaje = "Peter";`

- `char` -> Almacenamiento de un carácter en codificación UTF-16. Es más frecuente utilizarlo a través de cadenas de texto que por sí solo. Una cadena de texto puede ser accedida como un *array* de caracteres individuales. Al asignarle un valor literal, este debe ir entre comillas simples.

  Ej.: `char primeraLetra = 'P';`

- `Vector3` -> Almacenamiento de tres flotantes empaquetados: x, y, z. Es una estructura de datos ofrecida por Unity para facilitar el trabajo con puntos, vectores y direcciones. En la Sección 3.6 "Transformaciones básicas" de este capítulo profundizamos en el uso de este tipo de variables.

  Ej.: `Vector3 posicion = new Vector3(15,0,50);`

- `GameObject` -> Referencia a un **GameObject** de la escena o a un *prefab* del proyecto. Permite referenciar desde un *script* a otro objeto de la escena para acceder a sus métodos, propiedades y variables según sea necesario; así como a un *prefab* para poder crear clones del mismo por código. En la Sección 3.8 "Comunicación entre objetos" de este capítulo profundizaremos en el uso de este tipo de variables.

  Ej.: `GameObject prefabExplosion;`

- `Transform` u otros componentes -> Referencia a un componente interno del **GameObject** en el cual se encuentra el *script*, o a un componente de otro **GameObject** de la escena o *prefab* del proyecto. Permite referenciar desde un *script* a otro componente interno del objeto, lo que resulta especialmente útil cuando dicho componente va a utilizarse reiteradamente desde el *script*. También permite referenciar un componente perteneciente a otro objeto de la escena o a otro *prefab* del proyecto, actuando en este caso de forma similar a una variable de tipo `GameObject`, con la diferencia de que en este caso no se referencia el objeto como tal, sino uno de sus componentes en concreto. En la Sección 3.8 "Comunicación entre objetos" de este capítulo profundizaremos en el uso de este tipo de variables.

  Ej: `Rigidbody _rigidbody;`

▼ `Texture`, `Material`, `AudioClip` u otro tipo de *assets* -> Referencia a un *asset* del proyecto. Este tipo de variables se utilizan cuando necesitamos trabajar con un *asset* del proyecto desde *script*.

Ej.: `Material materialTranslucido;`

▼ *Arrays* tipados -> *Arrays* de un cierto tipo de variable, permiten almacenar múltiples variables del mismo tipo en posiciones contiguas de memoria, y circular por ellas con facilidad mediante índices (bucle `for`) y enumeradores (bucle `foreach`). Una vez inicializado el *array* no puede modificar su tamaño.

Ej.: `GameObject[] enemigos;`

▼ `List` -> Listas dinámicas genéricas de un cierto tipo de variable. Cumplen la misma función que el *array*, pero pueden cambiar de tamaño después de ser inicializadas. Hay que importar la librería `System.Collections.Generic` para poder utilizarlas.

Ej.: `List<GameObject> enemigos;`

3.3.2 Variables editables desde el inspector

Además de los distintos tipos de variable, en Unity también tiene mucha importancia el nivel de acceso que se asigne a cada una de ellas: `public`, `private` o `protected`. El nivel de acceso y el tipo de variable determinan si ésta será editable desde el inspector del componente.

Las variables declaradas como **públicas** que pertenezcan a alguno de los tipos enumerados en la Sección 3.3.1 "Tipos de variables", aparecerán en el inspector del componente para que podamos modificar sus valores desde la ventana de Unity. Esto nos permitirá que cada **GameObject** o *prefab* tenga valores personalizados en estas variables, y al mismo tiempo, nos ahorrará mucho tiempo permitiéndonos cambiar el valor de las variables sin tener que modificar el código del *script*.

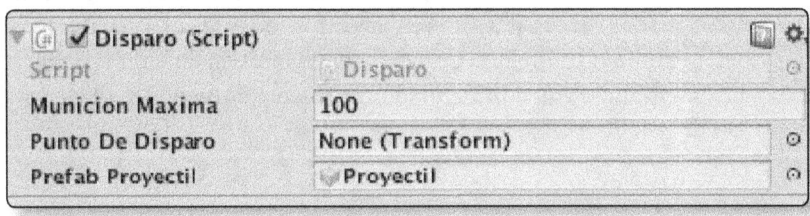

Figura 3.1. Variables editables desde el inspector

Según el tipo de variables que utilicemos, el inspector de componentes adaptará su aspecto para que podamos introducir los valores pertinentes en cada campo. Las variables de tipo **GameObject**, componente (cualquier tipo) o *asset* (cualquier tipo), se representarán como un espacio en el inspector al que podremos arrastrar objetos de la jerarquía de escena o de la ventana de proyecto, según el caso. Unity se asegurará siempre de que arrastremos el tipo correcto de objeto (**GameObject** o *asset*) hasta los espacios de las variables en el inspector. Por ejemplo, si tenemos una variable de tipo `Rigidbody`, Unity solo nos permitirá arrastrar hasta dicha variable un **GameObject** o un *prefab* que tenga añadido dicho componente.

Una de las ventajas del uso de referencias desde el inspector es que Unity utiliza un sistema interno para identificar a cada objeto de la escena y a cada *asset* del proyecto. Esto significa que, una vez se haya asignado una variable de este tipo, dicha asignación continuará funcionando aunque el **GameObject** o *asset* en cuestión cambie de nombre o se mueva dentro de la jerarquía o de las carpetas del proyecto.

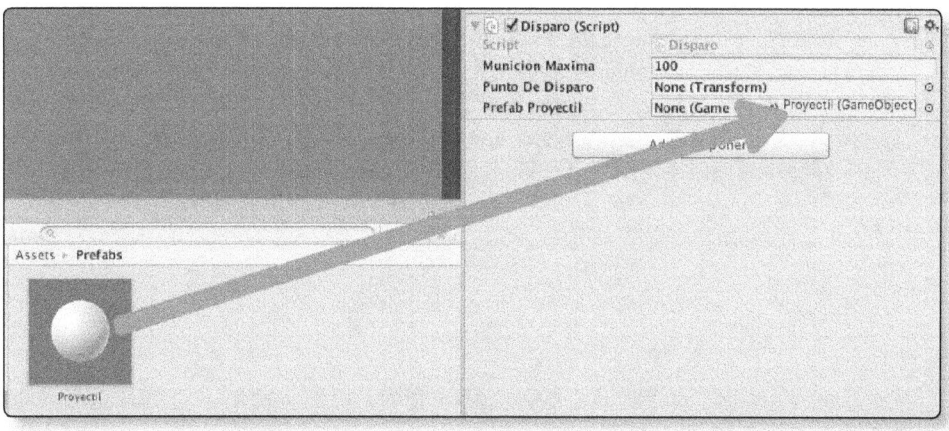

Figura 3.2. Arrastrando un prefab hasta una variable del inspector

Las variables editables desde el inspector almacenan internamente todos sus valores en los ficheros de escena (si el componente está en un objeto de la jerarquía de escena) o *prefab* (si el componente está en un *prefab*) correspondientes. Al cargar una escena o al clonar un *prefab*, los valores de inicialización que se hayan dado a las variables junto a su declaración, dentro del *script*, serán sobrescritos por los valores almacenados en dicha escena o *prefab*. Esto nos obliga a tener cuidado con la modificación de los valores de las variables. Una vez hemos añadido un componente a un objeto, cualquier cambio que deseemos hacer en sus variables editables lo haremos desde el inspector, y no modificando la inicialización de dicha variable en el *script*, ya que será sobrescrita.

Aunque la inicialización de variables en su declaración será sobrescrita por los valores que posteriormente introduzcamos en el inspector, esto no significa que esta inicialización sea inútil. El valor de inicialización en la declaración será el que aparecerá por defecto en el inspector cuando añadamos el componente a un objeto. La mejor forma de trabajar es por tanto inicializar las variables en su declaración dándoles siempre un valor por defecto. Después, una vez hayamos añadido el componente a un **GameObject** o *prefab*, cualquier cambio posterior sobre dicha variable lo haremos siempre desde el inspector.

> (i) **ATENCIÓN**
>
> La lista de tipos y clases de variable con soporte para la edición desde el inspector, incluida en la Sección 3.3.1 "Tipos de variables", no es exhaustiva. En general, la mayor parte de clases nativas de Unity tienen soporte a la edición desde el inspector, como la clase Color para almacenar un color, o la clase Texture para hacer referencia a un *asset* de tipo textura. Sin embargo, más allá de los tipos primitivos de C#, los *arrays* y las listas genéricas, el resto de tipos y clases fuera de Unity no tienen soporte automático para su edición desde el inspector. Uno de los casos más llamativos es la clase Dictionary, un tipo de colección básica en C#, pero que sin embargo no tiene soporte para el inspector.

Las variables declaradas como **protegidas** o **privadas** por defecto nunca aparecerán en el inspector de componentes. Las **propiedades** de C# tampoco aparecerán nunca en el inspector, independientemente de que sean públicas o privadas.

> ### ✏️ EJEMPLO
> A continuación se muestran las variables de *script* que gestiona el disparo de un arma, mostrando algunos de los muchos cometidos que puede cumplir una variable:
>
> ```
> public class Disparo : MonoBehaviour {
>
>     // Munición máxima del arma (pública, editable)
>     public int municionMaxima = 100;
>
>     // Munición actual del arma (privada, no editable)
>     private int municionActual;
>
>     // Referencia al Transform de un objeto vacío donde
>     // se generarán los proyectiles (pública, editable)
>     public Transform puntoDeDisparo;
>
>     // Referencia al prefab del proyectil que disparará
>     // este arma (pública, editable)
>     public GameObject prefabProyectil;
>     ...
> }
> ```

3.4 BUCLE DE JUEGO

El bucle de juego es una de las piezas más importantes en el desarrollo de un videojuego. Se trata de un proceso que se repite sucesivamente a gran velocidad desde que comenzamos a ejecutar un videojuego hasta que lo terminamos, dentro del cual se desarrolla toda la lógica de éste. Dentro del bucle de juego se realizan multitud de tareas como comprobar las acciones del usuario a través de los dispositivos de *input* correspondientes, actualizar la lógica y el estado de los distintos objetos del juego, hacer cálculos físicos para saber cómo se mueven y cómo colisionan entre sí, dibujar los gráficos por pantalla, etc.

> ### ⓘ ATENCIÓN
> Dado que el bucle de juego involucra un gran número de pasos, existe un límite a la velocidad a la que este puede ejecutarse, dependiendo de la potencia del ordenador y de su tarjeta gráfica. De ese límite surgen los conocidos FPS de los videojuegos, el límite de veces que el juego es capaz de dibujar sus gráficos por pantalla en un segundo, y que comúnmente se encuentra entre las 30 y las 60 veces por segundo, según la plataforma donde se ejecute el juego.

Una de las principales ventajas de usar un motor de videojuegos como Unity es que este se encarga de gestionar por sí solo el bucle de juego y la mayor parte del trabajo que hay que hacer dentro de él. Nuestra labor se limitará, por tanto, a programar el código que dé funcionalidad a nuestro juego, respondiendo a los distintos eventos del bucle de juego que irá generando Unity automáticamente. Para ello, la clase MonoBehaviour incluye una gran variedad de métodos –también llamados *callbacks*– que podemos implementar en nuestros *scripts*, cada uno de ellos asociado a un evento. Así, si programamos el método Start() en un *script*, Unity se encargará de ejecutarlo cuando el *script* comience a funcionar sobre un objeto. Igualmente, si implementamos el método Update(), el propio motor se encargará de ejecutarlo a lo largo del juego tantas veces y tan rápido como le sea posible sobre cada uno de los objetos que tengan este *script*.

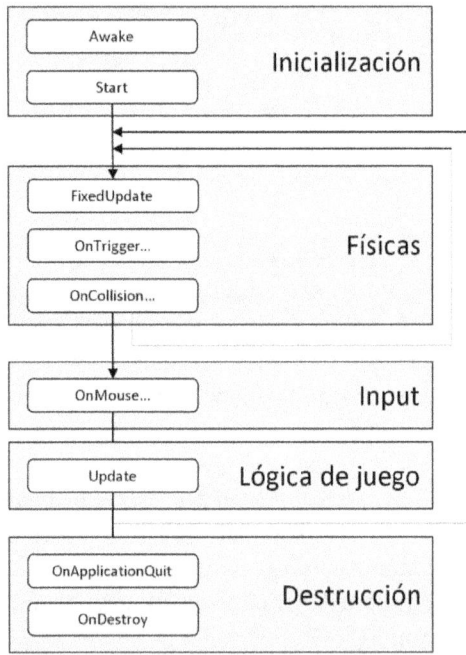

Figura 3.3. El bucle de juego

En la Figura 3.3 podemos ver otros eventos que tendrán lugar durante el bucle de juego, y a los cuales podremos responder implementando distintos métodos en nuestros *scripts*. En cada pasada del bucle de juego Unity recorrerá todos los *scripts* de todos los objetos de la escena, invocando cada uno de estos eventos por fases. De esta forma, al iniciar el juego, Unity invocará el método Awake de todos los *scripts* de cada uno de los objetos de la escena, después invocará el método Start de aquellos *scripts* que estén activos, seguidamente actualizará las físicas de todos los objetos físicos de la escena invocando los métodos `FixedUpdate`, `OnCollision`... y `OnTrigger`... de sus *scripts* según sea pertinente, y continuará actualizando la lógica de todos los objetos de la escena invocando los métodos `OnMouse`... y `Update` de sus *scripts*.

> ⓘ **ATENCIÓN**
> Dado que en lo relativo al bucle de juego los términos evento y método son equiparables y solo dependen de la perspectiva (el bucle de juego genera eventos, nosotros proporcionamos métodos para responder a los mismos), a lo largo de las explicaciones de este capítulo los utilizaremos de forma intercambiable.

3.4.1 Inicialización de un *script*

Cuando un *script* comienza a funcionar, lo primero que hace el bucle de juego es ejecutar los métodos de inicialización. Estos métodos son ejecutados una única vez durante la vida del *script*, y nos permiten prepararlo para su posterior funcionamiento durante el juego, inicializando sus variables, estableciendo comunicación con otros *scripts* y componentes, etc.

Existen dos métodos de inicialización:

▼ **Awake:** este método se ejecuta en el mismo instante en que el *script* se activa en el juego, antes que ningún otro método. Se utiliza como primera fase de inicialización del script, normalmente para obtener referencias a otros objetos y componentes (ver Sección 3.8 "Comunicación entre objetos").

▼ **Start:** este método se ejecuta unos instantes después de que se ejecute el método `Awake`. Se utiliza como segunda fase de inicialización del script, para completar la inicialización una vez este y el resto de *scripts* han terminado de ejecutar su método `Awake`.

Dentro de un *script* implementaremos los métodos de inicialización de la siguiente forma:

```
void Awake() {
    // Inicializamos el objeto (primera parte)
}

void Start() {
    // Inicializamos el objeto (segunda parte)
}
```

TRUCO

Cuando tengas varios objetos con numerosos *scripts* en una escena, ten siempre en cuenta que primero se ejecutará el método Awake de todos esos *scripts*, y después el método Start de todos ellos. Esto permite asegurarse de que todos los *scripts* han tenido una primera fase de inicialización en su método Awake, antes de que comiencen a comunicarse entre sí en el método Start.

Tras inicializarse el *script*, este empezará a recibir nuevos eventos relacionados con físicas, *input*, lógica de juego e interfaz de usuario. Estos eventos se producirán o bien de forma cíclica o bien cuando tenga lugar algún condicionante que los desencadene, como veremos a continuación.

3.4.2 Actualización de físicas

El primer grupo de métodos que se ejecutan en cada pasada del bucle de juego son los relativos a las físicas. Existen dos tipos de eventos relacionados con las físicas, uno que se produce cíclicamente denominado FixedUpdate, y otros que solo se producen si dos objetos del juego colisionan entre sí y cuyos nombres comienzan con los prefijos OnTrigger u OnCollision.

▸ **FixedUpdate:** en este método actualizaremos el sistema de físicas de Unity aplicando movimientos, fuerzas o aceleraciones a través del componente **Rigidbody**. Este método se ejecuta de forma cíclica en cada pasada del bucle de juego. A diferencia del método Update, explicado más adelante, el método FixedUpdate se ejecuta a un ritmo constante durante el bucle de juego, independientemente de la velocidad de la CPU o la tarjeta gráfica. Esto es necesario para que el sistema de físicas de Unity pueda realizar cálculos precisos, producir movimientos estables y fluidos, y detectar colisiones con precisión. La propiedad Time.fixedDeltaTime, cuyo valor es constante, nos indica exactamente el tiempo transcurrido entre dos pasadas del método FixedUpdate. En el Capítulo 5 "Físicas" profundizaremos en este método.

▸ **Eventos "OnCollision…":** cuando un objeto físico colisiona con otro, Unity detectará el impacto y avisará a los *scripts* de ambos objetos para informarles de la colisión y que puedan reaccionar en consecuencia. Existen tres métodos relacionados con las colisiones: OnCollisionEnter, que se ejecuta en el mismo instante en el que se produce la colisión; OnCollisionStay, que se ejecuta mientras la colisión se siga manteniendo a lo largo del tiempo; y `OnCollisionExit`, que se ejecuta cuando la colisión finaliza. Para que estos métodos se ejecuten los objetos que colisionan deben tener ciertos componentes activados y con una determinada configuración, como se verá en el Capítulo 5.

▶ **Eventos "OnTrigger...":** Los *triggers* son objetos físicos que pueden atravesarse, como podremos ver en detalle en el Capítulo 5. Cuando cualquier objeto atraviesa un *trigger*, Unity lo detectará y avisará a los *scripts* de ambos objetos (al objeto que atraviesa, y al propio *trigger*) para informarles de ello, de forma similar a como ocurre con las colisiones. Existen tres métodos relacionados con los *triggers*: `OnTriggerEnter`, `OnTriggerStay` y `OnTriggerExit`. Para que estos métodos se ejecuten los objetos que colisionan deben tener ciertos componentes activados y con una determinada configuración, como se verá en el capítulo dedicado a físicas.

Dentro de un *script* implementaremos los métodos de físicas de la siguiente forma:

```
void FixedUpdate() {
    // Actualizamos las físicas del objeto, especialmente
    // todo aquello que dependa del componente Rigidbody
}

void OnCollisionEnter(Collision collision) {
    // Se ha detectado una colisión, el parámetro collision
    // proporciona información sobre la colisión
}
void OnTriggerEnter(Collider collider) {
    // Se ha atravesado un trigger, el parámetro collider
    // indica con qué otro collider hemos colisionado
}
```

En el Capítulo 5 "Físicas", dedicado a las físicas, estudiaremos en profundidad los métodos aquí explicados y descubriremos la configuración que deben tener los objetos para que funcionen correctamente las colisiones y los *triggers*.

3.4.3 Actualización de input

El segundo grupo de eventos del bucle de juego se producen como consecuencia de que el jugador interactúe con el ratón sobre un objeto. Cuando esto ocurre, Unity avisa a todos los *scripts* del objeto para que puedan responder a la interacción del usuario.

Hay que considerar que estos eventos solo se producen si el jugador interactúa con un objeto a través del ratón, o a través de una pantalla táctil en un dispositivo móvil. El resto de comprobaciones de la interacción del usuario, como pueda ser un teclado, un *joystick* o incluso otro tipo de interacciones con el ratón, se comprueban manualmente desde el método Update, explicado más adelante.

Además, para que el jugador pueda interactuar de esta forma con un objeto, este debe tener un componente **Collider**, ya que Unity utilizará el volumen de colisión para detectar si el usuario hace clic o interactúa de forma táctil sobre él. Si el objeto no tiene **Collider**, estos métodos no se ejecutarán.

Los métodos que se ejecutan cuando el jugador interactúa con el ratón sobre un objeto son los siguientes:

- ▼ **OnMouseDown:** se ejecuta cuando el jugador hace clic izquierdo con el ratón sobre el objeto.

- ▼ **OnMouseDrag:** se ejecuta de forma reiterada cuando el jugador hace clic con el ratón sobre el objeto y mantiene el botón pulsado.

- ▼ **OnMouseEnter:** se ejecuta cuando el puntero del ratón entra en contacto con el objeto.

- ▼ **OnMouseExit:** se ejecuta cuando el puntero del ratón deja de estar en contacto con el objeto.

- ▼ **OnMouseOver:** se ejecuta de forma reiterada mientras el puntero del ratón se mantiene en contacto con el objeto.

- ▼ **OnMouseUp**: se ejecuta sobre un objeto sobre el que ya se había ejecutado el método OnMouseDown en el instante en el que el jugador deja de pulsar el botón del ratón, incluso aunque el cursor ya no se encuentre en contacto con dicho objeto.

- ▼ **OnMouseUpAsButton:** se ejecuta sobre un objeto sobre el que ya se había ejecutado el método OnMouseDown en el instante en el que el jugador deja de pulsar el botón del ratón, pero solo si el cursor se sigue manteniendo en contacto con dicho objeto.

Dentro de un *script* implementaremos los métodos de interacción con el ratón de la siguiente forma:

```
void OnMouseEnter() {
    // El jugador tiene el cursor sobre el objeto
```

```
    }

    void OnMouseExit() {
        // El jugador ya no tiene el cursor sobre el objeto
    }

    void OnMouseDown() {
        // El jugador ha hecho clic izquierdo sobre el objeto
    }
```

3.4.4 Actualización de lógica

Tras procesar las físicas del juego e informarnos de las interacciones del jugador con los distintos objetos a través del ratón, Unity da paso a la actualización de la lógica de los *scripts* mediante el método `Update`.

Update: en este método actualizaremos la lógica del *script*, comprobando interacciones del usuario a través de la clase `Input`, realizando comprobaciones diversas sobre el estado de la partida, y modificando el estado del *script* en función de dichas comprobaciones y del tiempo transcurrido. Por ejemplo, si el *script* implementa la lógica del jugador, en este método podríamos comprobar si el jugador ha pulsado el botón de ataque, si el arma tiene munición y si el enemigo se encuentra a una cierta distancia y dentro de la línea de visión para, en ese caso, quitarle vida.

Este método se ejecuta de forma cíclica en cada pasada del bucle de juego, a un ritmo variable que depende de la velocidad de la CPU y de la tarjeta gráfica. La propiedad `Time.deltaTime` nos indica exactamente el tiempo transcurrido entre dos pasadas del método `Update`. Normalmente utilizaremos esta propiedad en todos los cálculos matemáticos que hagamos dentro del método `Update`, para conseguir que el juego se comporte de idéntica manera independientemente del dispositivo sobre el que se ejecute.

> ⚠ **CUIDADO**
>
> Algunos cálculos especialmente complejos como los de las físicas del juego necesitan de un ritmo de actualización constante. Por este motivo existe el método FixedUpdate que está especialmente diseñado para interactuar con el sistema de físicas de Unity. Cualquier otro tipo de cálculo que no tenga que ver con las físicas lo realizaremos preferiblemente en el método Update para no sobrecargar los cálculos físicos del juego.

Dentro de un *script* implementaremos el método de actualización de lógica de la siguiente forma:

```
void Update() {
    // Comprobamos la interacción del usuario y
    // actualizamos la lógica del script
}
```

3.4.5 Destrucción de un *script*

Cuando un objeto es destruido durante el trascurso del juego, todos los *scripts* que contiene también se destruyen y Unity deja de procesarlos durante el bucle de juego. También es posible destruir un *script* concreto de un objeto, sin necesidad de destruir el objeto completo, en cuyo caso solo se dejará de procesar el *script* en cuestión. Por último, si el jugador cierra el juego se destruirán todos los objetos de la escena y todos sus *scripts*. Para informarnos de todos estos sucesos Unity invoca los métodos `OnApplicationQuit` y `OnDestroy` de nuestros *scripts* antes de proceder a destruirlos.

OnApplicationQuit: este método se ejecuta sobre cada *script* que lo implemente cuando el juego se vaya a cerrar, y antes de destruir definitivamente el *script*. Sirve para realizar las últimas acciones antes de salir del juego, como guardar el estado de la partida.

OnDestroy: este método se ejecuta antes de que el *script* se destruya definitivamente sea por el motivo que sea. Después de la ejecución de este método el *script* dejará de existir sobre el objeto que lo contenía, y Unity dejará de procesarlo durante el bucle de juego

> △ **CUIDADO**
>
> Dentro del método OnDestroy no es recomendable crear nuevos objetos, por ejemplo, haciendo que un proyectil genere un sistema de partículas de explosión al destruirse. Esto producirá errores cuando la causa de que el objeto se destruya sea que el jugador ha cerrado el juego o que se ha detenido el modo de juego de Unity. Si aun sabiendo esto decidimos crear instancias nuevas de objetos dentro de OnDestroy, debemos asegurarnos cómo mínimo de nunca hacerlo si previamente ha sido llamado el método OnApplicationQuit.

Dentro de un *script* implementaremos sus métodos de destrucción de la siguiente forma:

```
void OnApplicationQuit() {
    // Realizamos las últimas acciones del script sabiendo
    // que el jugador ha cerrado el juego
}

void OnDestroy(){
    // Realizamos las últimas acciones del script antes
    // de que se destruya definitivamente
}
```

3.4.6 Otros eventos del bucle de juego

Además de los eventos y métodos que se han explicado, el bucle de juego tiene muchos más eventos a los que podemos responder desde nuestros *scripts*. Puedes consultar la lista completa de eventos desde la documentación de la clase `MonoBehaviour`, disponible en: *https://docs.unity3d.com/ScriptReference/MonoBehaviour.html*

3.5 INPUT DE USUARIO

Los videojuegos por definición son un tipo de software interactivo en tiempo real, donde el usuario puede utilizar un dispositivo de control (teclado, ratón, *gamepad*) para interactuar y provocar efectos inmediatos en el juego.

En este capítulo aprenderemos a acceder al *input* de usuario (entrada de usuario) desde un *script* para posteriormente poder implementar mecánicas de juego básicas que dependan de la interacción del jugador.

3.5.1 La clase Input

La clase `Input` permite acceder desde *script* al *input* de usuario, ya sea este a través de teclado, ratón o *gamepad*. La comprobación del *input* de usuario se realiza siempre en el método `Update` del bucle de juego. Previamente a esta fase del bucle, Unity accederá al hardware del teclado, ratón y *gamepads* para comprobar el estado de pulsación de teclas, botones y joysticks. En el método `Update` podremos comprobar dicho estado para saber si un determinado botón se acaba de pulsar, se mantiene pulsado o se ha dejado de pulsar, así como en qué posiciones se encuentran los controles analógicos como *joysticks* o ratón.

> ⚠ **CUIDADO**
>
> La comprobación del *input* de usuario debe realizarse siempre dentro del método Update. Realizarlo en otros métodos como el FixedUpdate puede resultar problemático, ya que determinadas comprobaciones, como el momento de pulsar o levantar una tecla, no se actualizarán correctamente y podrás obtener valores erróneos según las circunstancias (dobles pulsaciones o pulsaciones omitidas). Si necesitas utilizar un valor de *input* en el FixedUpdate u otro método similar, crea variables donde almacenar los valores de *input*, actualízalas dentro del Update, y utilízalas después donde las necesites.

3.5.2 Input mediante teclas y botones del ratón

Mediante los métodos GetKeyDown, GetKey y GetKeyUp podremos comprobar las pulsaciones del teclado. Todos estos métodos reciben un parámetro de tipo KeyCode donde se indica la tecla a comprobar, y devuelven un valor booleano indicando el estado de pulsación. A continuación se indica el funcionamiento de cada uno de ellos:

- ▼ **GetKeyDown**: devuelve true cuando la tecla en cuestión se acaba de pulsar en ese mismo *frame*. En otro caso devuelve false.

- ▼ **GetKey**: devuelve true cuando la tecla en cuestión está pulsada, independientemente del momento en el que se pulsó. En otro caso devuelve false.

- ▼ **GetKeyUp**: devuelve true cuando la tecla en cuestión se acaba de dejar de pulsar en ese mismo *frame*. En otro caso devuelve false.

En el siguiente código de ejemplo mostramos cómo utilizar el método GetKeyDown para comprobar la pulsación de una tecla:

```
void Update(){

    if(Input.GetKeyDown(KeyCode.E)){
        // Este código solo se ejecutará en el instante en
        // que el jugador pulse la tecla E de su teclado
        ...
    }
}
```

De forma equivalente para el ratón, con los métodos `GetMouseButtonDown`, `GetMouseButton` y `GetMouseButtonUp` podremos comprobar las pulsaciones de los botones del ratón. Todos estos métodos reciben un parámetro de tipo `int` donde se indica el botón a comprobar, con los valores 0 para clic izquierdo, 1 para clic derecho, y 2 para clic central.

En el siguiente código de ejemplo mostramos cómo utilizar el método `GetMouseButton` para comprobar si está pulsado el clic derecho del ratón:

```
void Update(){

    if(Input.GetMouseButton(1)){
        // Este código se ejecutará cada frame en el que
        // el jugador mantenga pulsado clic derecho
        ...
    }
}
```

3.5.3 Input mediante botones virtuales

En ocasiones resulta muy trabajoso comprobar individualmente los dispositivos de *input* desde el código, sobre todo si nuestro juego va a soportar distintos dispositivos. A través de los métodos `GetButtonDown`, `GetButton` y `GetButtonUp` podremos comprobar las pulsaciones de botones virtuales, que podrán estar asociados a teclas del teclado, botones del ratón y/o botones del *gamepad*. Estos métodos reciben como parámetro una cadena de texto con el nombre de un botón virtual. Los botones virtuales se configuran y mapean a los distintos sistemas de *input* a través del **Input Manager**, del que hablaremos más adelante. Por defecto Unity incluye varios botones virtuales predefinidos entre los que podemos encontrar:

- ▶ Fire1. Mapeado a la tecla **CTRL** izquierdo, al botón izquierdo del ratón y al primer botón estándar del *gamepad*.

- ▶ Fire2. Mapeado a la tecla **ALT** izquierdo, al botón derecho del ratón y al segundo botón estándar del *gamepad*.

- ▶ Fire3. Mapeado a la tecla **SHIFT** izquierdo, al botón central del ratón y al tercer botón estándar del *gamepad*.

- ▶ Jump. Mapeado a la tecla **ESPACIO** y al cuarto botón estándar del *gamepad*. No tiene mapeo al ratón.

Para comprobar si el botón físico asociado a alguno de estos botones virtuales se acaba de pulsar, está pulsado o se ha dejado de pulsar, utilizaremos los métodos `GetButtonDown`, `GetButton` y `GetButtonUp` respectivamente, pasándoles como parámetro la cadena de texto correspondiente: "Fire1", "Fire2", "Fire3" o "Jump".

En el siguiente código de ejemplo mostramos cómo utilizar el método `GetButtonDown` para comprobar si el jugador ha pulsado la tecla de salto:

```
void Update(){

    if(Input.GetKeyDown("Jump")){
        // Este código solo se ejecutará cuando el jugador
        // pulse un botón asociado a la acción "Jump"
        ...
    }
}
```

3.5.4 Input mediante ejes virtuales

Hasta el momento hemos visto como comprobar la pulsación de botones digitales, que pueden estar solo en dos estados, pulsados y no pulsados. Sin embargo, cuando trabajamos con *gamepads* no todos los botones serán digitales. Los controles analógicos como palancas y *triggers* tienen estados de desplazamiento o de pulsación intermedios, según se desplacen o pulsen con más o menos intensidad. De forma similar, el ratón nos permite hacer desplazamientos verticales y horizontales a mayor o menor velocidad según lo rápido que lo movamos.

El método `GetAxis` nos permite acceder al estado de controles tanto analógicos como digitales. Este método recibe como parámetro un eje virtual que representa un cierto eje horizontal, vertical o auxiliar que estará mapeado a distintos controles analógicos y dispositivos de *input* físicos. A diferencia de otros métodos de *input*, el método `GetAxis` devuelve un valor flotante en vez de un booleano. Según el desplazamiento de la palanca, *trigger* o ratón, éste valor estará entre -1 (izquierda, abajo) y 1 (derecha, arriba) cuando el control sea una palanca; entre 0 (mínimo) y 1 (máximo) cuando se trate de un *trigger*; y entre un mínimo y un máximo arbitrarios cuando se trate del desplazamiento del ratón, que dependerá de la sensibilidad establecida en el **Input Manager**. Los ejes virtuales también pueden tener asociadas teclas digitales, una positiva que simulará que movemos una palanca poco a poco en el sentido positivo del eje, y otra negativa que hará lo propio en el sentido negativo del eje.

Por defecto Unity incluye varios ejes virtuales predefinidos entre los que podemos encontrar:

- Horizontal. Mapeado a las teclas de flecha izquierda y flecha derecha del teclado, a las teclas A y D del teclado (como teclas secundarias), así como al movimiento horizontal del *joystick* del *gamepad*.

- Vertical. Mapeado a las teclas de flecha abajo y flecha arriba del teclado, a las teclas S y W del teclado (como teclas secundarias), así como al movimiento vertical del *joystick* del *gamepad*.

- MouseX. Mapeado al desplazamiento horizontal del ratón por la pantalla. Este desplazamiento funciona aun realizándolo en los límites de la pantalla.

- MouseY. Mapeado al desplazamiento vertical del ratón por la pantalla. Este desplazamiento funciona aun realizándolo en los límites de la pantalla.

TRUCO
El método GetAxis se utiliza frecuentemente en los cálculos de movimiento de los objetos controlados por el jugador, aplicando como velocidad el resultado de multiplicar el valor obtenido mediante GetAxis por la velocidad máxima de movimiento. De esta forma si GetAxis devuelve 0 la velocidad se anulará; si devuelve valores positivos el objeto se moverá más o menos rápido en función del *input*; y si devuelve valores negativos ocurrirá lo mismo pero el movimiento se aplicará en sentido contrario:

```
void Update(){
    float velocidad = GetAxis("Vertical") * maxVelocidad;
    ...
}
```

3.5.5 Configuración del botones y ejes virtuales

Tanto los botones virtuales como los ejes virtuales pueden gestionarse desde la ventana **Input Manager**, accesible desde el menú **Edit -> Project Settings -> Input**. Aquí es posible configurar una gran diversidad de aspectos de los botones y ejes virtuales, editando los que Unity declara por defecto, o añadiendo otros nuevos según los necesitemos. La configuración de controles en el **Input Manager** queda fuera del ámbito de este libro, pero puedes consultar la documentación oficial a través del siguiente enlace: *https://docs.unity3d.com/Manual/ConventionalGameInput.html*

3.5.6 Otras formas de *input*

La clase *Input* ofrece muchos otros métodos y propiedades para obtener información de la entrada de usuario, además de los explicados. Por ejemplo, la propiedad `mousePosition` devuelve la posición del ratón en pantalla, la propiedad `acceleration` devuelve información del acelerómetro del dispositivo, el método `GetTouch` y la propiedad `touchCount` devuelven información sobre el *input* táctil, etc. Puedes consultar todos los métodos y propiedades de la clase *Input* en la siguiente URL: *https://docs.unity3d.com/ScriptReference/Input.html*

Además, aunque en esta sección estamos explicando cómo acceder al *input* de usuario a través de la clase `Input`, no hay que olvidar que también tenemos a nuestra disposición una gran variedad de eventos en el bucle de juego que nos informarán de la interacción del usuario con nuestros objetos a través del ratón e *input* táctil. El único requisito para poder utilizar estos eventos es que el objeto con el que deseamos interactuar tenga un **Collider** o volumen de colisión. Repasa la Sección 3.4.3 "Actualización de input" para más información.

3.6 TRANSFORMACIONES BÁSICAS

El movimiento es una de las características más importantes de un videojuego. En los videojuegos el movimiento sobre los objetos consiste en modificar su transformación para desplazarlos, rotarlos o escalarlos según deseemos.

Anteriormente vimos cómo aplicar distintas transformaciones sobre los objetos desde el editor, pero esas transformaciones son fijas y no sirven para generar movimientos. La clave para conseguir movimiento consiste en modificar dichas propiedades desde *script* desde los métodos de actualización de lógica del bucle de juego. Para poder hacerlo, necesitaremos también entender cómo funciona el movimiento a nivel matemático y geométrico en Unity.

En este capítulo aprenderemos distintos conceptos matemáticos y de programación para conseguir aplicar distintos tipos de movimientos sobre los objetos a través de nuestros *scripts*.

3.6.1 Acceso al componente Transform

Para acceder al componente **Transform** de un objeto desde nuestros *scripts* utilizaremos la propiedad transform, accesible desde todos y cada uno de los componentes de Unity. Este componente tiene a su vez diversas propiedades: position que almacena la posición, rotation que almacena la rotación, y localScale que almacena la escala respecto al padre. El componente también dispone de una serie de métodos y propiedades que nos ayudarán a realizar movimientos, como el método Translate que nos permite mover al objeto en una determinada dirección; el método LookAt que nos permite hacer que el objeto rote para mirar hacia un determinado punto; o la propiedad eulerAngles que nos permite modificar la rotación tal y como hacemos desde el editor, asignando los valores de rotación respecto a los ejes X, Y, Z.

> △ **CUIDADO**
>
> Es importante distinguir bien entre un componente y una referencia a un componente. Dentro de tus *scripts* la propiedad transform (en minúsculas) es una referencia al componente **Transform** del objeto (en mayúsculas). Los nombres de las variables y propiedades en las librerías de Unity siempre comienzan por minúsculas, mientras que los nombres de las clases y componentes comienzan por mayúsculas. A la hora de programar tus propios *scripts*, te recomendamos que mantengas estas reglas de nomenclatura.

Cuando queramos realizar movimientos sobre un objeto, normalmente le añadiremos un *script* que será el responsable de gestionar dicho movimiento, evitando de esta forma que varios componentes intenten aplicar movimientos contradictorios. Cuando desde un *script* queramos acceder al componente Transform del objeto, usaremos un código similar a este:

```
// Acceso a una propiedad del componente Transform
this.transform.position = new Vector3(0,0,0);

// Acceso a un método del componente Transform
this.transform.Translate(new Vector3(5,5,5));
```

Antes de continuar avanzando en el uso del componente **Transform** desde *script*, necesitamos conocer en cierto detalle cómo funciona el sistema de coordenadas de Unity y las matemáticas vectoriales subyacentes.

3.6.2 Sistema de coordenadas

En Unity, como en cualquier aplicación informática que represente un espacio 3D, bien sea un motor para hacer juegos, o una aplicación para modelar, un sistema de cálculo geométrico o cualquier otro de similar naturaleza, se utiliza un sistema de coordenadas tridimensional.

En un sistema de coordenadas tridimensional los puntos en el espacio se representan mediante las coordenadas de dicho punto en tres ejes: el eje X que define la posición horizontal; el eje Y que define la posición vertical; y el eje Z que define la profundidad. Los ejes surgen a partir de un punto de referencia denominada **origen de coordenadas** y que se corresponde con los valores de x=0, y=0, z=0 en cada eje.

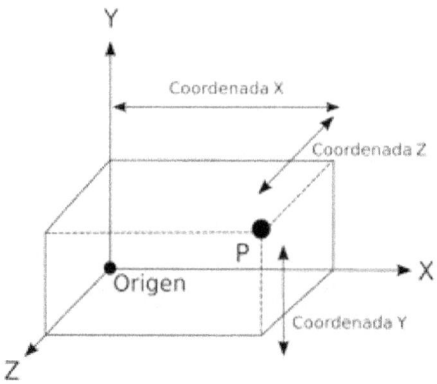

Figura 3.4. Sistema de coordenadas

En la Figura 3.4 podemos ver un punto en el espacio 3D, indicado con la letra **P**. Este punto representa una posición en el espacio dada por los valores de las coordenadas X, Y, Z. El valor de las coordenadas de **P** se establecen usando como referencia el punto origen de coordenadas, indicado con el nombre **Origen**. De esta forma, si el punto **P** está ubicado por encima, a la derecha o por delante del punto origen, los valores de sus coordenadas X, Y o Z respectivamente tendrán valores positivos; si por el contrario el punto **P** se ubica por debajo, hacia la izquierda o por detrás del punto origen, sus coordenadas X, Y o Z respectivamente tendrán valores negativos. Si cualquiera de las coordenadas tiene valor 0, el punto estará situado sobre el eje correspondiente; y si tiene todas sus coordenadas a 0, el punto **P** estará situado exactamente en la misma posición que el punto origen.

El sistema de coordenadas de Unity, utilizado en muchos otros motores y programas donde se representan espacios tridimensionales, se denomina *left-handed coordinate system*, o sistema de coordenadas de mano izquierda. Esta denominación se debe al truco mnemotécnico según el cual, dados los ejes X e Y del sistema de coordenadas, si apuntamos con el dedo pulgar de la mano izquierda hacia el eje X positivo, y con el dedo índice de la misma hacia el eje Y positivo, al estirar el dedo corazón en un ángulo de 90 grados, este apuntará hacia el eje Z positivo (ver Figura 3.5). En Unity el eje X positivo (dedo pulgar) está alineado hacia la derecha, y el eje Y positivo (dedo índice) está alineado hacia arriba, por lo que la regla del sistema de coordenadas de mano izquierda determina que el eje Z positivo (dedo corazón) se alinea hacia delante, alejándose del observador. En contraposición, en un *right-handed coordinate system*, o sistema de coordenadas de mano derecha, el sentido positivo del eje Z vendría marcado por el mismo proceso realizado, en este caso, con la mano derecha.

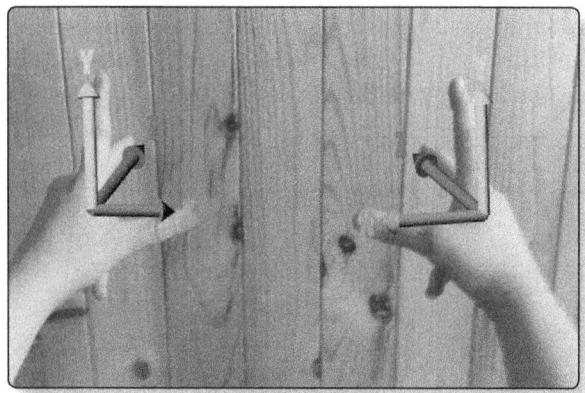

Figura 3.5. Hand coordinate system

NOTA

En otras herramientas y motores de videojuegos los ejes no tienen por qué estar alineados de igual forma que en Unity, ni utilizar el mismo sistema de coordenadas de mano izquierda. Por ejemplo, el conocido motor Unreal Engine utiliza también un sistema de coordenadas de mano izquierda, pero su eje Y positivo está alineado hacia atrás, acercándose al observador, por lo que su eje Z positivo apunta hacia arriba. En contraposición, la herramienta de modelado 3DMax utiliza un sistema de coordenadas de mano derecha y tiene su eje Y alineado hacia delante, alejándose del observador, por lo que su eje Z apunta también hacia arriba como podrás comprobar colocando los dedos de tu mano derecha con la orientación adecuada.

3.6.3 Coordenadas globales y locales

En la sección anterior hemos explicado cómo un punto en el espacio viene determinado por los ejes X, Y, Z y un punto de origen. Por defecto, Unity define un punto de origen, 0,0,0 a partir del cual surgen los ejes globales del mundo de juego según las reglas indicadas por el *left-hand coordinate system*, es decir, el eje X hacia la derecha, el eje Y hacia arriba, y el eje Z hacia el fondo, alejándose del observador.

Sin embargo, en ocasiones no resulta cómodo utilizar el sistema de coordenadas global para trabajar con los objetos. Por ejemplo, cuando un personaje camina, querremos desplazarlo siempre hacia delante. Si inicialmente el personaje no tiene ninguna rotación, para avanzar deberá desplazarse el sentido positivo del eje Z global. Sin embargo, si el personaje gira 90 grados hacia la derecha, tal y como puedes ver en la Figura 3.6, ya no deberíamos desplazarlo en el eje Z global (flecha azul), sino en el eje X global (flecha roja). En consecuencia, cada vez que quisiésemos mover al personaje, tendríamos que tener en cuenta su rotación actual para saber en qué dirección y sentido moverlo.

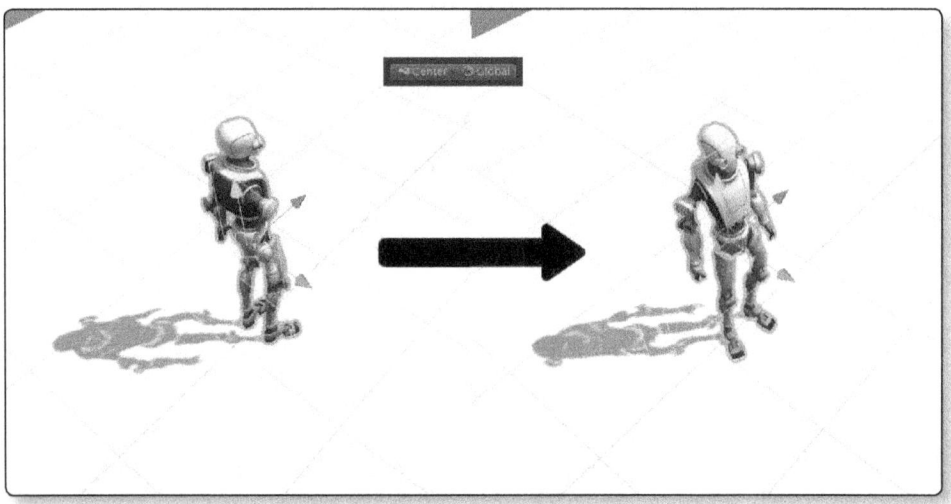

Figura 3.6. Vista de eje Z global (flecha azul)

Una forma más cómoda de resolver este tipo de problemas es trabajar con sistemas de coordenadas locales. Cada objeto en Unity, al tener una posición y rotación propias, define su propio sistema de coordenadas local, cuyo punto origen es la posición del pivote del objeto y cuyos ejes son los mismos que los globales, pero rotados según la rotación del objeto. De esta forma, el ejemplo anterior se resuelve más fácilmente. Para desplazar a un personaje hacia delante hay que moverlo siempre en su eje Z local. Como puedes comprobar en la Figura 3.7, si el personaje rota hacia un lado, el eje Z local (flecha azul) rotará igualmente, por lo que no tendremos que recalcular la dirección de desplazamiento. De esta forma, en Unity se entiende que el eje Z local (flecha azul) de un objeto indica una dirección hacia delante de sí mismo, el eje X local (flecha roja) indica una dirección hacia la derecha de sí mismo, así como el eje Y local (flecha verde) indica una dirección hacia arriba de sí mismo.

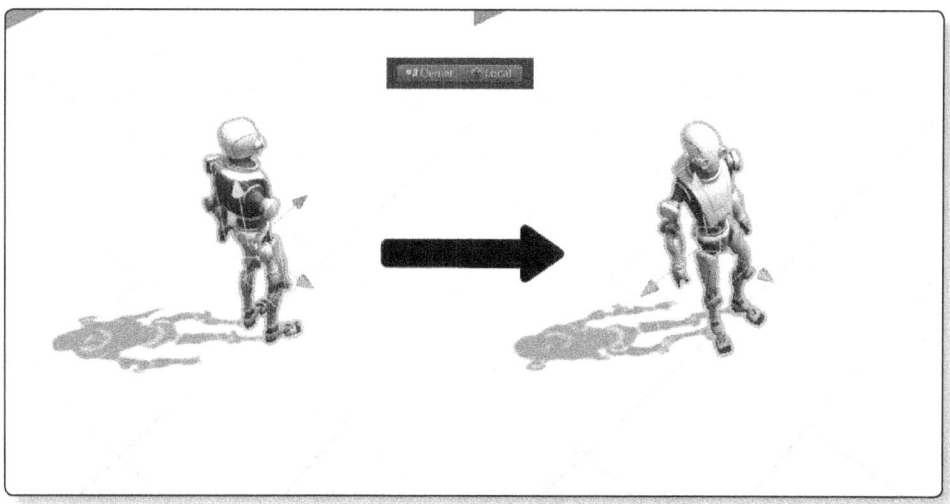

Figura 3.7. Vista de eje Z local (flecha azul)

Muchos de los elementos de código (variables, métodos) que veremos a lo largo de este capítulo requieren entender bien, respecto a qué sistema de coordenadas funcionan: global o local. Cuando decimos que una variable, un parámetro de un método, o el resultado de un cálculo, están dadas respecto al sistema de coordenadas global, sabremos que esas coordenadas tienen como sistema de referencia los ejes globales y el punto de origen del mundo de juego, motivo por el que también se las denomina coordenadas mundo o *world coordinates*. Por el contrario, si decimos que están dadas respecto al sistema de coordenadas local, sabremos que esas coordenadas tienen como sistema de referencia los ejes locales del objeto y como origen el punto pivote del objeto.

3.6.4 Coordenadas locales y jerarquía de escena

Los sistemas de coordenadas locales también son muy útiles cuando trabajamos con subobjetos, objetos que son hijos de otros objetos en la jerarquía de escena. Habitualmente, resulta más sencillo posicionar y rotar los objetos hijos respecto al sistema de coordenadas local del padre que respecto al sistema de coordenadas global. Tanto es así, que en la ventana del **Inspector** del **Transform** de un objeto hijo veremos siempre la posición, rotación y escalas locales respecto al padre. De esta forma, si le asignamos la posición 0,0,0, el objeto hijo se colocará exactamente sobre el punto pivote del objeto padre, y si desplazamos al hijo en el eje X positivo, se moverá hacia la derecha del padre, sea cual sea la rotación que este tenga.

Para permitirnos trabajar más fácilmente con el movimiento de los objetos en relación al sistema de coordenadas local del padre, el componente **Transform** nos ofrece las propiedades `localPosition`, `localRotation` y `localEurlerAngles`. El propio componente **Transform** se encarga de mantener en todo momento la coherencia entre las propiedades globales `position`, `rotation` y `eulerAngles` y sus respectivas versiones locales. De esta forma, al modificar cualquiera de estos valores, ya sea en su versión global o local, se actualizarán todos los demás para reflejar dicho cambio.

> ⓘ **ATENCIÓN**
>
> Cuando modificas la posición o rotación de un objeto a través del inspector del componente **Transform** en Unity, en realidad estás modificando las propiedades localPosition, localRotation y localScale del objeto. Si te fijas, cuando haces hijo a un objeto de otro, la posición, rotación y escala se actualizarán automáticamente para mostrarse en relación al sistema de coordenadas local del padre.

La escala de un objeto solo es accesible en relación al sistema de coordenadas local del padre, a través de la propiedad `localScale`. Si un objeto no tiene padre en la jerarquía de escena, las propiedades de posición y rotación en global y local devolverán los mismos valores. Posteriormente profundizaremos en el uso de estas propiedades.

3.6.5 Puntos, direcciones y vectores

Para trabajar con el sistema de coordenadas de Unity desde nuestros *scripts* utilizaremos la estructura de datos `Vector3`, que nos permite almacenar en una única variable los valores X, Y, Z de un **punto** en el espacio. Además de almacenar puntos, en una variable de tipo `Vector3` también podremos almacenar un **vector**, entendido este como la diferencia entre un punto de destino y uno de origen, y que representa una dirección (la que va del punto origen al punto destino) y una magnitud (la distancia que hay entre ambos puntos). En una variable de este tipo también podemos almacenar una **dirección**, que se trata simplemente de un vector normalizado, es decir, un vector con magnitud igual a 1.

TRUCO
En realidad un punto también es un vector, cuyo punto de origen es el origen de coordenadas del sistema, X=0, Y=0, Z=0.

Es muy importante tener claros estos conceptos matemáticos ya que, como veremos más adelante, los distintos métodos del componente **Transform** como `Translate`, `LookAt` o `Rotate`, nos pedirán parámetros de tipo `Vector3` que en algunos casos tendrán que contener las coordenadas de un punto, en otros casos las coordenadas de un vector, y en otros las de una dirección. Esta información viene indicada en la documentación del propio método, y tendremos que asegurarnos de que el vector que pasemos como parámetro represente correctamente el punto, vector o dirección deseada.

EJEMPLO

El método Translate nos pide como parámetro un Vector3 con las coordenadas de un **vector** que contenga la dirección y cantidad de movimiento a aplicar sobre el objeto. Si pasamos como parámetro un Vector3 con los valores {0,0,5} le estaremos indicando que debe mover el objeto para colocarlo cinco metros respecto a su posición original en la dirección positiva del eje Z local, es decir, hacia delante.

```
// El objeto se teletransportará 5 metros hacia delante
transform.Translate(new Vector3(0,0,5), Space.Self);
```

Por el contrario, el método LookAt nos pide como parámetro un Vector3 con las coordenadas de un **punto** en el espacio hacia el cual queremos mirar. Si pasamos como parámetro un Vector3 con los valores {0,0,5} le estaremos indicando que el objeto debe girarse para que su eje Z local apunte hacia el punto con coordenadas X=0, Y=0, Z=5.

```
// El objeto rotará para mirar al punto 0,0,5
transform.LookAt(new Vector3(0,0,5));
```

3.6.6 Operaciones con vectores

Dado que el trabajo con vectores es muy frecuente en cualquier *script*, Unity nos proporciona algunos vectores predefinidos y una serie de operaciones matemáticas que nos ayudarán en nuestro trabajo.

Por un lado, la clase Vector3 ofrece varios vectores normalizados que representan las direcciones de los ejes globales del sistema de coordenadas de Unity. Podemos acceder a estos vectores como se indica en la siguiente tabla:

Eje global	Dirección	Acceso por script	Valores de Vector3
Z	adelante	Vector3.forward	Vector3(0,0,1)
-Z	atrás	Vector3.back	Vector3(0,0,-1)
Y	arriba	Vector3.up	Vector3(0,1,0)
-Y	abajo	Vector3.down	Vector3(0,-1,0)
X	derecha	Vector3.right	Vector3(1.0.0)
-X	izquierda	Vector3.left	Vector3(-1,0,0)

Por otro lado, el propio componente **Transform** ofrece vectores normalizados que representan las direcciones de los ejes locales del objeto en relación al sistema de coordenadas global del mundo de juego, es decir, direcciones que se actualizan automáticamente en función de la rotación del objeto y que nos indican hacia donde está orientado en el mundo de juego (ver Sección 3.6.3 "Coordenadas globales y locales") Podemos acceder a ellos como se indica en la siguiente tabla:

Eje local	Dirección	Acceso por script
Z	adelante	transform.forward
-Z	atrás	-transform.forward
Y	arriba	transform.up
-Y	abajo	- transform.up
X	derecha	transform.right
-X	izquierda	- transform.right

Por último, la clase Vector3 permite realizar operaciones matemáticas que nos serán muy útiles para distintos cálculos como:

▼ Suma de vectores:

```
// Desplazar un objeto 5 metros en el eje Z global
Vector3 posicion = this.transform.position;
Vector3 movimiento = new Vector3(0,0,5);
this.transform.position = posicion + movimiento;
```

▼ Resta de vectores:

```
// Calcular cuánto hay que desplazarse para
// ir desde el punto 'a' hasta el punto 'b'
Vector3 a = new Vector3(2,5,2); // Punto a
Vector3 b = new Vector3(7,8,4); // Punto b
Vector3 ab = b - a; // Vector a->b (x=5,y=3;z=2)
```

▼ Multiplicación de un vector por una magnitud:

```
// Desplazar un objeto hacia delante a una velocidad
// marcada en metros por segundo (dentro del Update)
Vector3 direccion = Vector3.forward;
float velocidad = 20 * Time.deltaTime; // 20 m/s
this.transform.Translate(direccion * velocidad);
```

▼ Normalización y módulo de vectores:

```
// Calcular la distancia entre dos puntos, y la
// dirección (vector normalizado) que va de uno a otro
Vector3 ab = b - a; // Vector a->b (x=5,y=3;z=2)
float dist = ab.magnitude; // distancia = 6,16 m aprox.
Vector3 dirección = ab.normalized; // Dir. a->b
```

3.6.7 Movimiento de objetos

Para cambiar la posición de un objeto en el mundo 3D podemos utilizar distintos mecanismos. El más simple consiste en modificar los valores de la propiedad `position` asignándole una nueva posición:

```
// Posicionamos el objeto en X=10, y=5, z=0
objeto.transform.position = new Vector3(10, 5, 0);
```

Al ejecutar esta línea desde nuestro *script*, el objeto en cuestión se teletransportará a la posición indicada por las coordenadas x, y, z. Este mecanismo puede ser muy útil para asignar su posición inicial a un objeto desde código.

Otra forma de cambiar la posición del objeto es trasladarlo respecto a su posición actual. Esto se puede hacer mediante el método `Translate`:

```
void Update(){

    // Trasladamos el objeto a 20 m/s hacia delante
    Vector3 direccion = Vector3.forward;
    float velocidad = 20 * Time.deltaTime;
    this.transform.Translate(
        direccion * velocidad,
        Space.Self);
}
```

El primer parámetro de este método es un vector con el desplazamiento que deseamos aplicar. El método `Translate` teletransportará el objeto en la dirección indicada por este vector, una cantidad de metros igual a la magnitud del vector.

> ⓘ **ATENCIÓN**
>
> En el código de ejemplo le pasamos como primer parámetro al método Translate el resultado de multiplicar la dirección Vector3.forward por una velocidad de 20 m/s y por el tiempo entre *frames*. Al ejecutar este código en el método Update el objeto se desplazaría una pequeña cantidad hacia delante cada *frame*, aproximadamente 0,333 metros suponiendo unos 60 FPS. A lo largo de un segundo, el objeto se habrá desplazado aproximadamente 20 metros.

El segundo parámetro indica al método en relación a qué sistema de coordenadas se encuentra el vector de dirección. Si pasamos como parámetro el valor `Space.Self`, el método `Translate` entenderá que el desplazamiento se ha indicado en relación al sistema de coordenadas local del objeto, y lo convertirá a coordenadas globales antes de aplicarlo. Si pasamos como parámetro el valor `Space.World`, el método `Translate` entenderá que el vector de desplazamiento se ha indicado en relación al sistema de coordenadas global, y lo aplicará directamente sin ninguna conversión. Este parámetro es opcional, y si no lo indicamos por defecto se aplicará como `Space.Self`.

> **ⓘ ATENCIÓN**
>
> Es importante saber en relación a qué sistema de coordenadas deseamos aplicar el vector de desplazamiento que le pasamos al método Translate. Según lo explicado anteriormente, las dos líneas siguientes tendrían exactamente el mismo efecto.
>
> ```
> // Pasamos el desplazamiento en relación al sistema local
> // del objeto, y se convertirá a global antes de aplicarlo
> transform.Translate(Vector3.forward, Space.Self);
>
> // Pasamos el desplazamiento en relación al sistema global
> // del mundo de juego, y se aplicará sin conversión
> transform.Translate(this.transform.forward, Space.World);
> ```

Un aspecto importante del método `Translate` es que, para conseguir movimientos suaves en el tiempo a lo largo de las sucesivas iteraciones del método `Update`, tendremos que utilizar la variable `Time.deltaTime` en los cálculos que hagamos para obtener el vector de desplazamiento. Esta variable, como se explicó en la Sección 3.4.4 "Actualización de lógica", indica el tiempo que tarda en ejecutarse un *frame* en nuestro juego, y nos servirá para obtener pequeños desplazamientos que aplicaremos *frame* a *frame* para conseguir movimientos suaves a lo largo del tiempo. Por ejemplo, en el método `Translate` si multiplicas `Time.deltaTime` por la velocidad deseada que quieras dar al objeto en m/s, obtendrás el desplazamiento que debes aplicar cada *frame* al objeto para conseguir que el objeto se mueva a dicha velocidad a lo largo del tiempo. Esta idea no se aplica solo a los desplazamientos, sino que también se utiliza en rotaciones, escalados o cualquier otro tipo de cálculo que se vaya a repetir reiteradamente en el tiempo dentro del método `Update`.

> **⚠ CUIDADO**
>
> Si no aplicas **Time.deltaTime** en los cálculos que hagas dentro del método Update a lo largo de varios *frames*, estos no tendrán en cuenta el ritmo al que se está ejecutando tu juego, lo que puede producir errores graves. Recuerda que el método Update se ejecuta tan rápido como la CPU y la tarjeta gráfica del ordenador lo permitan. Si no usas **Time.deltaTime** en este tipo de cálculos matemáticos, puede ocurrir que un objeto se desplace mucho más rápido en un ordenador potente, y mucho más despacio en un ordenador antiguo.

Además de las dos formas explicadas para desplazar un objeto, existen formas adicionales basadas en el sistema de físicas de Unity. Por ejemplo, el método `AddForce` del componente **Rigidbody** aplica una determinada fuerza sobre el objeto que puede provocar un desplazamiento en función de las condiciones físicas del objeto y las de su entorno (peso, gravedad, rozamiento, etc.). En el Capítulo 5 "Físicas" estudiaremos ésta y otras formas de mover los objetos mediante físicas.

3.6.8 Rotación de objetos

Para cambiar la rotación del objeto también podemos utilizar distintos mecanismos. De forma similar al cambio de posición, para cambiar la rotación de un objeto podemos establecer su propiedad `eulerAngles` indicando en este caso la rotación del objeto sobre cada eje en grados:

```
// Establecemos la rotación del objeto a 90 grados alrededor
// al eje X, 45 grados alrededor del eje Y, y 0 grados
// alrededor del eje Z
objeto.transform.eulerAngles = new Vector3(90, 45, 0);
```

Otra alternativa similar para cambiar la rotación del objeto consiste en modificar su propiedad `rotation`. Esta propiedad es de tipo `Quaternion`, una estructura de datos con cuatro valores internos (x,y,z,w) que está especialmente diseñada para almacenar rotaciones. Los valores internos de un cuaternión son calculados mediante operaciones trigonométricas complejas y rara vez se introducen o modifican manualmente. Sin embargo, la propia clase `Quaternion` ofrece una gran variedad de métodos que nos permiten trabajar con este tipo de dato fácilmente. Por ejemplo, el siguiente código establece la rotación de un objeto mediante la propiedad `rotation`, de forma equivalente a como lo hacíamos con la propiedad `eulerAngles`:

```
// Establecemos la rotación del objeto a 90 grados alrededor
// al eje X, 45 grados alrededor del eje Y, y 0 grados
// alrededor del eje Z
objeto.transform.rotation = Quaternion.Euler(90, 45, 0);
```

> ⓘ **ATENCIÓN**
>
> Modificar la rotación mediante la propiedad eulerAngles o mediante la propiedad rotation y el método Quaternion.Euler es equivalente. Al modificar la propiedad eulerAngles Unity actualizará inmediatamente la propiedad rotation, y viceversa.

Otro mecanismo para rotar objetos es el método `Rotate` que, de forma análoga al método `Translate`, aplica un giro respecto a rotación actual del objeto.

```
void Update(){
    // Rotamos el objeto 90 grados/s alrededor
    // del eje Y global
    Vector3 eje = Vector3.up;
    float velocidadAngular = 90 * Time.deltaTime;
    this.transform.Rotate(
        eje * velocidadAngular,
        Space.World);
}
```

El primer parámetro que recibe este método es un `Vector3` con la rotación en grados a aplicar en cada uno de los ejes. El segundo parámetro indica si esta rotación se indica en relación al sistema de coordenadas local del objeto, con la opción `Space.Self`, o en relación al sistema de coordenadas global del mundo de juego, con la opción `Space.World`. Si la rotación se indica en relación al sistema local del objeto, el método `Rotate` convertirá automáticamente la rotación a coordenadas globales antes de aplicarlo, de la misma forma que ocurre en el método `Translate` con el desplazamiento.

🖉 EJEMPLO

En el código de ejemplo le pasamos como primer parámetro el resultado de multiplicar la dirección Vector3.up por una velocidad de 90 grados/s y por el tiempo entre *frames*. Al ejecutar este código en el método Update el objeto rotaría alrededor del eje Y global una pequeña cantidad cada *frame*, aproximadamente 1,5 grados suponiendo unos 60 FPS. A lo largo de un segundo, el objeto habrá rotado aproximadamente 90 grados.

Aparte de los mecanismos explicados, la clase `Transform` nos ofrece otros métodos adicionales para modificar la rotación de un objeto que nos pueden ser especialmente útiles para implementar determinadas funcionalidades en nuestros juegos. Estos mecanismos son los métodos `RotateAround` y `LookAt`.

El método `RotateAround` permite que el objeto gire alrededor de otro objeto o de un punto determinado, por ejemplo, para que un objeto orbite alrededor de otro, o para que una cámara dé vueltas alrededor de su objetivo:

```
void Update(){
    Vector3 origen = new Vector3 (0, 0, 0);
    Vector3 eje = new Vector3.up;
```

```
            int velAngular = 45 * Time.deltaTime;
            this.transform.RotateAround (origen, eje, velAngular);
}
```

Este método recibe tres parámetros: el punto de origen alrededor del cual se rota, el eje alrededor del cual ser rota en coordenadas globales, y, por último, el ángulo que se desea rotar. En el código de ejemplo, el objeto girará alrededor del eje Y respecto al punto 0,0,0 (el origen de coordenadas de la escena) a una velocidad de 45 grados/segundo.

El método LookAt sirve para que un objeto gire para mirar hacia otro objeto, por ejemplo, para que un enemigo mire hacia el jugador o para que la cámara del juego enfoque constantemente a nuestro personaje:

```
Transform jugadorTransform = jugador.transform;
this.transform.LookAt(jugadorTransform);
```

Este método solo recibe un parámetro que puede ser, o una referencia al componente **Transform** de otro objeto, o un Vector3 con una posición en coordenadas globales del mundo de juego. De esta forma le podemos indicar a un objeto que mire hacia otro objeto distinto, o que mire a una posición cualquiera. En el código de ejemplo usamos el método LookAt para que el objeto que lleva este *script* mire constantemente hacia el jugador (el objeto jugador habrá sido referenciado previamente en otra parte del código).

A nivel matemático el método LookAt hará que el eje Z local del objeto apunte hacia el objeto o la posición indicada. Es importante por tanto que el objeto tenga su parte delantera correctamente alineada hacia el eje Z, ya que de otra forma el método no conseguirá aplicar el efecto deseado.

3.6.9 Escalado de objetos

Para cambiar la escala de un objeto se utiliza la propiedad localScale. Esta viene representada como un Vector3 que almacena la escala del objeto en cada uno de los ejes locales. La escala que almacena este vector es multiplicada a su vez por la escala del padre y por la escala de cada uno de sus otros ancestros en la jerarquía, en caso de tenerlos. El resultado de esta multiplicación es la escala total que se aplica al objeto respecto a su tamaño original. En el siguiente código de ejemplo aumentamos el tamaño del objeto en un 50% en el eje Y respecto a la escala que tenga aplicada por sus ancestros:

```
objeto.transform.localScale = new Vector3 (1, 1.5f, 1);
```

La escala de un objeto siempre se indica siempre en coordenadas locales, es decir, con respecto al objeto padre en la jerarquía. Así, una escala de {1,1,1} implicaría que el objeto tendrá la misma escala que haya heredado de su padre, mientras que una escala de {0.5f,0.5f,0.5f} implicaría que el objeto aplica una reducción de escala del 50% respecto a la que haya heredado de su padre.

También es importante denotar la diferencia entre escala y tamaño de un objeto. El tamaño de un objeto es una magnitud fija en unidades del mundo de juego (metros), mientras que la escala es un multiplicador de dicho tamaño. No es posible acceder al tamaño de un objeto a través de su componente **Transform**. Sin embargo, en ocasiones el tamaño y la escala guardan cierta relación: las primitivas que incorpora Unity tienen un tamaño de un metro, es decir, dejando su escala a 1 (el 100% del tamaño), éstas ocupan exactamente una unidad en el mundo de juego[9].

3.7 CREACIÓN Y DESTRUCCIÓN DE OBJETOS

La creación y destrucción de objetos por *script* es una funcionalidad imprescindible para implementar una gran diversidad de mecánicas y efectos habituales en los videojuegos. Por ejemplo, en un juego tipo *shooter* al disparar se crean proyectiles que más tarde se destruyen cuando impactan, creando a su vez partículas que simulan una explosión, y que igualmente se destruirán pasado un cierto tiempo. Los métodos Instantiate y Destroy nos servirán para crear y destruir objetos desde *script*.

3.7.1 Creación de objetos

La creación de objetos desde *script* se denomina instanciación, y se realiza a través del método Instantiate. Este método recibe como parámetro una referencia a un **GameObject**, lo clona en la escena generando un nuevo **GameObject** con los mismos componentes y la misma configuración, y seguidamente devuelve una referencia al nuevo objeto. Opcionalmente se le pueden añadir parámetros adicionales para indicarle su posición y rotación original, así como para establecer cuál será su padre en la jerarquía de escena. Sin embargo, estas propiedades pueden establecerse con idénticos resultados justo después de la instanciación del objeto.

---

9   El objeto **Plane** es una excepción a esta regla, pues teniendo una escala de 1, su tamaño por defecto, es de 10 unidades en los ejes XZ.

> ### ✏ EJEMPLO
> En el siguiente código de ejemplo implementamos el disparo de un arma. Para ello instanciamos un *prefab* de proyectil guardando una referencia al nuevo proyectil creado. Después de la instanciación le asignamos al nuevo proyectil su posición y rotación alineándolo con el del propio objeto que dispara:
>
> ```
> public GameObject prefabProyectil;
> void Update(){
>    if(Input.GetButtonDown("Fire1")){
>
>       // Instanciamos un nuevo proyectil
>       GameObject nuevoProyectil;
>       nuevoProyectil = Instantiate (prefabProyectil);
>
>       // Configuramos el nuevo proyectil, en este caso
>       // asignándole su posición y rotación iniciales
>       // que serán las mismas que el objeto que dispara
>       nuevoProyectil.transform.postion =
>          this.transform.position;
>       nuevoProyectil.transform.rotation =
>          this.transform.rotation;
>    }
> }
> ```

Como podemos ver en el ejemplo anterior, para hacer referencia al *prefab* que deseamos clonar durante la instanciación, normalmente utilizaremos una variable pública de tipo **GameObject** que tendremos que establecer adecuadamente desde el inspector del objeto antes de ejecutar el juego. Revisa la Sección 3.3.2 "Variables editables desde el inspector" de este capítulo para recordar cómo funcionan este tipo de variables.

Tras instanciar el nuevo **GameObject** siempre tendremos que asegurarnos de configurar adecuadamente el nuevo objeto, asignándole una posición, una rotación, o cualquier otro valor que sea necesario. Si no lo hacemos, el objeto tomará los valores que estén establecidos en el *prefab*. Debemos tener en cuenta que el nuevo objeto recién instanciado no se activará hasta un *frame* después de su instanciación, momento en el que se ejecutará el método start de sus *scripts*, por lo que, si modificamos su posición, rotación o cualquier otro parámetro inmediatamente después de la instanciación, el objeto comenzará a funcionar y será activado con dichos valores correctamente asignados.

> **ⓘ ATENCIÓN**
> Una forma menos frecuente pero igualmente válida de usar el método Instantiate consiste en pasarle como primer parámetro una referencia a un componente de un **GameObject**. En este caso el método Instantiate accederá al objeto que contiene dicho componente, lo clonará, y devolverá la referencia al mismo tipo de componente en el nuevo **GameObject**.

3.7.2 Destrucción de objetos

La destrucción de objetos desde *script* se realiza a través del método **Destroy**. Este método recibe como parámetro una referencia a un **GameObject** o a un componente, y lo marca para su destrucción al final del *frame* actual. Si la referencia es un **GameObject**, este será eliminado de la escena junto con todos sus descendientes en la jerarquía. Si la referencia es a un componente, este será eliminado de su **GameObject**, pero el objeto como tal no se destruirá. En el siguiente código de ejemplo vemos cómo destruir un objeto cuando colisione contra cualquier otro:

```
void OnCollisionEnter(Collision collision){
    Destroy(this.gameObject);
}
```

Dado que la destrucción no ocurre hasta la finalización del *frame* actual, el objeto o componente marcado para destrucción podrá seguir siendo utilizado durante el *frame* actual sin que se produzca ningún tipo de error. Al final del *frame*, cuando realmente sea destruido, el bucle de juego invocará el evento `OnDestroy` sobre todos los componentes del objeto permitiéndoles reaccionar a su destrucción. Si deseamos evitar este comportamiento y que un objeto sea destruido de forma inmediata en la misma línea en la que llamemos al método, utilizaremos el método `DestroyImmediate` en lugar de `Destroy`.

> **⚠ CUIDADO**
> En determinadas plataformas, especialmente web (WebGL) y dispositivos móviles (iOS, Android), la instanciación y destrucción de objetos puede resultar poco deseable. En estas plataformas la memoria que utilizan los objetos no se libera fácilmente, requiriendo de pequeñas fases de procesamiento por parte del sistema operativo que pueden producir problemas de rendimiento en el juego. Para evitarlo se utiliza una técnica conocida como *pooling*, basada en tener ya creados una serie de objetos al comienzo de la escena para reutilizarlos continuamente activándolos y desactivándolos según sea necesario durante la ejecución del juego.

Otra posibilidad que nos ofrece el método `Destroy` es solicitar la destrucción de un objeto o componente después de que transcurra un cierto tiempo. En este caso le pasaremos al método `Destroy` un segundo parámetro indicándole el tiempo que debe esperar antes de destruir el objeto. Si no pasamos ningún valor en este parámetro, por defecto tomará el valor 0.

TRUCO

La función del método Destroy para retrasar la destrucción del objeto en un cierto tiempo puede ser muy útil en determinados contextos donde se instancian objetos con un tiempo de vida limitado, como proyectiles o partículas. Si conocemos el tiempo de vida máximo de un objeto, podemos llamar al método Destroy inmediatamente después de llamar a Instantiate, para asegurarnos que este será destruido una vez transcurra dicho tiempo:

```
void Disparar(){
    // Instanciamos un nuevo proyectil
    GameObject proyectil = Instantiate(prefabProyectil);
    ... // Configuración del proyectil
    // El proyectil se destruirá pasados 10 segundos
    Destroy(proyectil,10);
}
```

3.8 COMUNICACIÓN ENTRE OBJETOS

En cualquier escena que diseñemos en Unity será frecuente la necesidad de que unos objetos se comuniquen con otros para poder implementar distintas mecánicas o funcionalidades. Para que un objeto pueda comunicarse con otro, es necesario establecer una referencia entre uno y otro. Esto significa que desde el *script* de uno de los **GameObject**, se referencie al otro **GameObject** y/o a alguno de sus componentes.

Por ejemplo, en un juego donde los enemigos persigan al jugador, el *script* que gestiona la lógica de cada enemigo necesitará tener referencias, primero al **GameObject** del jugador, y después, a su componente **Transform** para poder obtener su posición y dirigirse hacia allí.

A lo largo de este capítulo estudiaremos las principales formas en las que desde un *script* podemos obtener una referencia a otros **GameObject** o componentes.

> ⓘ **ATENCIÓN**
> En muchas ocasiones la comunicación entre objetos se gestiona más fácilmente a través del sistema de físicas de Unity. El sistema de físicas es capaz de avisarnos cuando dos objetos colisionan entre sí a través de las familias de métodos OnCollision y OnTrigger, pasándonos en ambos casos referencias al objeto contrario con el que se ha producido la colisión. Lo explicado en este capítulo sirve para establecer comunicación directa entre objetos, sin que intermedie el sistema de físicas de Unity entre ellos.

3.8.1 Autorreferencias

La forma más trivial de que un objeto se comunique con otro consiste en que un objeto se comunique consigo mismo. Desde cualquier *script* que programemos podemos acceder fácilmente a toda la información del **GameObject** al que está asociado y del resto de sus componentes asociados.

Cuando en un *script* escribamos la palabra this, nos estaremos refiriendo al propio componente que implementamos en el *script*. Desde ahí tenemos acceso a todas las variables que hayamos declarado en el *script*, así como a las propiedades comunes de todos los componentes (ejemplo: propiedad enabled); a propiedades del **GameObject** (ejemplo: propiedades gameObject, name y tag), al componente **Transform** del objeto (ejemplo: propiedad transform), y a cualquier otro componente del mismo (ejemplo: método GetComponent). Además, puesto que en C# el uso de la palabra this es opcional, todas las propiedades y métodos accesibles a través de this, también son accesibles directamente sin llegar a escribir esa palabra clave. En el siguiente código de ejemplo modificaríamos el nombre del **GameObject** por *script*:

```
void Start(){
    this.name = "Fulanito"; // Igual que name = "Fulanito";
}
```

Aunque las autorreferencias son muy útiles para que un *script* pueda acceder a información del **GameObject** al que está asociado, resulta del todo inútil cuando el *script* necesita acceder a información de otros **GameObject** distintos que estén en la escena. A continuación explicamos otros mecanismos de comunicación entre objetos que sí permiten la comunicación con otros **GameObject** de la escena.

3.8.2 Referencias públicas a otros objetos

Una forma sencilla de establecer referencias entre dos objetos distintos consiste en el uso de variables públicas de tipo GameObject, de tipo Transform, o de cualquier otro tipo de componente (Rigidbody, Collider, etc.). Tal y como se explica en la Sección 3.3.2 "Variables editables desde el inspector", las variables públicas de estos tipos son configurables desde el editor, lo que permite establecer las referencias a otros objetos desde el inspector del componente.

Para utilizar este mecanismo lo primero que debemos decidir es el tipo de variable que queremos utilizar. El tipo GameObject es genérico y nos servirá para referenciar a cualquier otro objeto de la escena o *prefab*, sin limitación. Desde el **GameObject** podremos acceder posteriormente a cualquier otro componente, ya sea mediante la propiedad transform o a través del método GetComponent, explicado más adelante.

En otras ocasiones, más que comunicar de forma genérica con un **GameObject**, querremos establecer comunicación con un componente concreto de ese objeto. Para ello utilizaremos variables públicas del tipo de componente al que queramos referenciar. Esto nos reportará dos ventajas: nos ahorraremos el uso posterior de GetComponent para acceder a dicho componente; y nos aseguraremos de que el objeto al que hacemos referencia tiene añadido dicho componente, ya que, de otra forma, Unity no nos permitiría establecer la referencia desde el inspector.

> **TRUCO**
> Las variables públicas son especialmente indicadas para referenciar objetos descendientes o ancestros del actual en la jerarquía de escena. Por ejemplo, si trabajas con modelos 3D de humanoides puedes añadir un *script* al objeto raíz del modelo 3D y crear variables públicas para hacer referencia a las partes del cuerpo más importantes, como cabeza, tronco, pies y manos. De esta forma podrás gestionar los cambios de equipamiento del personaje desde un único *script*.

Aunque el uso de variables públicas puede resultar un mecanismo cómodo para establecer referencias entre objetos, existe sin embargo una **importante limitación**: no es posible establecer referencias desde un *prefab* hasta un objeto de la escena. Esto, en la práctica, impide el uso de este mecanismo en objetos que sean creados desde *script* con el método Instantiate a partir de un *prefab*. Dado que el *prefab* no puede referenciar objetos de la escena, los nuevos objetos generados a partir de él comenzarían a funcionar con dichas referencias sin establecer, con el valor `null`.

> ⚠ **CUIDADO**
>
> Nunca un *prefab* puede hacer referencia a un objeto de la escena. Si tratas de arrastrar un objeto de la escena hasta una variable pública en un componente de un *prefab*, verás cómo Unity te impide soltar el objeto sobre el hueco de la variable en el inspector. De igual manera, si una instancia del *prefab* hace referencia a otro objeto de la escena y aplicas el cambio mediante el botón **Apply**, verás que en el *prefab* ese cambio no se ha aplicado y el hueco de la variable en cuestión sigue estando vacío.

Esta limitación hace imprescindible el uso de otros mecanismos para establecer referencias entre objetos que se instancian en tiempo de ejecución. Para ello existen los métodos de búsqueda de objetos, explicados a continuación.

3.8.3 Búsqueda de objetos por nombre

Una primera forma de buscar un objeto en tiempo de ejecución es la búsqueda por nombre. Todos los **GameObject** de una escena tienen un nombre que podemos asignar desde el editor, y al que podemos acceder e incluso modificar desde *script* mediante la propiedad `name`. La búsqueda de objetos por nombre es especialmente útil cuando el nombre en cuestión es único. Por ejemplo, un objeto único en la escena denominado "Jugador" sería fácil de identificar gracias a su nombre. Sin embargo, este tipo de identificación resulta menos útil cuando el nombre del objeto no es único, o si se ha instanciado en tiempo de ejecución, ya que el propio motor añade el sufijo "Clone" a los objetos instanciados desde *script*.

El método `GameObject.Find` nos permite buscar un objeto en la escena a través de su nombre. Este método recibe como parámetro una cadena de texto con el nombre del objeto, y se encarga de buscarlo a lo largo y ancho de la jerarquía de escena, devolviendo una referencia al **GameObject** pertinente si consigue encontrarlo, o `null` en caso contrario.

Dado que la búsqueda de objetos en tiempo de ejecución requiere de un cierto procesamiento por parte del motor, se recomienda guardar en variables las referencias obtenidas tras la búsqueda siempre que sea posible, con el fin de reutilizarlas posteriormente y evitar nuevas búsquedas innecesarias. En el siguiente código de ejemplo se muestra cómo buscar un objeto denominado "Jugador" desde *script*, guardando en una variable la referencia obtenida:

```
GameObject jugador;

void Awake(){
    jugador = GameObject.Find("Jugador");
}
```

3.8.4 Búsqueda de objetos por etiqueta

Una segunda forma de buscar un determinado objeto en la escena es a través de su etiqueta. Todos los **GameObject** de una escena tienen una etiqueta (*Tag*) que podemos asignar desde el editor, y a la que podemos acceder desde *script* mediante la propiedad tag. Las etiquetas están especialmente diseñadas para añadir información de identificación adicional al objeto indicando a qué grupo de objetos pertenece. Por ejemplo, los enemigos de una escena, aunque sean de distintos tipos, serían fácilmente identificables si se les etiquetase a todos ellos con el *tag* "Enemigo". La única limitación de las etiquetas es que un **GameObject** solo puede tener una única etiqueta.

El método GameObject.FindGameObjectsWithTag nos permite buscar todos los objetos en la escena que tengan una cierta etiqueta. Este método recibe como parámetro una cadena de texto con el nombre de la etiqueta, y se encarga de buscar en la jerarquía de escena todos los objetos que tengan esa etiqueta, devolviendo un *array* de referencias de tipo GameObject con los resultados. Si solo deseamos encontrar un objeto, en vez de múltiples, usaremos la versión en singular, GameObject.FindGameObjectWithTag, que nos devolverá el primer objeto que se encuentre en la jerarquía con la etiqueta indicada.

En el siguiente código de ejemplo se muestra cómo destruir todos los objetos etiquetados con la etiqueta "Enemigo":

```
void DestruirEnemigos(){
    GameObject[] enemigos =
        GameObject.FindGameObjectsWithTag("Enemigo");
    for(int i=0;i<enemigos.Length;++i){
        Destroy(enemigos[i]);
    }
}
```

3.8.5 Acceso a componentes

Cuando desde un *script* se establece comunicación con un **GameObject**, sea cual sea el mecanismo utilizado para obtener la referencia al objeto de destino (autorreferencia, variable pública, búsqueda por nombre o por etiqueta), además de acceder a dicho objeto, es habitual querer acceder también a determinados componentes del mismo. Esto nos permitirá llamar a los métodos, y acceder a las variables y propiedades públicas de dichos componentes.

La forma más sencilla de acceder a un componente de un objeto es utilizar la propiedad `transform` del **GameObject**, que proporciona acceso a su componente **Transform**, tal y como se explicó en la Sección 3.6.1 "Acceso al componente Transform". Sin embargo, para acceder a cualquier otro componente, ya sean otros componentes de Unity como `Rigidbody`, `Collider` o `Renderer` o a componentes definidos por nosotros mismos por *script*, necesitaremos utilizar el método `GetComponent` o alguna de sus variantes.

El método `GetComponent` permite acceder desde un **GameObject** a cualquiera de sus componentes. Al tratarse de un método genérico de C#, cuyo tipo de retorno dependerá del componente que estemos buscando, al llamarlo hay que indicarle el tipo de componente al que se desea acceder entre los símbolos < y >. Al llamarlo, `GetComponent` devuelve una referencia al componente especificado, siempre que exista dentro del objeto, devolviendo `null` en otro caso.

> **EJEMPLO**
>
> Para que un script de arma dispare un **GameObject** de proyectil, además de instanciarlo y posicionarlo adecuadamente, tendrá que acceder a su componente **Rigidbody**, encargado de gestionar las físicas, y añadirle una fuerza en la dirección adecuada para que salga disparado a gran velocidad:
>
> ```
> void Disparar(){
>     // Instanciamos el nuevo proyectil
>     GameObject proyectil = Instantiate(prefabProyectil);
>     ...
>     // Accedemos al componente Rigidbody del objeto para
>     // añadir una fuerza al proyectil mediante AddForce
>     proyectil.GetComponent<Rigidbody>().AddForce(...);
> }
> ```

El método `GetComponent` no solo es accesible a través de un **GameObject**, sino que desde un componente podemos también llamar a este método para acceder a otro componente del mismo objeto. Esto nos permite, por ejemplo, llamar directamente al método `GetComponent` desde el código de nuestros *scripts* (usando opcionalmente la palabra clave this) para obtener una referencia a otro componente dentro del mismo **GameObject**.

> ✏️ **EJEMPLO**
>
> Para que el *script* que gestiona el movimiento de una nave espacial pueda acelerarla, necesitará acceder al componente **Rigidbody** de la propia nave y llamar a su método AddForce:
>
> ```
> void FixedUpdate(){
>     this.GetComponent<Rigidbody>().AddForce(...);
> }
> ```

El método GetComponent cuenta con diversas variantes que potencian su capacidad para buscar componentes dentro de la jerarquía de escena. El método GetComponentInChildren nos permite buscar un componente en un **GameObject** o en cualquiera de sus descendientes dentro de la jerarquía de escena. A la inversa, el método GetComponentInParent nos permite buscar un componente en un **GameObject** o en cualquiera de sus ancestros dentro de la jerarquía de escena.

> ✏️ **EJEMPLO**
>
> Un script situado en una parte del cuerpo de un personaje se comunica con el componente Player del objeto raíz en la jerarquía de escena para avisarle de que ha recibido un impacto:
>
> ```
> void OnCollisionEnter(Collision collision){
>     this.GetComponentInParent<Jugador>().QuitarVida(1);
> }
> ```

El motor también nos ofrece variantes de GetComponent diseñadas para acceder a múltiples componentes del mismo tipo a la vez: GetComponents, GetComponentsInChildren y GetComponentsInParent (notesé la "s" en GetComponents). Estas variantes se diferencian por devolver un *array* de referencias a componentes con todos los que se hayan encontrado del tipo indicado, en lugar de una referencia individual. Si no hay ningún componente del tipo especificado, el *array* devuelto por estos métodos estará vacío.

TRUCO

Los métodos GetComponent pueden utilizarse para buscar componentes que hereden de una determinada clase base. Esto puede ser muy potente en combinación con los métodos GetComponentsInChildren o GetComponentsInParent. En el siguiente código de ejemplo se muestra cómo obtener todos los componentes de tipo Collider que estén en un **GameObject** o en cualquiera de sus descendientes. Este código funcionará independientemente del tipo de *collider* (SphereCollider, BoxCollider, MeshCollider, etc.) ya que todos ellos heredan de la clase base Collider:

```
void DesactivarColliders(){
   Collider[] colliders =
      GetComponentsInChildren<Collider>();
   for(int i=0;i<colliders.Length;++i){
      colliders[i].enabled = false;
   }
}
```

3.9 DEPURACIÓN POR CONSOLA

La depuración por consola es una funcionalidad diseñada para ayudarnos a visualizar información sobre la ejecución del código de los *scripts*, permitiéndonos emitir mensajes desde el propio código que posteriormente podremos visualizar en la consola de Unity.

A través de estos mensajes nos será mucho más sencillo entender en qué momento y en qué orden se ejecutan los métodos de un *script*, y qué valores toman sus distintas variables. Además, el propio Unity también generará este tipo de mensajes cuando se produzca un error en nuestro código, lo que nos será muy útil para detectar cierto tipo de *bugs* en el juego, especialmente los relativos a la comunicación entre objetos.

3.9.1 Envío de mensajes a la consola de depuración

Para enviar un mensaje desde un *script* a la consola de depuración utilizaremos la clase Debug y sus métodos Log, LogWarning y LogError. Estos métodos reciben como parámetro una cadena de texto que imprimirán por la consola de Unity durante la ejecución del juego. Según el método que utilicemos, el mensaje será de tipo informativo (método `Log`), advertencia (método `LogWarning`) o error (método `LogError`), de forma que luego puedes filtrar los mensajes según su nivel de gravedad.

En el siguiente código de ejemplo mostramos mensajes desde los métodos `Update` y `FixedUpdate` para poder analizar desde la consola el ritmo de ejecución de cada uno:

```
void Update(){
    Debug.Log("Update");
}
void FixedUpdate(){
    Debug.Log("FixedUpdate");
}
```

Para aprovechar al máximo las ventajas de la depuración por consola, hay que tener en cuenta las capacidades del lenguaje C# para convertir cualquier tipo de variable a una representación textual. Todos los tipos y clases en C# incluyen un método `ToString` que convierte a texto el valor o valores que contiene. Gracias a esto podemos imprimir por consola el valor de prácticamente cualquier variable, para visualizar cómo va cambiando durante la ejecución del juego. En el siguiente código de ejemplo imprimimos por consola el tiempo que transcurre entre cada par de llamadas al método `Update`:

```
void Update(){
    Debug.Log(Time.deltaTime);
}
```

En ocasiones, imprimir por consola el valor de diversas variables puede llevar a confusión, ya que no tendremos un contexto que nos ayude a identificar qué variable es la que se está imprimiendo en cada línea de la consola. Para evitar este problema podemos usar la **concatenación de cadenas**, uniendo varias cadenas de texto mediante la operación +, para añadir cierto contexto al mensaje de depuración. Repetimos de nuevo el código de ejemplo anterior pero añadiendo cierto contexto al mensaje:

```
void Update(){
    Debug.Log("Update: " + Time.deltaTime);
}
void FixedUpdate(){
    Debug.Log("FixedUpdate: " + Time.fixedDeltaTime);
}
```

>  **TRUCO**
> Cuando enviamos mensajes de consola desde un *script* que hemos añadido a una gran cantidad de objetos de la escena, puede resultar complicado saber cuál de esos objetos es exactamente quien está emitiendo un determinado mensaje. Para añadir una información contextual aún más completa y resolver este tipo de problemas, puedes añadir como contexto el nombre del **GameObject** que está emitiendo el mensaje:
>
> ```
> Debug.Log(name + " - Posicion: " + transform.position);
> ```

3.9.2 Mensajes de depuración y rendimiento

Aunque los mensajes de depuración pueden ser realmente útiles, imprimir una gran cantidad de ellos puede provocar problemas graves en el rendimiento del juego. Esto nos obliga a ser especialmente cuidadosos con su uso dentro de métodos que se ejecuten frecuentemente, como Update, FixedUpdate, o en bucles con muchas iteraciones. En este tipo de casos buscaremos eliminar los mensajes cuando ya no resulten necesarios.

> △ **CUIDADO**
> Los mensajes de depuración que hemos ido mostrando en los ejemplos de esta sección se imprimen con una gran frecuencia al estar dentro de los métodos Update y FixedUpdate. Para evitar que provoquen problemas de rendimiento, eliminaremos las líneas de Debug.Log una vez hayamos comprobado las diferencias entre los mensajes generados por uno y otro método.

También es importante denotar que los mensajes de consola se imprimen tanto durante el desarrollo del juego en Unity, como posteriormente en las versiones compiladas del juego como PC, Mac, Android o iOS. En las versiones compiladas, en lugar de imprimirse por consola, los mensajes se enviarán a ficheros de *log* del sistema operativo. Esta funcionalidad puede ser muy útil para depurar el juego en dichas plataformas. Sin embargo, en versión de distribución del juego, es recomendable desactivar el envío de mensajes de depuración. Para ello podemos usar la propiedad Debug.logger.logEnabled poniendo su valor a false en un *script* que se ejecute al comienzo del juego. Este cambio hará que se ignore cualquier línea de impresión de mensajes por consola posterior.

3.9.3 Mensajes de error generados por Unity

En la consola de depuración no solo aparecerán los mensajes de depuración que imprimamos desde *script*, sino que también aparecerán automáticamente mensajes de depuración cuando se produzca cualquier error en el código.

Si el error es de compilación, es decir, el código contiene un error de sintaxis que impide su procesamiento por parte del compilador, Unity nos impedirá ejecutar el juego y nos mostrará los errores que ha detectado durante la compilación para que podamos corregirlos. Existen una gran variedad de errores de compilación según el punto del código donde no se haya respetado la sintaxis de C#, aunque el mensaje de consola podrá darte mucha información al respecto. Además, si haces doble clic sobre el mensaje de error en la consola, Unity te llevará a la línea de código donde no ha podido seguir procesando el *script* para que busques y corrijas el problema.

Si el error es de ejecución, es decir, Unity te permite ejecutar el juego, pero durante su transcurso aparecen mensajes de error por consola, entonces tendrás que entender por qué ha sucedido el problema y buscar cómo solucionarlo cambiando la lógica de tus *scripts*. Muchos de los errores en tiempo de ejecución suceden por problemas en la búsqueda y comunicación entre objetos, por ejemplo, cuando un *script* trata de comunicarse con otro sin haber obtenido antes una referencia al mismo. A continuación, te mostramos una lista de los errores de ejecución más habituales por si te surgiesen durante el transcurso de tu aprendizaje:

- `NullReferenceException: Object reference not set to an instance of an object` -> Este error ocurre cuando utilizas una variable que referencia a un objeto, pero esta variable tiene el valor `null`. Esto sucede generalmente porque no le has asignado ningún valor a la variable, o, si se trata de una referencia a un **GameObject** que estableces mediante una búsqueda, porque no ha sido localizado con éxito. En este último caso revisa con detenimiento todo el proceso de búsqueda, tanto en tu código como en la configuración del **GameObject** en la escena. Si la existencia del **GameObject** es opcional, asegúrate de comprobar si la referencia al mismo tiene un valor distinto de `null` antes de continuar utilizándola.

- `MissingComponentException: There is no 'XXXX' attached to the "YYYY" game object, but a script is trying to access it.` -> Este error ocurre cuando has accedido y utilizado un componente que no ha sido añadido al **GameObject**. El error no saltará en el momento de llamar al método `GetComponent`, sino cuando trates de llamar a algún método, variable o propiedad de dicho componente. Revisa tu código para asegurarte que estás accediendo al **GameObject** correcto, así como la configuración de dicho **GameObject** en el inspector para asegurarte de que dispone del componente deseado. Si la existencia del componente es opcional, asegúrate de comprobar si la referencia al mismo tiene valor distinto de `null` antes de continuar utilizándola.

▸ `ArgumentException: The Object you want to instantiate is null.` -> Este error ocurre cuando estás tratando de instanciar un *prefab*, pero la variable que referencia al *prefab* tiene el valor `null`. Esto generalmente sucede porque no le has asignado ningún valor a la variable de *prefab*, y al pedirle a Unity que te instancie un nuevo **GameObject** de ese tipo, el motor no sabe qué objeto crear. Si el *prefab* es opcional, asegúrate de comprobar si la referencia al mismo tiene valor distinto de null antes de intentar instanciarlo.

▸ `MissingReferenceException: The object of type 'XXXX' has been destroyed but you are still trying to access it.` -> Este error ocurre cuando utilizas una referencia a un *game object* o a un componente que ya ha sido destruido. Puedes evitar este error comprobando si el valor de la variable es distinto de null antes de utilizarla.

3.10 OTRAS FUNCIONALIDADES

A lo largo de este capítulo hemos aprendido a utilizar gran cantidad de funcionalidades accesibles desde *script*. Sin embargo, estas no son ni con mucho todas las funcionalidades que ofrece Unity.

Por un lado, todos los componentes y clases de Unity ofrecen una serie de variables, propiedades y métodos públicos a los que podemos acceder desde nuestros *scripts*. Las clases de componente `Rigidbody`, `Collider`, `Renderer` o `AudioSource`, por poner algunos ejemplos, ofrecen funcionalidades accesibles por *script* y relacionadas con la gestión de físicas, colisiones, gráficos o sonido respectivamente. Otras clases estáticas (no asociadas a componentes) como `Input`, `Debug` o `Vector3`, por poner algunos ejemplos, también ofrecen gran cantidad de constantes y métodos de utilidad accesibles desde *script*. En este capítulo solo hemos estudiado algunas de las funcionalidades ofrecidas por el componente **Transform** y las clases `Vector3`, `Input` y `Debug`. En el Capítulo 5 "Físicas" también abordaremos las funcionalidades del sistema de físicas de Unity, centrándonos especialmente en los componentes **Rigidbody** y **Collider** y en la clase `Physics`. Aún con todo, esto será tan solo una pequeña parte de todas las funcionalidades que te pueden ofrecer las librerías de Unity, y quedará en tu mano seguir investigando aquellas que más te interesen para el desarrollo de tus juegos.

Por otro lado, dentro de la clase `MonoBehaviour` aún quedan algunos secretos por descubrir y que, por distintos motivos, no hemos considerado adecuado abordar en las secciones anteriores de este capítulo. El método genérico `FindObjectOfType` ofrece una forma alternativa de buscar objetos en la escena, haciendo la búsqueda por componente, en lugar de por nombre o etiqueta. Este método funciona de forma similar al `GetComponent`, solo que en este caso extendiendo la búsqueda del componente a todos los objetos de la escena, lo que lo convierte en un método ideal para buscar componentes únicos en la escena. Sin embargo, es un método que debe usarse con precaución, ya que su ejecución es muy costosa en comparación al resto de métodos de búsqueda explicados. Los métodos `Invoke`, `InvokeRepeating` y `CancelInvoke` permiten temporizar las llamadas a métodos de un *script*, por lo que resultan ideales para implementar temporizadores sencillos y acciones que se repitan cada cierto tiempo. Las **corrutinas** ofrecen una funcionalidad similar a `Invoke`, pero con mucha más potencia, pudiendo crear métodos con una o más interrupciones temporales cuidadosamente establecidas, llegando incluso a nivel de *frames*. Por último, el método `SendMessage` y sus variantes permiten que un *script* llame a métodos de otro componente mediante mensajes, sin necesidad de obtener una referencia al mismo con `GetComponent`. Aunque `SendMessage` ofrece una funcionalidad muy potente, también trae consigo diversos riesgos asociados, que en última instancia hacen poco deseable su uso.

4
CREACIÓN DE NIVELES

En este capítulo abordaremos la creación de los escenarios donde se desarrollará la acción de nuestro juego. Para ello, descubriremos cómo crear un terreno con diversos detalles como texturas y vegetación; cómo utilizar y configurar modelos 3D, optimizándolos para obtener el mejor rendimiento; y cómo terminar de dar un aspecto profesional a nuestro escenario configurando un skybox y la iluminación de la escena. A lo largo del capítulo podrás aprender más sobre los siguientes temas:

1. Creación de terrenos
2. Uso de modelos 3D
3. Materiales gráficos
4. Optimización mediante LOD
5. Uso de skybox
6. Iluminación
7. Cámara
8. Audio

PREPARACIÓN

Con el objetivo de que puedas entender mejor los distintos conceptos y técnicas que vamos a explicarte, este capítulo va acompañando del proyecto de ejemplo "Capítulo4-Proyecto1". A lo largo del capítulo te mostraremos varias ilustraciones extraídas de este proyecto, y te invitamos a realizar cambios sobre él libremente para entender mejor las explicaciones. Consulta la Sección "Material Adicional" al final del libro para más información sobre la descarga de este y el resto de proyectos que acompañan al libro.

4.1 CREACIÓN DE TERRENOS

La creación de terrenos es una tarea esencial en una gran variedad de videojuegos que transcurren en entornos de exteriores, como bosques, montañas o ciudades. Unity ofrece potentes herramientas de creación de terrenos a través de los objetos **Terrain**. Estos objetos nos permiten crear y editar con gran nivel de detalle el terreno de nuestro juego, incluyendo su orografía, texturas y detalles naturales como árboles y hierbas.

4.1.1 Creación del terreno

Para crear un terreno accederemos a la opción de menú **GameObject → 3D Object → Terrain**. Tras seleccionar esta opción, Unity creará un nuevo **GameObject** con nombre "Terrain", con forma de plano. Este GameObject tendrá un componente **Terrain** que nos permitirá editar diversas características del terreno, como su orografía, vegetación y texturas. Al mismo tiempo que se crea este objeto, Unity también generará un fichero de tipo **TerrainData** y nombre "New Terrain" dentro del proyecto. Este fichero está automáticamente asociado con el componente **Terrain**, almacenando internamente toda la configuración del terreno que hagamos a través de este componente.

TRUCO

Al igual que cualquier otro tipo de *asset*, los recursos de tipo **TerrainData** pueden ser renombrados y movidos a otras carpetas para mantener la estructura de carpetas que estemos siguiendo en nuestro proyecto. Por tanto, te recomendamos que una vez generado, lo muevas a una carpeta "GameAssets/Terrain" o similar, y le nombres de una forma que te resulte fácil de identificar.

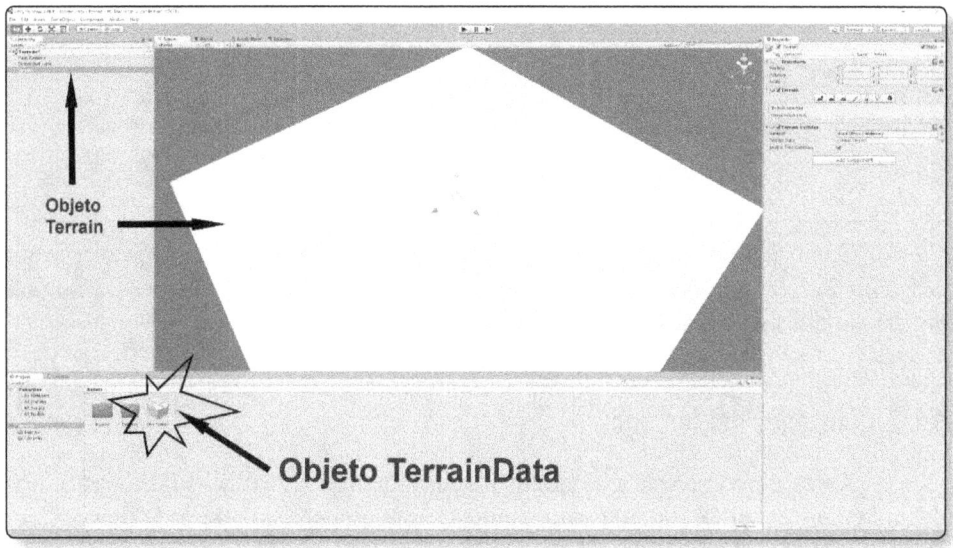

Figura 4.1. Objetos que conforman un terreno

Por defecto un terreno recién creado medirá 500 x 500 metros. Para cambiar su tamaño tenemos que modificar sus parámetros de configuración. Desde el inspector del componente **Terrain** podrás pulsar sobre el botón de configuración, representado como una rueda dentada, y modificar los valores **Terrain Width** y **Terrain Lenght**, lo que hará que el terreno cambie de tamaño de forma inmediata. Estudiaremos estos y otros parámetros de configuración del terreno más adelante en este capítulo.

> △ **CUIDADO**
>
> Te recomendamos establecer el tamaño del terreno antes de continuar editando otros aspectos del mismo, como su orografía, texturas o vegetación. Todos estos detalles del terreno se verán "deformados" si cambias el tamaño del terreno después de haberlos editado, hasta el punto de que quizás te veas en la situación de tener que borrarlos y volver a editarlos desde el principio. Para evitarlo, ¡recuerda siempre fijar el tamaño del terreno antes de empezar a editarlo!

Una vez establecido el tamaño, podremos continuar editando el resto de sus propiedades. Para ello utilizaremos las herramientas de edición de terrenos del componente **Terrain**, accesibles desde el inspector del componente.

Figura 4.2. Herramientas de edición de terrenos

Como podemos ver en la imagen, el componente **Terrain** nos ofrece un conjunto de siete botones que nos dan acceso a las distintas herramientas de edición de terreno que estudiaremos a continuación.

4.1.2 Colisiones del terreno

Antes de comenzar a estudiar las herramientas de edición de terreno, nos detendremos en el segundo componente que acompaña al objeto "Terrain", el componente **TerrainCollider**. Este componente es un tipo especial de *collider* específicamente diseñado para los terrenos. Tiene únicamente tres propiedades.

- ▼ **Material**: Material físico del terreno. Estudiaremos los materiales físicos en el Capítulo 5, pero podemos adelantar que esta propiedad define el comportamiento del terreno a nivel físico, en cuanto a su rozamiento con otros objetos (ej.: en el hielo el rozamiento sería muy bajo, mientras que en la goma muy alto) y en cuanto a su capacidad de absorber energía de los impactos de otros objetos y permitir que estos reboten contra el terreno (ej.: la capacidad de un objeto de rebotar sobre piedra es alta, mientras que sobre barro o arena es muy baja).

- ▼ **Terrain Data**: Referencia al objeto **TerrainData** generado automáticamente por Unity al crear el terreno. Como ya se ha mencionado, este *asset* contiene toda la información de configuración del terreno: mapa de alturas, configuración de texturas, árboles, hierbas, etc. El *collider* del terreno necesita también una referencia a este *asset* para poder generar un volumen de colisión que se adapte con precisión a la orografía del mismo.

- ▼ **Enable Tree Colliders**: Permite establecer si los árboles deben tener colisiones con el resto de objetos de la escena, o si su función es meramente decorativa y el motor físico puede omitir las colisiones con ellos. En caso de no necesitar colisiones con los árboles, desactivaremos esta opción para obtener una mejora de rendimiento en los cálculos físicos de la escena.

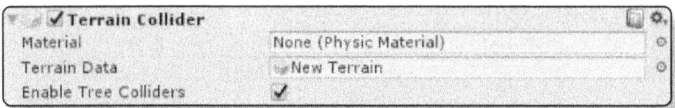

Figura 4.3. Terrain Collider

4.1.3 Mapa de alturas

Las tres primeras herramientas de edición de terreno del componente **Terrain** son las relativas a la edición del mapa de alturas, es decir, la orografía del terreno. La primera herramienta, de elevación y hundimiento del terreno, nos permite elevarlo o hundirlo creando colinas, montañas, cañones y todo tipo de accidentes geográficos que dependan de la altura. Al seleccionar la herramienta se mostrará una paleta de pinceles y dos barras de desplazamiento que nos permiten controlar el tamaño del pincel (**Brush Size**) y la opacidad o transparencia (**Opacity**) del mismo.

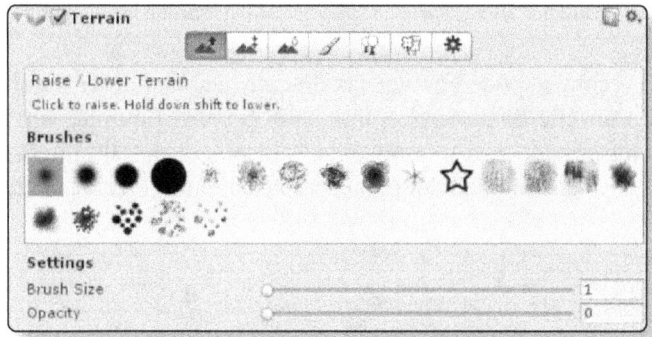

Figura 4.4. Herramienta de elevación de terreno.

El editor de terrenos de Unity funciona como un lienzo donde podemos pintar los relieves y la orografía del terreno. En función del nivel de opacidad seleccionado, cambiará la velocidad a la que se eleva o hunde. Si la opacidad es baja, cuando pintemos el terreno se elevará o hundirá poco a poco. Por el contrario, si la opacidad es alta, el terreno se elevará o hundirá rápidamente al pintar sobre él.

Tras seleccionar una brocha y asignarle un tamaño y opacidad, podremos empezar a pintar las elevaciones del terreno directamente sobre él. Para elevarlo arrastraremos el ratón sobre el mismo mientas pulsamos el botón izquierdo del ratón. Para hundirlo, haremos la misma acción mientras mantenemos pulsada la tecla

SHIFT. De esta forma, combinando las distintas brochas, tamaños y opacidades, podemos dar forma a nuestro terreno.

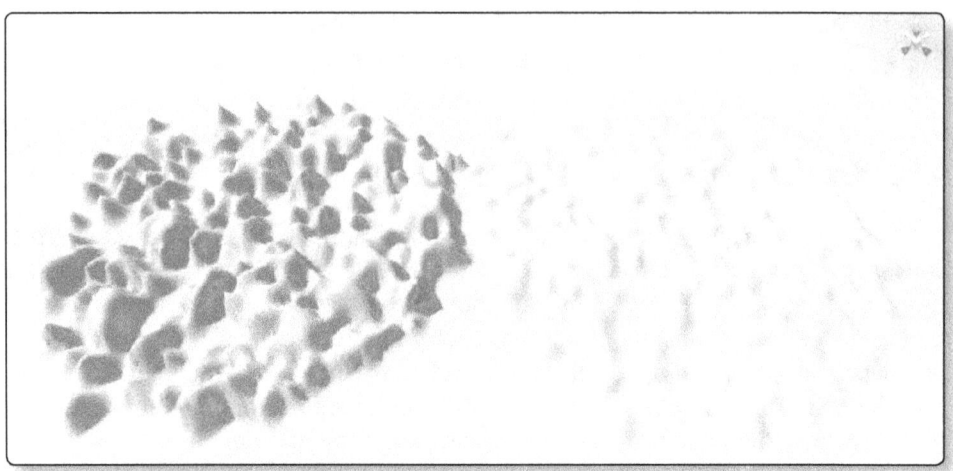

Figura 4.5. Diferencia de la opacidad en la elevación del terreno.

Como ejemplo, podemos ver las dos elevaciones de la Figura 4.5. Ambas corresponden a un clic de ratón con la misma brocha. La única diferencia es que la primera se ha pintado con una opacidad del pincel de 100 mientras que, en la segunda elevación, la opacidad del pincel solo estaba establecida en 25.

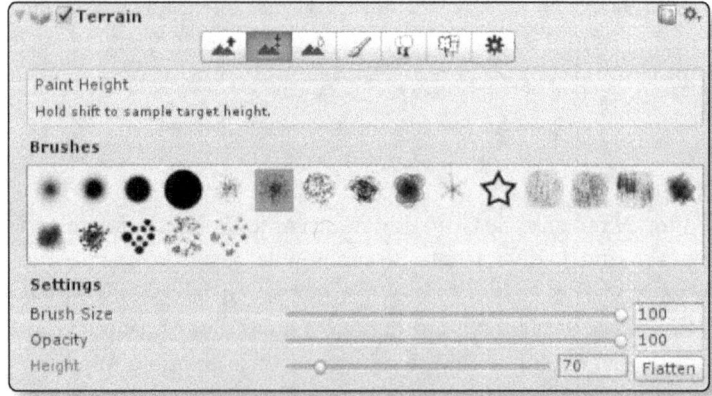

Figura 4.6. Herramienta de igualación de alturas.

La segunda herramienta, de igualación de alturas, es similar a la anterior solo que nos permite elevar o hundir el terreno hasta una determinada altura preestablecida.

Pulsando la tecla **SHIFT** y haciendo clic sobre un determinado punto del terreno, el valor de la altura de ese punto quedará guardado en el campo **Height** del inspector de la herramienta. A continuación, haciendo clic sobre el terreno, este se elevará o hundirá hasta alcanzar dicha altura, a mayor o menor velocidad en función de la opacidad de la brocha. Junto al campo **Height** podemos encontrar el botón **Flatten** que al pulsarlo igualará la altura de todo el terreno al valor indicado, aplanándolo por completo.

TRUCO
El botón **Flatten** es muy útil para dar una altura inicial a todo el terreno, de tal forma que después puedas hundirlo generando con facilidad valles, cañones y todo tipo de concavidades.

En la Figura 4.7 podemos ver un terreno esculpido con la herramienta de igualación de alturas.

Figura 4.7. Elevación con igualación de alturas.

La tercera herramienta, de suavizado de alturas, nos permite suavizar los desniveles del terreno para conseguir un efecto más realista, simulando la erosión del mismo. Tras seleccionar esta herramienta podremos hacer clic sobre cualquier desnivel del terreno para suavizarlo, siendo el suavizado más fuerte cuanto mayor sea la opacidad de la brocha.

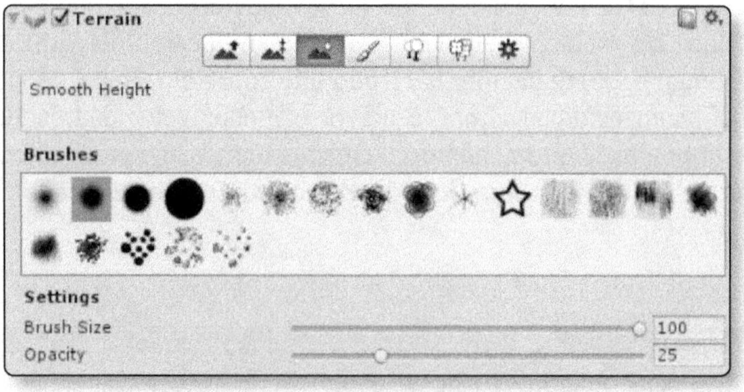

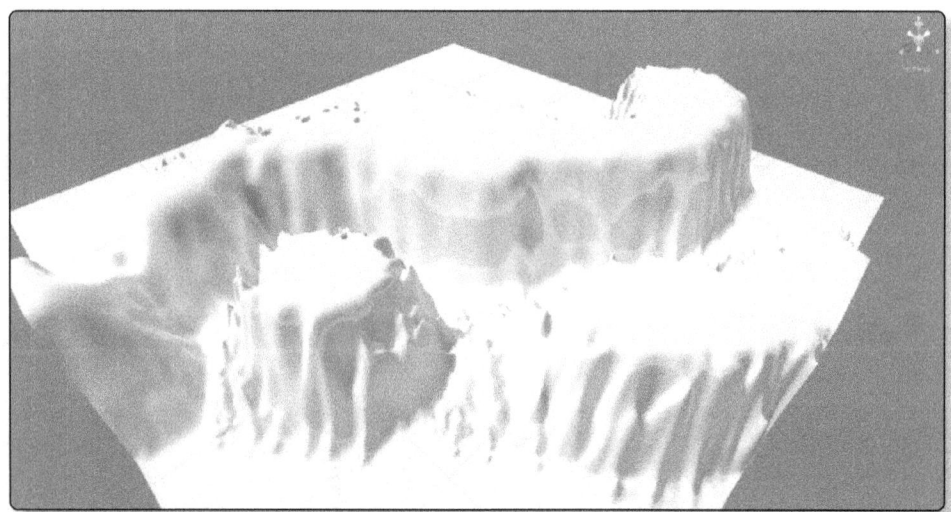

Figura 4.8. Herramienta de suavizado de terreno

En la Figura 4.9 podemos ver el terreno del ejemplo anterior suavizado con una opacidad de 100 en la elevación de la parte superior y una de 25 en la inferior.

Figura 4.9. Terreno con distintos suavizados.

4.1.4 Texturas

Con las herramientas que hemos visto hasta ahora podemos editar la orografía o relieves del terreno, pero para terminar de dotarle de realismo necesitaremos asignarle distintos tipos de materiales, como tierra, hierba o arena. La siguiente herramienta, de texturizado del terreno, nos permitirá añadirle y aplicarle texturas.

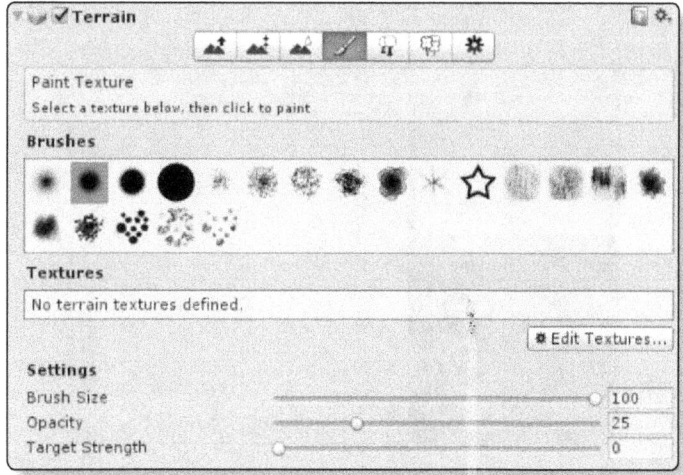

Figura 4.10. Herramienta de texturizado

> (i) **ATENCIÓN**
> A lo largo de esta sección ilustraremos la texturización del terreno utilizando una serie de texturas importadas de los *Standard* Assets de Unity. Si deseas utilizarlas en tus proyectos, utiliza la opción de menú **Assets -> Import Package -> Environment** e importa los recursos de la carpeta "TerrainAssets/SurfaceTextures".

Como podemos observar, la herramienta de texturización del terreno es similar a las anteriores, con la salvedad de que en este caso será necesario configurarla con las distintas texturas que deseemos aplicar. Suponiendo que ya hemos importado en el proyecto las texturas necesarias, pulsaremos el botón **Edit Textures -> Add Texture** en el inspector de la herramienta para ir añadiéndolas una a una.

Al hacerlo, aparecerá la ventana **Add Terrain Texture** donde podremos seleccionar y configurar una textura. En esta ventana pulsaremos el botón **Select** dentro del recuadro titulado **Albedo (RGB) Smoothnes (A)** (el nombre de este recuadro podría variar en determinadas condiciones avanzadas). Se abrirá una nueva ventana donde podremos seleccionar la textura a utilizar:

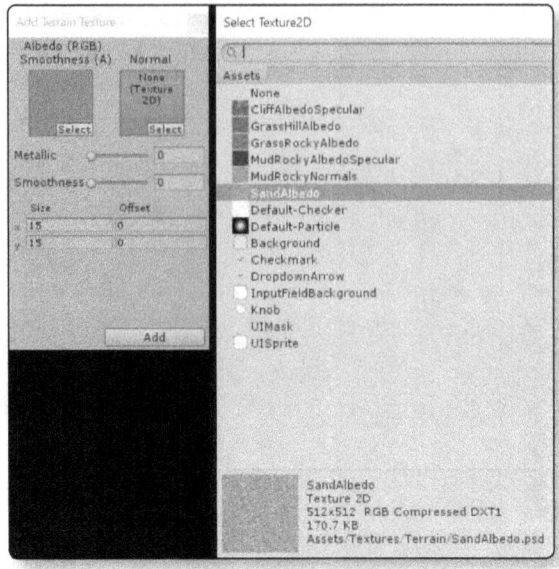

Figura 4.11. Añadir una textura al editor de terrenos

✏ EJEMPLO

De entre las texturas de terreno importadas del paqueteEnvironment de los *Standard Assets*, podrás localizar las texturas"GrassHillAlbedo", "GrassRockAlbedo", "CliffAlbedo", "SandAlbedo" y"MudRockyAlbedoSpecular", especialmente diseñadas para latexturización del terreno.

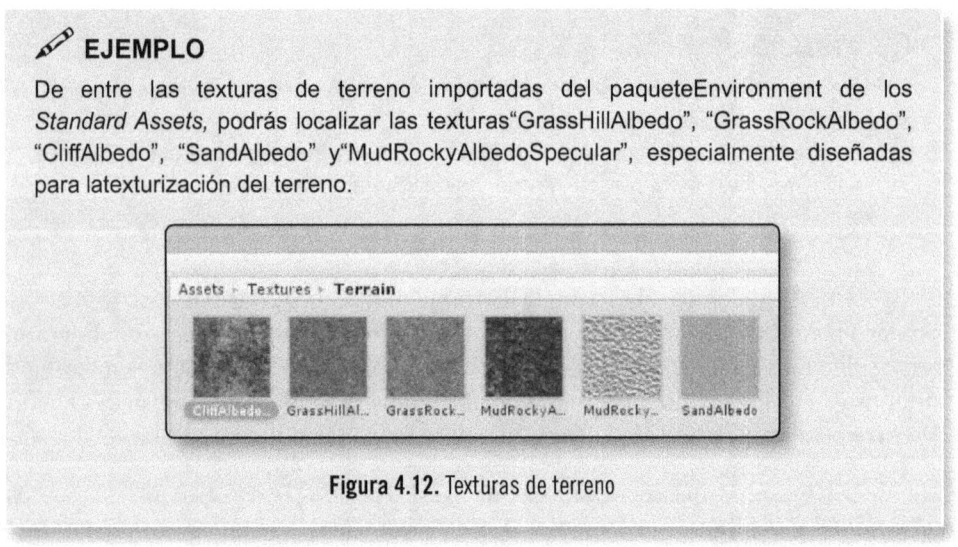

Figura 4.12. Texturas de terreno

Algunas texturas de terreno van acompañadas de una segunda textura denominada *normal map* o mapa de normales, que sirve para mejorar la calidad gráfica de la textura dotándole de un efecto relieve. Por ejemplo, la textura "MudRockyAlbedoSpecular" va acompañada de otra textura llamada

"MudRockyAlbedoNormals" que contiene su mapa de normales. En casos como este, pulsaremos el botón **Select** dentro del recuadro titulado **Normal**, y seleccionaremos el mapa de normales correspondiente. En la Figura 4.13 podemos apreciar la diferencia con la textura "MudRockyAlbedoSpecular", en un caso con el mapa de normales desactivado, y en el otro caso con el mapa de normales activado y el efecto al máximo nivel de intensidad, dando un aspecto más acuoso.

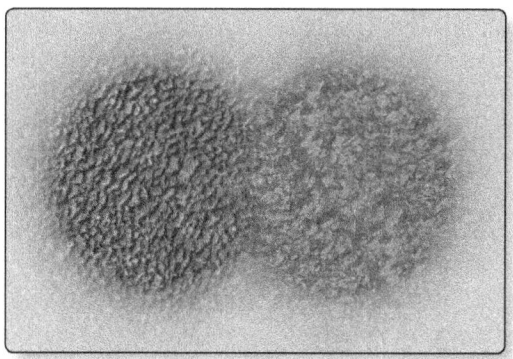

Figura 4.13. Textura sin y con mapa de normales

Tras seleccionar las texturas de albedo y de mapas de normales, también podremos modificar las siguientes propiedades que determinarán el aspecto gráfico final de la textura, una vez aplicada sobre el terreno:

- ▼ **Metallic**: Determina lo metálico que es el material gráfico de la textura. Afecta a la forma en que la textura se ilumina y refleja el entorno que tiene alrededor. Cuanto mayor sea este valor, la textura reflejará más el entorno que tiene alrededor, fusionándolo con su color original.

- ▼ **Smoothness**: Determina lo pulido que es el material gráfico de la textura. Afecta a la forma en que la textura se ilumina y refleja el entorno que tiene alrededor. Cuanto mayor sea este valor, más brillos tendrá la textura y más nítidos serán los reflejos del entorno que se visualizarán sobre ella.

También podremos configurar las siguientes propiedades:

- ▼ **Size**: Determina cuanto ocupa la textura en unidades del mundo de juego una vez aplicada sobre el terreno.

- ▼ **Offset**: Determina el desplazamiento en unidades del mundo de juego que se usará al aplicar la textura sobre el terreno.

Después de configurar todas las propiedades de la textura, pulsaremos el botón **Add** para añadirla al editor de terreno. Continuaremos añadiendo todas las texturas que queramos usar. Si deseamos editar las propiedades de una textura después de añadirla, podremos seleccionarla y pulsar el botón **Edit Textures -> Edit Texture** para volver a abrir la ventana de configuración de textura. Igualmente, si lo deseamos, podemos eliminar una textura del editor con el botón **Edit Textures -> Remove Texture.**

Una vez añadidas y configuradas las distintas texturas, podremos seleccionar una brocha y una textura para pintar sobre el terreno. Respecto a las opciones de la brocha, la propiedad **Opacity** indica la opacidad aplicada cada vez que pintemos, mientras que la propiedad **Target Strength** indica la opacidad máxima que se podrá llegar a conseguir pintando repetidas veces sobre la misma zona del terreno. Gracias a estas dos opciones podremos fusionar fácilmente varias texturas en una misma zona del terreno, limitando la opacidad máxima que puede tener cada una. Tras configurar la brocha, pintaremos haciendo clic sobre el terreno y arrastrando por las zonas deseadas. En la Figura 4.14 se ha texturizado el terreno con una mezcla de texturas de arena, piedra y hierba.

Figura 4.14. Terreno texturizado fusionando varias texturas.

4.1.5 Árboles

El editor de terrenos no solo nos permite dar forma y color al terreno, sino que también nos permite poblarlo de árboles mediante la siguiente herramienta, de colocación de árboles.

> **ATENCIÓN**
> A lo largo de esta sección ilustraremos la colocación de árboles sobre el terreno utilizando una serie de *prefabs* de árboles importados de los *Standard Assets*. Si deseas utilizarlos en tus proyectos, utiliza la opción de menú **Assets -> Import Package -> Environment** e importa los recursos de la carpeta "SpeedTree".

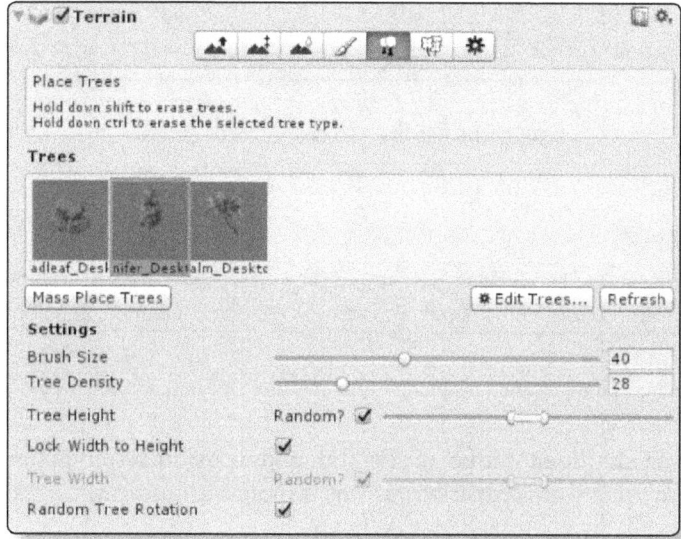

Figura 4.15. Herramienta de colocación de árboles

Al igual que la herramienta de texturizado nos permitía añadir, borrar o modificar texturas, esta herramienta nos permite hacer lo mismo con los árboles o arbustos a través del botón **Edit Trees**. Su funcionamiento es muy similar, solo que, en lugar de seleccionar texturas, tendremos que seleccionar los *prefabs* de los árboles que deseemos colocar sobre el terreno. Pulsando el botón **Edit Trees -> Add Tree** se abrirá una ventana donde podremos seleccionar un *prefab* de árbol.

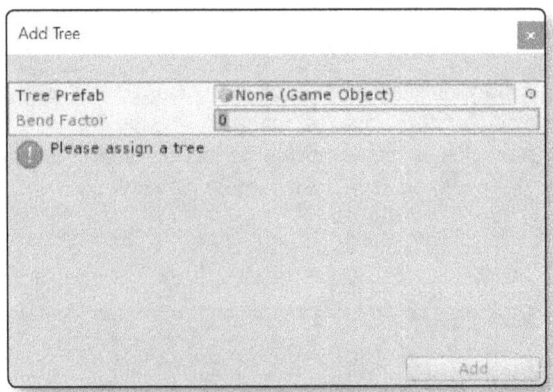

Figura 4.16. Añadir un árbol al editor de terrenos

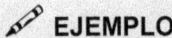 **EJEMPLO**

De entre los assets importados del paquete **Environment** de los *Standard Assets*, podrás localizar los *prefab* de árbol "Broadleaf_Desktop", "Conifer_Desktop" y "Palm_Desktop".

Tras añadir algunos árboles al editor, podrás elegir y configurar una brocha, definiendo de qué forma distribuirás los árboles al utilizarla. A continuación mostramos las distintas propiedades de la brocha:

- ▼ **Brush Size**: Tamaño de la brocha en unidades del mundo de juego.

- ▼ **Tree Density:** Densidad de árboles, cuanto mayor sea el valor, más cantidad de árboles se colocarán sobre el terreno al pintar.

- ▼ **Tree Height:** Altura de los árboles en forma de factor de escala respecto al tamaño original del árbol. Si marcamos la casilla **Random** podremos configurar una escala aleatoria entre dos valores.

- ▼ **Lock Width to Height:** Bloquea la relación entre el ancho y el alto de los árboles. Si está marcado, cuando los árboles sean más bajos serán más estrechos, y cuando sean más altos serán más anchos. Si la casilla no está marcada podremos definir la anchura manualmente.

- ▼ **Tree Width:** Anchura de los árboles en forma de factor de escala respecto al tamaño original del árbol. Si marcamos la casilla **Random** podremos configurar un factor de escala aleatorio entre dos valores.

▼ **Random Tree Rotation:** Rotación aleatoria de los árboles sobre el eje Y. Activando esta opción conseguiremos que cada árbol se coloque con una cierta rotación aleatoria.

> **TRUCO**
> Utiliza las casillas **Random** en las opciones **Tree Height** y **Tree Width**, así como la opción **Random Tree Rotation**, para dotar de aleatoriedad a los árboles que coloques sobre el terreno y conseguir que este tenga un aspecto más natural.

Figura 4.17. Arboles colocados con alto, ancho y rotación aleatoria

Una vez configurar la brocha adecuadamente podrás hacer clic sobre el terreno y arrastrar el ratón para ir colocando árboles. Para eliminarlos, pulsa **SHIFT** mientras haces clic y arrastras el ratón por encima de los árboles que desees eliminar.

> ⓘ **ATENCIÓN**
> A partir de Unity 5 se introdujo en el motor el soporte a los árboles "SpeedTree", una tecnología propiedad de la empresa IDV. Esta misma empresa proporciona *software* para crear nuevos árboles "SpeedTree" que después se podrán importar a Unity. Los árboles del paquete **Environment** de los *Standard Assets* son todos de este tipo. Sin embargo, Unity también tiene su propia herramienta de creación de árboles, más sencillos, accesible a través del menú **GameObject -> 3D Object -> Tree**. El uso de esta herramienta no se explica en el libro, aunque puedes acceder a su documentación en la siguiente URL: *https://docs.unity3d.com/Manual/tree-FirstTree.html*

Además de poder colocar árboles pintando con la brocha sobre el terreno, también podemos usar el botón **Mass Place Trees** para colocar árboles masivamente. Al pulsarlo se nos pedirá la cantidad de árboles que deseamos, y tras aceptar, el propio editor colocará tantos árboles como hayamos indicado sobre la superficie del terreno, repartidos de forma aleatoria.

4.1.6 Hierba y detalles

La última herramienta del editor de terrenos, de pintado de detalles, nos permite añadir hierba y otros detalles menores al terreno. Esta herramienta es muy similar a la de colocación de árboles, solo que en este caso configuraremos texturas de hierba y modelos 3D que representen detalles del terreno como piedras, ramas, etc.

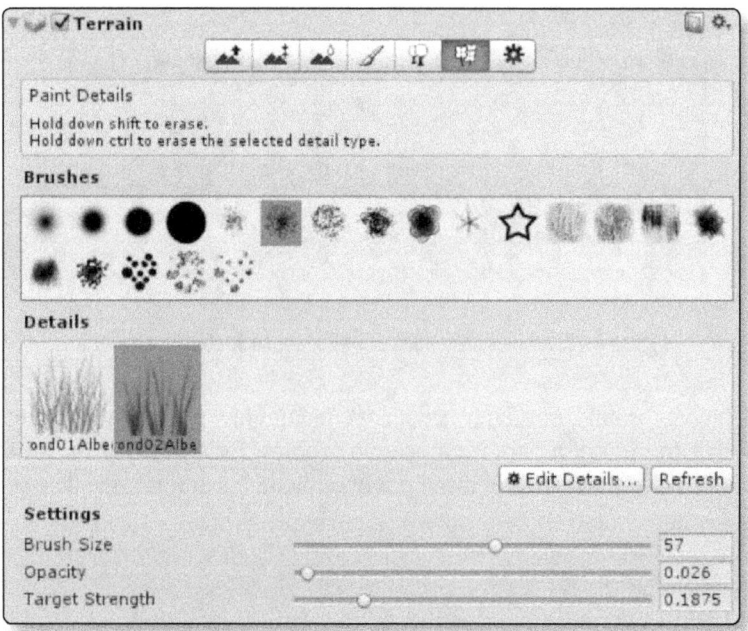

Figura 4.18. Herramienta de pintado de hierba y detalles

Para añadir detalles a la herramienta, utilizaremos el botón **Edit Details ...** seleccionando la opción **Add Grass Texture** si queremos incluir una textura para la hierba, o bien **Add Detail Mesh** si queremos incluir un *prefab* de modelo 3D de detalle. En cualquier caso, nos aparecerá una ventana para añadir y configurar el detalle apropiadamente.

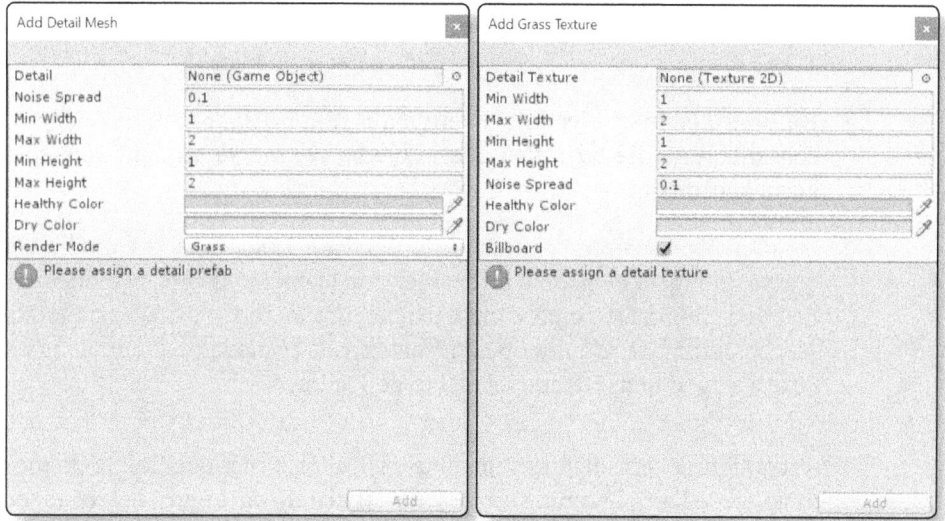

Figura 4.19. Añadir prefab de detalle   **Figura 4.20.** Añadir textura de hierba

Como podemos apreciar en la Figura 4.19 y en la Figura 4.20, ambas ventanas tienen propiedades muy similares:

▼ **Detail texture o Detail:** Nos permite seleccionar la textura de hierba o el prefab de detalle de entre todos los que tenemos en el proyecto.

▼ **Min Width** y **Max Width:** Factor de escala mínimo y máximo de la anchura con la que va a generarse el objeto cuando se pinte.

▼ **Min Height** y **Max Height:** Factor de escala mínimo y máximo de la altura con la que va a generarse el objeto cuando se pinte.

▼ **Noise Spread:** Unity utiliza este valor para dividir con cierta aleatoriedad las áreas del terreno pintadas con hierba en zonas dentro de las cuales la hierba puede tener mejor o peor salud. Cuanto mayor es este valor, más pequeñas serán las zonas generadas. Esta funcionalidad está pensada para la vegetación, por lo que en el caso de configurar un modelo 3D de detalle podríamos poner este valor a 0.

▼ **Healthy Color** y **Dry Color:** Estos colores se utilizarán para darle tonalidades a la hierba en función de su salud, dentro de las zonas generadas gracias a la propiedad **Noise Spread**. Dentro de estas zonas, las hierbas situadas más cercanas al centro tenderán a tener un color más saludable (**Healthy**), mientras que las hierbas situadas más cercanas a los extremos tendrán un aspecto más seco (**Dry**). Esta funcionalidad está pensada para la vegetación, por lo que en el caso de configurar un modelo 3D de detalle podríamos poner ambos colores en blanco.

▼ **Billboard (solo en hierba):** Determina si se aplica la técnica de *billboard* con la textura, de tal forma que la hierba se oriente en todo momento hacia la cámara.

▼ **Render Mode (solo en modelo de detalle):** Determina la forma en la que se iluminará el modelo de detalle. Con la opción **Grass**, el modelo de detalle se iluminará como si fuese una textura, de forma plana e ignorando su geometría 3D. Con la opción **Vertex Lit**, el modelo se iluminará en base a su geometría dando un efecto de volumen.

Tras configurar las distintas texturas y *prefabs* de detalle, podremos seleccionar uno de ellos, configurar la brocha siguiendo la lógica del resto de herramientas, y pintar sobre el terreno haciendo clic y arrastrando el ratón. Para borrar detalles, pulsaremos la tecla **SHIFT** mientras que hacemos clic y arrastramos el ratón por encima de los detalles que deseemos eliminar.

> △ **CUIDADO**
>
> Para conseguir que el renderizado de los detalles del terreno no produzca problemas de rendimiento, Unity solo dibujará aquellos detalles que estén dentro de un cierto radio por delante de la cámara. De esta forma, si pintas detalles con la cámara lejos del terreno, puede darte la sensación de que la herramienta no está funcionando, aunque en realidad sí lo esté haciendo. Evita este problema acercando la cámara a la superficie del terreno antes de comenzar a pintar detalles; o configurando apropiadamente la distancia de visualización de detalles en la configuración del terreno, como veremos más adelante.

A continuación se muestran varias imágenes de unos detalles de hierba colocados sobre el terreno con la opción **Billboard** activada, y enfocados desde distintos ángulos. Por un lado, podemos observar que la hierba se dibuja como una imagen sobre el terreno. El hecho de utilizar imágenes hace que el renderizado de la hierba sea más rápido para la tarjeta gráfica respecto a lo que supondría hacerlo con modelos 3D. El uso de imágenes para representar objetos pequeños o lejanos es una técnica muy habitual para mejorar el rendimiento de un juego.

Figura 4.21. Técnica de billboard

Por otro lado, también podemos observar cómo, gracias a la técnica de *billboard*, al enfocar la hierba desde cualquier ángulo esta se orienta automáticamente hacia la cámara. Este efecto es especialmente útil en juegos en primera o tercera persona donde haya zonas del terreno con alta densidad de hierba, ya que conseguiremos la sensación de que mire donde mire el personaje, vea siempre hierba alrededor. Sin embargo, en zonas con poca densidad de hierba, como en las imágenes de ejemplo, usar *billboards* puede resultar poco deseable ya que el efecto óptico resultará artificial.

4.1.7 Zonas de viento

Antes de abordar la última sección del editor de terrenos, destinada a establecer diversos parámetros de configuración del mismo, abordaremos otra funcionalidad del terreno que no se encuentra en el inspector del componente: las zonas de viento. Las zonas de viento permiten simular rachas de viento que muevan las ramas de los árboles y la hierba, proporcionándole más realismo.

Para crear una zona de viento, seleccionaremos la opción de menú **GameObject → 3D Object → Wind zone**, colocando el nuevo objeto generado donde consideremos adecuado. Este objeto, representado visualmente con un *gizmo* con forma de aspa, tendrá un componente **WindZone** donde podremos establecer las propiedades del viento.

Figura 4.22. Propiedades del componente WindZone

El componente WindZone nos ofrece las siguientes propiedades desde el inspector:

- **Mode**: Permite configurar la dirección del viento como **Spherical**, surgiendo el viento desde el centro de una esfera en todas las direcciones hacia fuera y con un radio límite; o cómo **Directional** surgiendo el viento desde el infinito en la dirección del eje Z del objeto, afectando por igual a todo el terreno.

- **Radio (solo en modo esfera)**: Delimita el radio de la esfera. Solo los árboles y hierbas que se encuentren dentro del radio de la esfera se verán afectados por las ráfagas de viento. El *gizmo* de la zona de viento mostrará una malla con el tamaño de la esfera, permitiéndonos comprobar visualmente qué objetos se ven afectados.

Figura 4.23. Zona de viento esférica   **Figura 4.24.** Zona de viento direccional

- **Main**: Define la fuerza principal del viento.

- **Turbulence**: Define la fuerza de las turbulencias o rachas de viento que se generan aleatoriamente para dar más realismo al efecto.

- **Pulse Magnitude**: Determina cuanto cambia el viento a lo largo del tiempo.

- **Pulse Frecuency**: Determina cada cuanto tiempo se produce un cambio en el viento.

> (i) **ATENCIÓN**
>
> Unity no proporciona apenas información en su documentación sobre las unidades o las consecuencias de cambiar los parámetros de configuración del componente **Wind Zone**, por lo que ajustar una zona de viento suele requerir de un proceso de ensayo y error, modificando las propiedades del componente repetidas veces hasta conseguir el efecto deseado.

4.1.8 Configuración de opciones de terreno

El último botón del editor de terrenos nos muestra las opciones de configuración del mismo, donde podemos modificar una gran variedad de propiedades que afectan a distintos aspectos de su funcionamiento. A continuación mencionaremos algunas de las propiedades más importantes:

4.1.8.1 OPCIONES DEL TERRENO (BASE TERRAIN)

- ▼ **Draw:** Indica si se dibuja el terreno.

- ▼ **Pixel Error:** Indica el nivel de precisión a la hora de renderizar el terreno en relación al mapa de alturas, coordenadas de texturas y posicionamiento de árboles y detalles, especialmente cuando la cámara se va alejando del mismo. A mayor valor, más imprecisiones podrán tener lugar conforme aumenta la distancia entre la cámara y el terreno, pero mayor rendimiento se obtendrá al renderizarlo desde la distancia.

- ▼ **Base map Dist.**: Distancia desde la cámara a partir de la cual las texturas del terreno empiezan a dibujarse con menor calidad.

- ▼ **Cast Shadows:** Indica si el terreno proyecta sombras sobre otros objetos.

- ▼ **Material:** Material que se utiliza para renderizar el terreno. Afecta a la forma en la que se visualiza el terreno. Evitaremos modificar esta propiedad salvo que tengamos un conocimiento avanzado sobre materiales de terrenos.

4.1.8.2 OPCIONES DE LOS ÁRBOLES Y LOS OBJETOS DE DETALLE.

- ▼ **Draw:** Indica si los árboles y detalles deben dibujarse o no.

- ▼ **Detail Distance**: Distancia a partir de la cual los detalles dejan de dibujarse.

- ▼ **Detail Density**: Limita la cantidad de elementos de hierba y objetos de detalle que se dibujarán sobre cada unidad de terreno.

- ▼ **Tree Distance**: Distancia a partir de la cual los árboles dejan de dibujarse. Solo afecta a los árboles creados con la herramienta de creación de árboles de Unity, y no a los *SpeedTree*, excepto cuando el valor es 0 en cuyo caso todos los árboles se desactivan.

- **Billboard Start**: Distancia a partir de la cual los árboles son sustituidos por *billboards*. Solo afecta a los árboles creados con la herramienta de creación de árboles de Unity, ya que los *SpeedTree* utilizan esta técnica de forma individualizada.

- **Fade Length**: Distancia a partir de la cual los árboles comienzan a dibujarse con menor calidad, reemplazándolos primero por versiones más simplificadas, y por último por *billboards*. Solo afecta a los árboles creados con la herramienta de creación de árboles de Unity, ya que los *SpeedTree* utilizan esta técnica de forma individualizada por cada prefab.

- **Max Mesh Trees**: Número máximo de árboles que van a mostrarse como objetos, los árboles que deban ser mostrados y que sobrepasen este número, se convertirán en imágenes y se mostrarán como *billboards*. Solo afecta a los árboles creados con la herramienta de creación de árboles de Unity, ya que los *SpeedTree* utilizan esta técnica de forma individualizada por cada prefab.

4.1.8.3 OPCIONES DEL VIENTO QUE AFECTAN A LA HIERBA

- **Speed**: Velocidad del viento sobre la hierba.

- **Size**: Tamaño de la ondulación que produce el viento al soplar sobre superficies con hierba.

- **Bending**: Grado de inclinación máximo de la hierba cuando el viento sopla sobre ella.

- **Grass Tint**: Color que se aplica a la hierba cuando el viento sopla sobre ella. Para evitar que la hierba cambie de color con el viento, se debe configurar el color gris con los valores R=128, G=128, B=128.

4.1.8.4 OPCIONES DE RESOLUCIÓN Y TAMAÑO DEL TERRENO

- **Terrain Width**: Anchura del terreno en unidades del mundo de juego.

- **Terrain Lenght**: Altura del terreno en unidades del mundo de juego.

- **Terrain Height**: Altura máxima que puede alcanzar cualquier elevación del terreno respecto a su punto origen, en unidades del mundo de juego.

4.1.8.5 IMPORTACIÓN Y EXPORTACIÓN DEL MAPA DE ALTURAS.

En la ventana de configuración también hay dos botones, **Heightmap -> Import Raw** y **Heightmap -> Export Raw**, que nos permiten exportar e importar el mapa de alturas del terreno. El mapa de alturas consiste en una imagen en escala de grises en formato RAW (sin compresión) que puede ser leída y modificada por aplicaciones especializadas en el modelado de terrenos, así como por distintos editores de imagen profesionales.

4.1.9 Agua

Aunque el editor de terrenos de Unity no incluye la posibilidad de añadir zonas con agua, dentro del paquete "Environment" de los *Standard Assets* es posible encontrar algunos modelos 3D de superficie acuática con el que podremos simular lagos, mares o piscinas.

Para añadir los modelos de superficie acuática a nuestro proyecto, utilizaremos la opción de menú **Assets -> Import Package -> Environment** e importaremos los recursos de las carpetas "Water/Water" y "Water (Basic)". Una vez importados, dentro de las respectivas carpetas del proyecto encontraremos sendas carpetas "Prefabs", con los *prefabs* **WaterProDaytime**, **WaterProNighttime**, **WaterBasicDaytime** y **WaterBasicNighttime**. Crearemos una superficie de agua arrastrando cualquiera de estos *prefabs* a la escena y escalando y situando el objeto generado de tal forma que la superficie del agua quede visible, pero sus bordes queden por debajo del nivel del suelo.

Figura 4.25. Ejemplo de escenario con agua de los Standard Assets.

A la hora de elegir el *prefab* de agua correcto, tendremos en cuenta si la iluminación de la escena es diurna o nocturna, para elegir entre los *prefabs* con el sufijo "Daytime" o "Nighttime" respectivamente. El efecto de agua se produce gracias a un *shader* avanzado que utiliza varias texturas, algunas de ellas animadas. Sin embargo, este *shader* no es capaz de procesar las fuentes de luz de la escena, ignorándolas por completo. Por este motivo, si utilizamos un *prefab* de agua poco adecuado para la iluminación de la escena, se producirá un contraste notable y poco realista entre el color del agua y el ambiente general de la escena.

También tendremos en cuenta la plataforma de destino del juego, seleccionando los *prefabs* con el infijo "Pro" si deseamos un efecto de agua más espectacular, pero con un mayor consumo de recursos, ideal para plataformas que soporten gráficos de alta calidad; o con el infijo "Basic" si deseamos un efecto de agua más sencillo, pero menos costoso, más adecuado para plataformas con una potencia gráfica ajustada.

4.2 MODELOS 3D

En la elaboración de un nivel, además del terreno, normalmente será necesario el uso de modelos 3D con los que representar distintos elementos como edificios, mobiliario, objetos, etc. Los modelos 3D son un tipo de recurso que contiene la información necesaria para representar virtualmente la geometría de un objeto tridimensional. En muchos casos, los modelos 3D llevan asociadas texturas y materiales que determinan la forma en la que se visualizará dicha geometría.

Los modelos 3D se crean y editan mediante herramientas especializadas, siendo algunas de las más conocidas Autodesk 3ds Max, Maya, Maxon Cinema 4D o Blender. Fruto de la gran variedad de herramientas de modelado 3D existentes en el mercado, Unity ofrece soporte nativo a diversos formatos de modelo 3D: FBX, 3DS, dae (Collada), dxf y obj. Unity también es capaz de utilizar las herramientas de modelado 3D instaladas en el equipo para dar soporte a más formatos como MAX (3dsMax), MA o MB (Maya), Blend (Blender) o C4D (Cinema 4D), aunque al introducir una dependencia con herramientas externas, no siempre es aconsejable el uso de estos formatos.

Además de las herramientas de modelado, también es habitual el uso de modelos 3D creados por terceros, como forma de agilizar el prototipado o desarrollo de un videojuego. En la *Asset Store* es posible encontrar una gran diversidad de modelos 3D de todo tipo. Asimismo, existen diversas plataformas de venta de modelos 3D, como *TurboSquid* o *CGTrader*, donde también es posible encontrar todo tipo de modelos tanto gratuitos como de pago.

A lo largo de este capítulo mostraremos cómo importar, configurar y utilizar modelos 3D rígidos para decorar nuestro escenario.

4.2.1 Importación de modelos

Para importar un modelo 3D, como cualquier otro tipo de *asset*, podremos arrastrar el fichero de modelo a la ventana de proyecto, o hacer clic derecho sobre la misma ventana, seleccionar la opción **Import New Asset** y elegir el fichero de modelo 3D en el explorador de archivos. Tras importar el modelo, podremos seleccionarlo y modificar sus opciones de importación en el editor. Algunas de las opciones más importantes son:

▼ **Scale Factor**: Factor de escala aplicado al modelo. Permite aplicarle una escala base sin necesidad de modificar la escala de su componente **Transform**. Es recomendable ajustar la escala correctamente para que el tamaño del objeto sea apropiado en unidades del mundo de juego.

TRUCO

Para saber si la escala de un modelo es apropiada en relación al mundo de juego en Unity, añade el modelo a la escena y coloca una primitiva de cubo (menú **GameObject → 3D Object → Cube**) con escala 1,1,1 a su lado. Dado que el cubo mide un metro exacto en unidades del mundo de juego, podrás hacerte a la idea del tamaño real de tu objeto comparándolo con el del cubo. Ajusta entonces la propiedad **Scale Factor** de tu modelo 3D para que tenga unas medidas cercanas a la realidad, lo cual es importante para evitar errores en los cálculos de iluminación y de físicas que posteriormente Unity tendrá que realizar con el modelo.

▼ **Generate Colliders**: Añade al modelo volúmenes de colisión de tipo **MeshCollider**, utilizando las mismas mallas 3D del propio modelo. Esto resulta especialmente útil si el modelo se va a utilizar de forma estática como parte del escenario. Sin embargo, conviene revisar los volúmenes de colisión generados para eliminar aquellos que resulten innecesarios. En modelos que vayan a tener movimiento o animación no se recomienda el uso de esta opción, prefiriendo el uso de volúmenes de colisión basados en primitivas más simples configuradas manualmente, como esferas, cápsulas y cajas.

▼ **Normals**: Permite seleccionar si se deben importar las normales del modelo desde el fichero (**Import**); si se deben calcular en base a su geometría (**Calculate**) o si no se deben utilizar (**None**). En los modelos 3D, las normales añaden información sobre cómo debe ser iluminado a lo largo de su superficie. Sin embargo, muchos modelos 3D de calidad baja no tienen correctamente configuradas las normales, lo que puede provocar errores en su iluminación. Si detectásemos tal circunstancia, podríamos activar la opción **Calculate** para ignorar las normales del modelo y que el motor las recalcule en base a su geometría. Si el modelo no va a estar iluminado, utilizaremos la opción **None**.

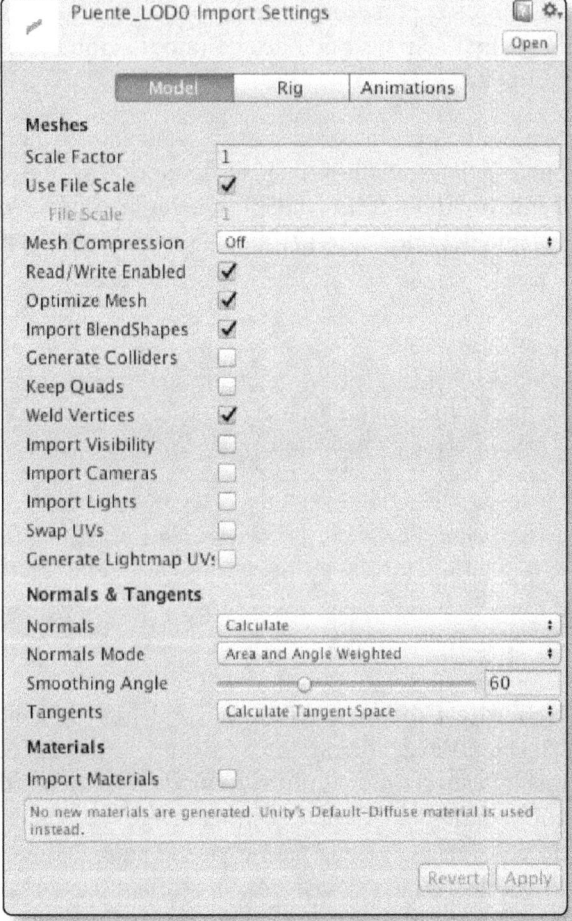

Figura 4.26. Opciones de importación de un modelo 3D.

▼ **Smoothing Angle**: En caso de activar el cálculo de normales, determina qué ángulo deben formar los vértices de una malla para que Unity considere que estos no forman una curva suave, sino una arista dura.

▼ **Tangents**: De forma similar a la opción **Normals**, esta opción permite seleccionar si se deben importar las tangentes del modelo desde el fichero (**Import**), si se deben calcular en base a su geometría (**Calculate Tangent Space**) o si no se deben utilizar (**None**). Las tangentes solo se podrán importar o calcular en caso de que el modelo utilice normales. Al igual que estas, las tangentes añaden información al modelo sobre cómo debe ser iluminado, y son necesarias para ciertos efectos de iluminación avanzados. Si el modelo 3D que estemos utilizando tiene correctamente configuradas las tangentes, utilizaremos la opción **Import**; en caso contrario utilizaremos la opción **Calculate Tangent Space**.

▼ **Import materials**: Determina si se generarán materiales en Unity en base a los materiales del modelo 3D. Si desactivamos esta opción, Unity no creará ningún material y usará un material por defecto llamado "Default-Material", de color gris. Más adelante abordaremos los materiales de un modelo 3D.

Existen otras muchas opciones de importación del modelo, puedes consultar la función de todas ellas desde la siguiente URL: *https://docs.unity3d.com/Manual/FBXImporter-Model.html*

Una vez importado un modelo, podrás arrastrarlo a la escena para utilizarlo. Al hacerlo, se creará un nuevo **GameObject** con el nombre del modelo y uno o varios componentes **MeshRenderer** configurados para renderizar el mismo por pantalla. A continuación analizaremos la estructura y componentes de un modelo 3D.

Figura 4.27. Modelo 3D importado y añadido a la escena.

4.2.2 Estructura de un modelo

Los modelos 3D en la escena se representan como una jerarquía de **GameObjects** donde los objetos del último nivel de la jerarquía representan mallas 3D. Las mallas 3D van acompañados de un componente **MeshFilter** y otro componente **MeshRenderer**, donde están configurados la malla y el material a dibujar respectivamente. La jerarquía que siguen los subobjetos de un modelo 3D depende de la estructura del modelo tal y como fuese elaborado en el software de diseño 3D. En muchos casos, las mallas se agrupan dentro de objetos vacíos para dar estructura al modelo y fijar sus puntos de pivote.

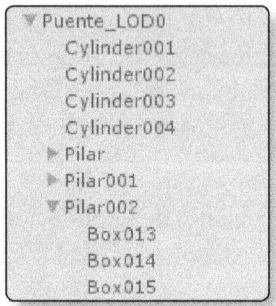

Figura 4.28. Jerarquía de objetos de un modelo 3D.

ⓘ ATENCIÓN

Como puedes observar en la jerarquía del modelo de la Figura 28, los modelos 3D aparecen con su nombre en color azul, como si estuvieran asociados a un *prefab*. En realidad, dicha asociación no es tal, sino que el objeto estará asociado al fichero de modelo 3D a partir del cual fue creado, y no a ningún *prefab*. Para asociarlo a un *prefab* real, arrastra el objeto hasta la ventana de proyecto para crear un nuevo *prefab* con él, momento en el que perderá su asociación con el modelo 3D, asociándose en su lugar con el nuevo *prefab*.

Dentro de un objeto de malla 3D, el componente **MeshFilter**, mediante su propiedad **Mesh,** es el encargado de indicar cuál es la malla que se dibujará por pantalla, de entre todas las mallas que contiene el modelo. El hecho de que un modelo esté separado en diversas mallas 3D permite y facilita que cada una de esas mallas se dibuje con un material distinto. El componente **MeshRenderer** es el que determina con qué material o materiales se dibujará la malla, a través de su propiedad **Materials,** y si está emitirá sombras o las recibirá de otros objetos, mediante las propiedades **Cast Shadows** y **Receive Shadows**.

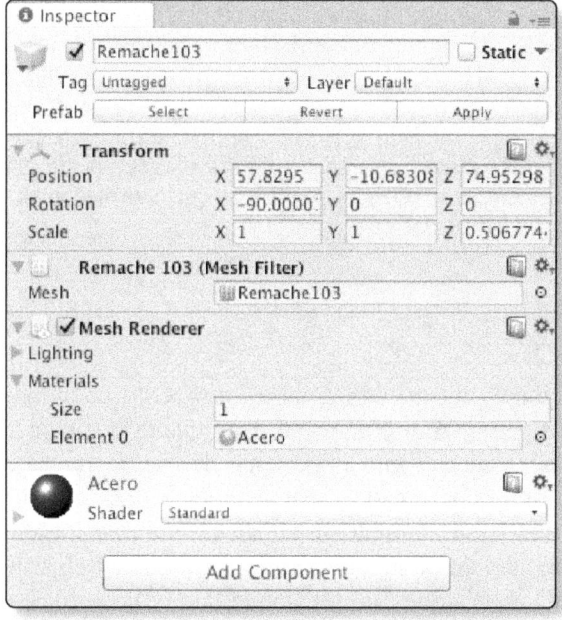

Figura 4.29. Componentes MeshFilter y MeshRenderer.

A continuación, estudiaremos cómo podemos configurar los materiales de las mallas de un modelo para configurar su aspecto gráfico.

4.2.3 Materiales de un modelo

Un material gráfico es un tipo de recurso que almacena la información necesaria para que la tarjeta gráfica dibuje apropiadamente por pantalla la geometría de un modelo. En función del material utilizado, la apariencia gráfica de un modelo 3D dibujado por pantalla podrá variar enormemente. Desde que un modelo tenga apariencia de madera o de metal, que tenga una apariencia realista o de dibujo animado, o que sea traslúcido como el cristal o etéreo como un holograma, todo ello viene determinado a través de su material.

Automáticamente todas las mallas de los modelos 3D que importemos en nuestra escena tendrán un material asignado. Según las opciones de importación del modelo, puede que Unity haya generado materiales en base a la información obtenida del propio modelo 3D, o puede que en su lugar utilice el material por defecto "Default-Material", de color blanco. Además de estos materiales, en cualquier momento podremos crear uno nuevo haciendo clic derecho sobre la carpeta pertinente en la ventana de proyecto y seleccionando la opción de menú **Create → Material**.

> **ⓘ ATENCIÓN**
>
> Si un modelo 3D de tu escena se quedase sin ningún material asignado, Unity comenzará a renderizarlo en color magenta, un tono rosado muy brillante. Por tanto, si detectas que ciertos objetos de tu escena se dibujan con este color, selecciónalos, busca sus componentes **MeshRenderer**, y asígnales un material apropiado. Esta circunstancia puede ocurrir, por ejemplo, si eliminas un material que esté siendo utilizado por alguno de tus modelos.

4.2.3.1 SHADERS

Al seleccionar un material, en el inspector podremos editar diversas propiedades que determinarán cómo van a dibujarse por pantalla las mallas 3D que lo utilicen. La propiedad más importante de cualquier material es el **shader**. Un *shader* es un programa creado específicamente para la tarjeta gráfica, que le indica de qué forma debe colorear, iluminar y sombrear la geometría 3D de los modelos. Las opciones de configuración del material en el inspector dependerán completamente del *shader* que esté utilizando. Unity nos ofrece una gran cantidad de *shaders* incluidos en el propio motor.

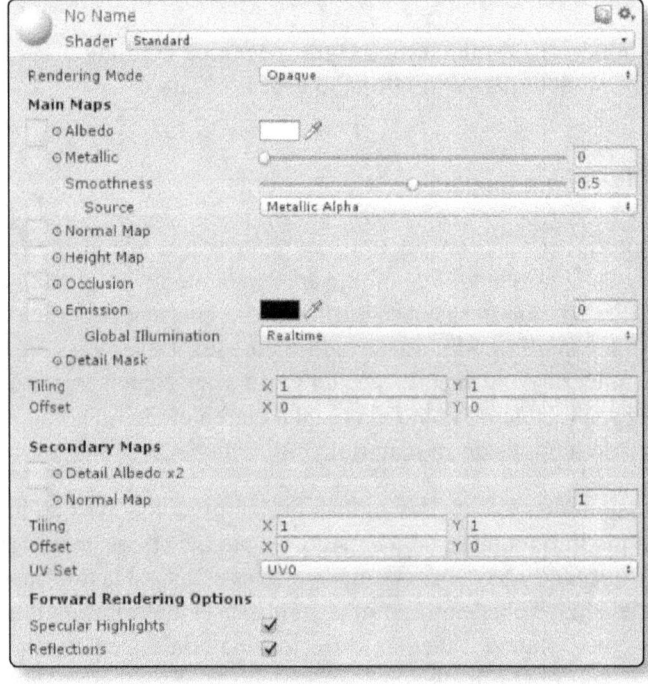

Figura 4.30. Inspector de un material con el shader Standard.

A continuación mencionamos algunos de los grupos de *shaders* más relevantes del catálogo ofrecido por el motor:

- ▼ **Mobile**: *Shaders* diseñados para el renderizado de modelos 3D en dispositivos móviles. Ofrecen diversos efectos gráficos con un gran nivel de optimización, a costa de unas opciones de renderizado más limitadas y de una peor calidad gráfica, ajustándose de esta forma a las limitaciones del hardware gráfico de este tipo de dispositivos.

- ▼ **Unlit**: *Shaders* diseñados para el renderizado de modelos 3D sin iluminación ni sombreado en tiempo real. Son especialmente útiles en plataformas con hardware gráfico limitado, como los dispositivos móviles. Se utilizan para representar modelos 3D en colores planos, o con texturas preparadas específicamente que lleven ya aplicada una iluminación y un sombreado precalculado.

- ▼ **Particles**: *Shaders* diseñados para el renderizado de sistemas de partículas, como humo, agua, fuego o magia. Permiten renderizar objetos líquidos y gaseosos que sean translúcidos (gotas de agua, sangre), brillantes (fuego, chispas, destellos) u oscuros (humo, niebla).

- ▼ **Legacy**: *Shaders* antiguos, utilizados en versiones anteriores de Unity que se mantienen por compatibilidad. No se recomienda su uso en juegos de nueva creación puesto que las nuevas versiones de Unity proporcionan versiones más avanzadas de estos *shaders*, y su uso podría provocar errores gráficos al interactuar con los nuevos sistemas de iluminación del motor.

4.2.3.2 SHADER STANDARD

Cada **shader** está diseñado para renderizar geometría 3D de una determinada forma. En consecuencia, el uso de un determinado *shader* puede ser muy diferente del de otro cualquiera, variando su forma de uso, sus opciones de configuración y sus efectos a nivel gráfico. En esta sección del libro estudiaremos el uso del *shader* **Standard**, uno de los más potentes de Unity especialmente diseñado para su uso con modelos 3D de escenario.

El *shader* Standard de Unity fue diseñado para poder representar objetos construidos con materiales del mundo real, como objetos de piedra, madera, cerámica, metal o plástico. El *shader* ofrece una gran cantidad de funciones que pueden activarse o desactivarse fácilmente a través del material, según la calidad y los efectos gráficos que se deseen aplicar. En todo caso, su principal característica es el uso de la técnica de Sombreado Basado en Físicas, **Physically Based Shading** o PBS en inglés. Esta técnica simula la interacción a nivel físico de la luz con los materiales de los objetos, consiguiendo un efecto de iluminación realista y de gran calidad en tiempo real.

A continuación profundizaremos en las características y en las distintas opciones de configuración de este *shader*.

4.2.3.3 MODO DE RENDERIZADO DEL SHADER STANDARD

La propiedad **Rendering Mode** del *shader* Standard nos permite indicar al material de qué forma gestionar las zonas transparentes de la superficie del modelo, ofreciéndonos las siguientes posibilidades:

- **Opaque**: Permite representar materiales opacos, es decir, que no tengan ningún tipo de transparencia.

- **Cutout**: Permite representar materiales con partes opacas y partes transparentes no reflectantes (vacío). Su uso más habitual es para representar materiales donde hay huecos o agujeros vacíos a través de los cuales se puede ver sin obstáculos.

- **Transparent**: Permite representar materiales con partes opacas y partes translúcidas o transparentes reflectantes (cristal). El nivel de transparencia depende del canal *alpha* del color del objeto. Los reflejos y brillos sobre la superficie del material se mantienen independientemente de la transparencia del objeto. Su uso más habitual es para representar materiales de cristal, plástico translucido o similares.

- **Fade**: Permite representar materiales con partes opacas que se desvanecen haciéndose translúcidas o incluso completamente transparentes. El nivel de desvanecimiento depende del canal *alpha* del color del objeto. En este modo cuando un material se desvanece, los reflejos y brillos sobre su superficie también se desvanecen en igual grado, siendo esta la principal diferencia con el modo **Transparent**. Su uso más habitual es para representar objetos que aparecen y desaparecen por completo.

4.2.3.4 MAPAS DEL SHADER STANDARD

El *shader* Standard tiene otra serie de propiedades de gran importancia agrupadas bajo la sección **Main Maps**. En estas propiedades estableceremos los mapas de color, normales, alturas, sombreados o emisión del material. Todos estos mapas son ficheros de textura independientes, generados desde el software de modelado 3D pertinente, que importaremos al proyecto junto con el modelo para después poder asignárselos a sus materiales. Cada textura nos permitirá añadir un nivel de detalle adicional al modelo: color, rugosidad, sombreado, etc.

Figura 4.31. Modelo 3D con distintos materiales.

Para estudiar el uso los distintos tipos de mapas nos ayudaremos de un ejemplo. En la Figura 4.31 podemos ver una escena donde encontramos una puerta de acceso a una sala de una nave espacial. En la escena podemos encontrar distintos modelos 3D, cada uno con distintos materiales. Por ejemplo, el modelo de la barandilla tiene un material metálico que refleja la luz en su esquina; mientras que el terminal tiene un material que representa suciedad mediante el uso de texturas. En esta sección profundizaremos en el material del terminal de apertura de la puerta, para ver los distintos mapas soportados por el *shader* Standard.

4.2.3.5 MAPA DE COLOR

En primer mapa que podemos configurar es el **Albedo**, también denominado mapa de color. Este mapa determina el color de la superficie del material, y consiste en una textura donde están dibujadas las tonalidades de las distintas partes del modelo. Al renderizar el modelo, el mapa de color se "pega" sobre su superficie para darle color.

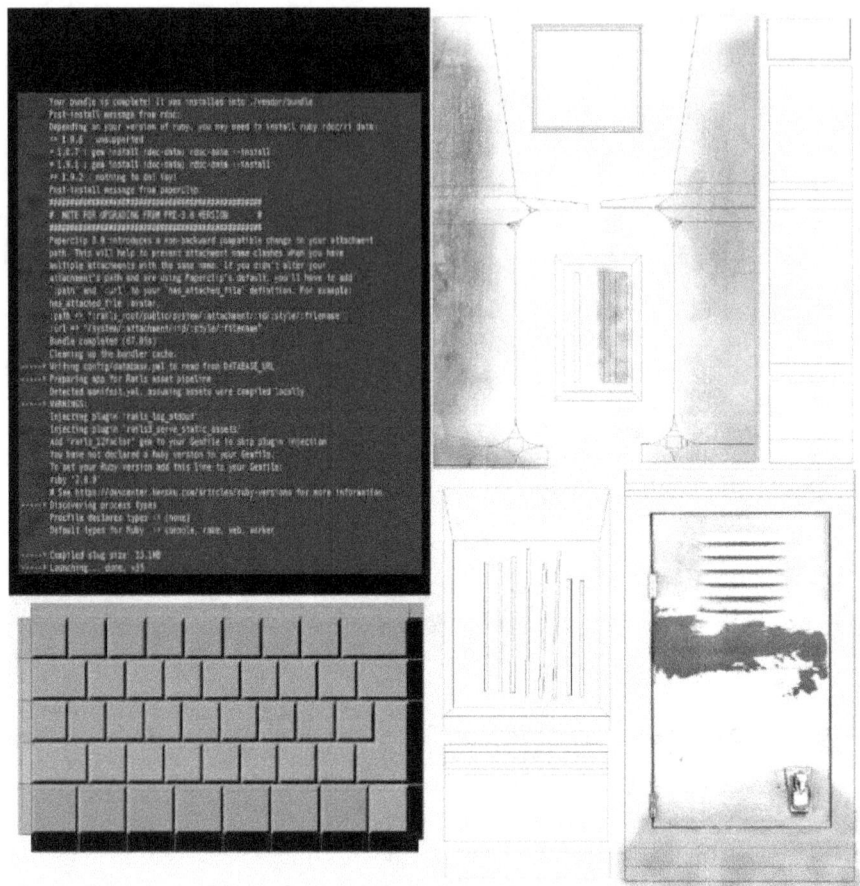

Figura 4.32. Mapa de color del material.

Para generar esta textura en primer lugar es necesario obtener el mapa de polígonos del modelo, conocida como **unwrap**, generándolo a través del programa de modelado 3D pertinente. Con la textura de *unwrap* el diseñador gráfico puede elaborar el mapa de color, dando color y textura a cada una de las partes del objeto. En la Figura 4.32 podemos ver la textura utilizada como **Albedo**, con la textura de *unwrap* superpuesta, delimitando con finas líneas las distintas partes del modelo. Estas líneas no se incluirían en la versión definitiva del mapa. Además de configurar el mapa de color, el material nos permite establecer un color de tintado con el que modificar la tonalidad del objeto sin necesidad de cambiar la textura.

4.2.3.6 MAPA METÁLICO

El segundo mapa que podemos configurar es el **Metallic**, o mapa metálico, que indica en qué zonas del objeto y en qué medida se generan brillos y reflejos cuando la luz incide sobre él. En el ejemplo de la Figura 4.31 el material del terminal no es metálico. Sin embargo, la barandilla detrás del terminal sí que lo es, generando reflejos cuando la luz incide sobre ella.

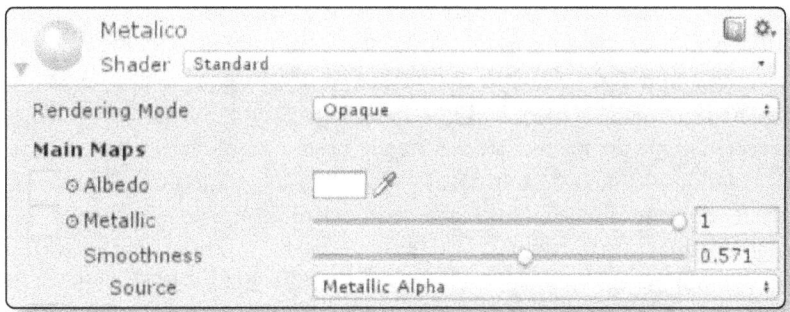

Figura 4.33. Mapa metálico del material.

El mapa **Metallic** consiste en una textura similar al mapa Albedo, pero en escala de grises, donde los tonos claros indican las zonas del modelo que son más metálicas, los tonos oscuros las zonas menos metálicas, y el nivel de transparencia indica lo pulida o rayada que está la zona. Si no configuramos esta textura, todo el objeto se representará con las mismas características metálicas, que podremos configurar desde el inspector con las propiedades **Metallic** y **Smoothnes**. La propiedad **Metallic** indica lo metálico que es el material y puede variar entre 0 y 1, siendo 0 para un material no metálico que no refleja en absoluto el entorno, ni presenta brillos cuando la luz incide sobre él; y siendo 1 para un material muy metálico, que solamente refleja el entorno, sin mostrar su color original, y que brilla al máximo cuando la luz incide sobre él. La propiedad **Smoothness** indica lo pulida que está la superficie y también puede variar entre 0 y 1, siendo 0 para una superficie sin pulir, completamente rayada y cuyos reflejos y brillos se difuminan por toda la superficie; y siendo 1 para un material pulido al máximo, que genera brillos muy limpios y que refleja el entorno con máxima nitidez, como un espejo.

4.2.3.7 MAPA DE NORMALES

El tercer mapa que podemos configurar es el denominado **Normal Map** o mapa de normales. El mapa de normales es una textura en la que se almacena la información de rugosidad y relieves del objeto, y se utiliza para modificar la forma en la que este es iluminado, modificando las sombras y los brillos generados en su superficie según su rugosidad y el relieve en cada punto. Esta técnica es conocida como *normal mapping*. Las texturas de mapas de normales almacenan como colores las coordenadas de los vectores normales a la superficie del objeto en cada punto. Por este motivo en estas texturas predomina un tono azul violáceo, que representa una superficie plana. Por el contrario, las rugosidades y los relieves quedan almacenadas con colores azul oscuro, rojo, verde y amarillo. Los mapas de normales son generados habitualmente desde el software de modelado 3D pertinente.

Junto a la textura de mapa de normales, también podemos configurar el nivel de relieve generado. Cuanto mayor sea el nivel de relieve, más se exagerará la rugosidad del material. En la Figura 4.34 podemos ver una comparativa del terminal con el mapa de normales desactivado (primera imagen) y activado (segunda imagen). Cuando el mapa de normales está activado se aprecian los relieves sobre la superficie, el texto de la pantalla está más definido, los desconchones y la rejilla de ventilación tienen más relieve, la degradación de la pintura del lateral está más marcada, y también podemos ver brillo en los bordes de las teclas.

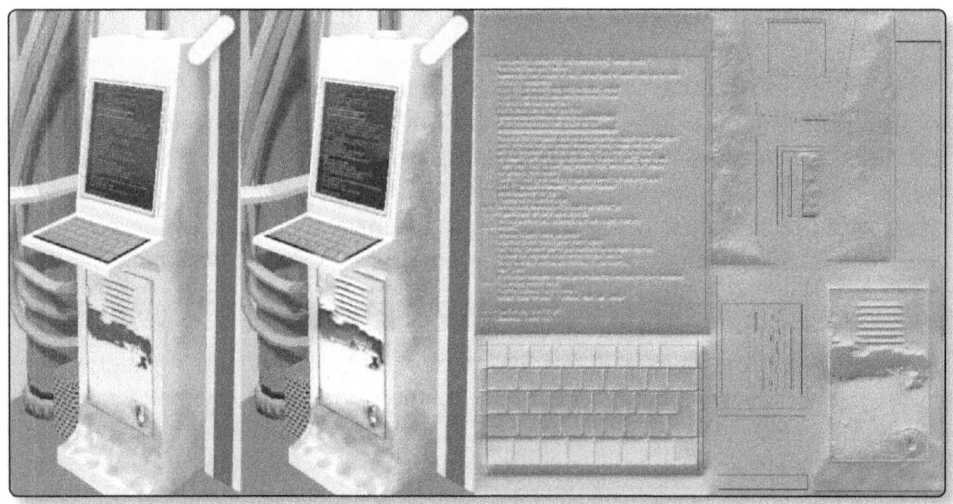

Figura 4.34. Mapa de normales del material.

4.2.3.8 MAPA DE ALTURAS

El cuarto mapa que podemos configurar es el **Height Map** o mapa de alturas. Esta textura se utiliza en combinación con el mapa de normales, y añade información sobre las protuberancias en cada punto de la superficie del modelo. Al utilizar un mapa de alturas se altera el renderizado del modelo al visualizarlo desde determinados ángulos, de tal forma que las zonas con más relieve puedan llegar a ocultar a las zonas con menos relieve. Esta técnica, consistente en combinar un mapa de normales con un mapa de alturas, es conocida como *bump mapping*. El mapa de alturas es una textura en escala de grises, donde los colores más claros indican protuberancias en la superficie, y los más oscuros indican concavidades.

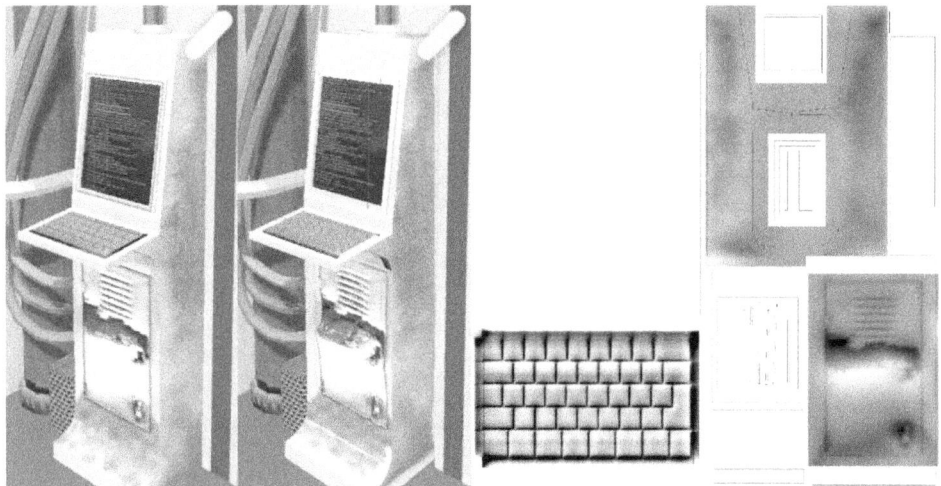

Figura 4.35. Mapa de alturas del material.

Junto a la textura de mapa de alturas, también podemos configurar una propiedad de nivel de relieve, con el que podemos reducir o exagerar el mencionado efecto dándole valores entre 0.005 y 0.08. En la Figura 4.35 se puede ver como el incremento afecta a la altura simulada y a la deformación de la textura, de tal forma que parece que la superficie se elevase en determinados puntos ocultando lo que hay detrás, como en la zona dañada de la puerta o en las teclas. En la primera imagen del terminal el efecto del mapa de alturas está reducido al mínimo con un valor de 0.005, mientras que en la segunda está aumentado al máximo con un valor de 0.08.

4.2.3.9 MAPA DE OCLUSIÓN

El quinto mapa que podemos configurar es el de **Oclussion**, o mapa de oclusión. Este mapa determina que partes del modelo reciben más o menos luz indirecta. La luz indirecta es la luz que procede de reflejos y de la luz ambiente. Al igual que en el caso anterior, el mapa de oclusión es una textura en escala de grises, donde los colores más claros indican las zonas que más luz indirecta recibirán, y los colores más oscuros indican las zonas que menos luz indirecta recibirán.

Si observamos el mapa de oclusión del terminal en la Figura 4.36, podemos apreciar como las teclas tienen color blanco, por lo que recibirán toda la luz indirecta, mientras que las ranuras entre ellas tienen color negro, recibiendo muy poca luz indirecta. También podemos ver como las ranuras de ventilación de la puerta reciben más luz en la parte que sobresalen y menos en la abertura, donde la textura tiene un tono más grisáceo.

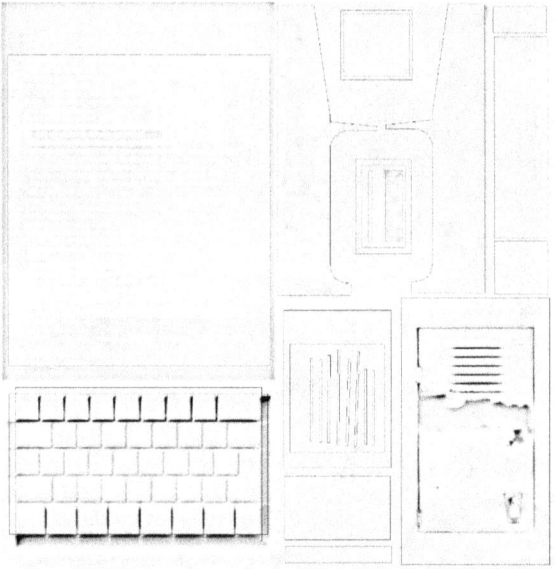

Figura 4.36. Mapa de oclusión del material.

4.2.3.10 MAPA DE EMISIÓN

El sexto mapa que podemos configurar es el de **Emission**, o mapa de emisión. Este mapa controla la cantidad y el color de la luz emitida por el propio material, para que este aparezca como un objeto luminoso. Este tipo de efecto es muy útil para elementos que tienen iluminación propia, como pantallas de ordenador, botones o teclas retro-iluminadas, letreros y carteles luminosos, etc. El mapa de emisión es una textura con color que se aplicará de forma aditiva al mapa de color del objeto. De esta manera, los colores claros del mapa de emisión añadirán luz del color pertinente al modelo, más luz cuanto más claro sea el color; mientras que los colores oscuros mantendrán en mayor medida el color original del modelo, de tal forma que el color negro no tendrá ningún efecto sobre este. El material también permite configurar un color de emisión general, en lugar de utilizar una textura, en cuyo caso toda la superficie del modelo emitirá luz del mismo color e intensidad.

Figura 4.37. Mapa de emisión de un material.

La intensidad de la luz generada por el mapa de emisión puede configurarse desde el inspector con un valor entre 0 y 1, siendo 0 un nivel de emisión nulo y 1 el máximo nivel de emisión. En la Figura 4.37 podemos observar el mapa de emisión del modelo, y cómo en la segunda imagen, que tiene la intensidad de emisión al máximo, el texto del terminal resalta mucho más sobre el fondo de la pantalla que en la primera imagen, donde la intensidad está al mínimo. Este efecto sería mucho más notable en un entorno poco iluminado.

4.2.3.11 OTROS MAPAS

Además de todos los mapas vistos hasta el momento, el *shader* Standard también soporta un segundo grupo de mapas agrupados en la sección **Seconday Maps** del inspector, también conocido como mapas secundarios o mapas de detalle. En esta sección podemos asignar dos texturas, un mapa de tipo **Albedo** y un **Normal Map**. Las texturas asignadas se repetirán a lo largo de toda la superficie del modelo, superponiéndose a los mapas de **Albedo** y **Normal Map** principales, para añadirles detalles menores como arañazos superficiales, óxido o corrosión, poros de la piel, etc.

A diferencia de los mapas principales, los mapas secundarios no están mapeados a la superficie de la malla tridimensional, si no que se replican a lo largo de la superficie de esta, dotándole de un nivel de detalle adicional cuando el objeto sea observado desde cerca. Dado el nivel de detalle que se alcanza, el uso de mapas secundarios solo se recomienda en modelos 3D de alta calidad que vayan a visualizarse a muy cortas distancias.

Si configuramos mapas de detalle, las propiedades **Tiling** y **Offset** permiten ajustar la forma en la que se va repitiendo la textura a lo largo de la superficie del modelo. Si deseamos que un modelo utilice mapas de detalle solo en determinadas zonas de su superficie, el mapa **Detail Mask**, última opción dentro de la sección de mapas principales, permite seleccionar una textura de máscara que indique en qué partes hay que aplicar los mapas de detalles y en cuáles no.

4.2.4 L.O.D. (Level of Detail)

Cuando una escena utiliza modelos 3D de alta calidad, como los mostrados anteriormente, es importante conseguir el máximo nivel de rendimiento utilizando distintas técnicas de optimización. Una de las más frecuentemente utilizadas es la técnica conocida como Level of Detail, o nivel de detalle, también conocida por sus siglas en inglés LOD.

Para explicar el uso de LOD en Unity utilizaremos el ejemplo del puente que aparecía en la Figura 4.27. Este modelo, diseñado en Autodesk 3DS Max, tiene un nivel de detalle muy alto, con 32.732 polígonos y 18.022 vértices.

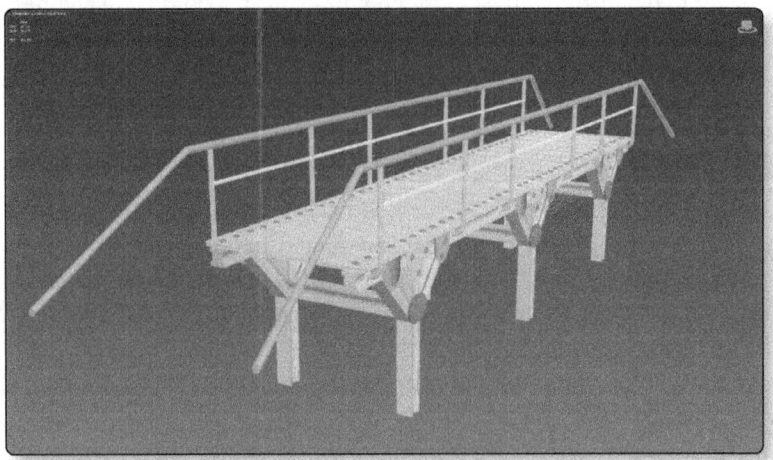

Figura 4.38. Modelo 3D en Autodesk 3D Max.

Esta cantidad de polígonos puede ser muy elevada, si tenemos en cuenta que probablemente no será el único objeto que habrá en la escena con una alta carga de polígonos, y que Unity tendrá que realizar complejos cálculos con la geometría del objeto para texturizarlo, iluminarlo, sombrearlo, etc. Además, si analizamos el modelo, podremos ver detalles como los remaches o el relieve de las vigas de los pilares, que solo se apreciarán al observar el modelo de cerca. Puede que estas circunstancias también afecten a otros objetos de la escena, como edificios, árboles, vehículos, e incluso objetos que no sean del escenario como enemigos, cuyos detalles no visualizaríamos hasta que estén cercanos a la cámara.

Para resolver esta problemática, una posible solución sería disponer de modelos 3D simplificados, con menor nivel de detalle, para utilizarlos cuando un determinado objeto vaya a visualizarse desde una gran distancia; dejando los modelos más detallados solo para los momentos en los que se vayan a visualizar cercanos a la cámara. Esta solución es precisamente la técnica denominada **Level of Detail**.

Para utilizar LOD en Unity utilizaremos el componente **LOD Group**. Este componente permite configurar para un mismo **GameObject** distintos modelos 3D que se activarán o desactivarán automáticamente en función del porcentaje de pantalla que ocupen en cada momento. De esta forma, podremos configurar modelos 3D de muy alta calidad cuando un cierto objeto vaya a visualizarse de cerca, ocupando un gran porcentaje de la pantalla, y reemplazarlo por modelos 3D de menor calidad cuando se visualice a mayor distancia. Dado que cada modelo 3D puede tener sus propios materiales, no solo podremos remplazar un modelo con más polígonos por otro más simple, sino que también podremos utilizar materiales más o menos detallados en cada caso, mejorando aún más el rendimiento del juego.

Para crear un objeto con un componente **LOD Group,** debemos importar previamente los distintos modelos correspondientes a los niveles de detalle. Situaremos una copia de cada uno de estos modelos en la escena, dándoles a todos la misma posición, rotación y escala. Nombraremos a cada uno de los modelos con su nombre y el sufijo **_LODX**, siendo X el número 0, 1 o 2, en orden de mayor a menor nivel de detalle. Es importante que todos los niveles de detalle tengan una representación gráfica lo más parecida posible, distinguiéndose únicamente por el nivel de detalle y por la calidad gráfica. Tras crear los modelos, crearemos un nuevo objeto vacío, le daremos la misma posición y rotación que a los modelos, y le asignaremos un componente **LOD Group**. En la Figura 4.39 mostramos el aspecto de este componente en el inspector.

El inspector del componente **LOD Group** tiene una barra dividida en segmentos de distintos colores, sobre los que podemos hacer clic. Cada uno de estos segmentos se corresponde con un nivel de detalle, siendo **LOD 0** el modelo con más nivel de detalle, **LOD 1** el de nivel intermedio, **LOD 2** el más simple y **Culled** el límite a partir del cual el objeto dejaría de renderizarse. Cada uno de estos niveles lleva un porcentaje asociado, que nos indica qué porcentaje del alto de la ventana de juego debe estar ocupando el objeto para que se active el nivel de detalle pertinente.

Haciendo clic derecho sobre la barra podemos añadir más niveles de detalle con la opción **Insert Before**, y eliminar cualquier nivel de detalle con la opción **Delete**.

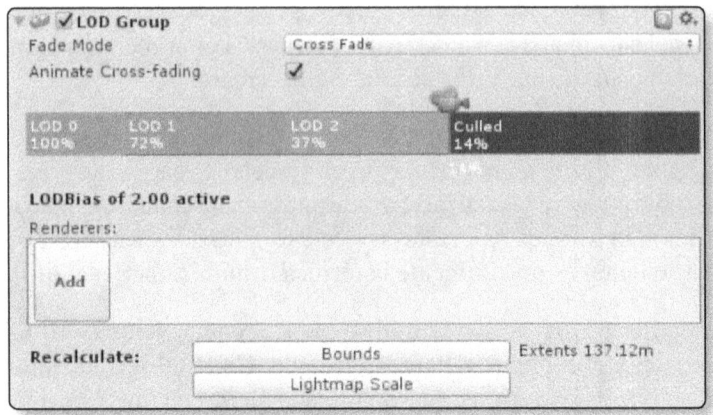

Figura 4.39. Componente LOD Group

> ⓘ **ATENCIÓN**
> Aunque el componente **LOD Group** permite configurar un número arbitrario de niveles de detalle, lo más habitual es utilizar entre dos y cuatro niveles, ya que utilizar un número mayor podría resultar contraproducente. Recuerda que cada nivel de detalle requiere de un fichero de modelo 3D adicional en la escena, lo que implica, entre otros, mayores tiempos de carga y un mayor uso de la memoria del sistema.

Para elegir el modelo 3D asociado a cada nivel de detalle, arrastraremos el GameObject raíz del modelo hasta el recuadro **Renderers**, en el inspector del componente **LOD Group**. Al hacerlo, Unity nos preguntará si deseamos hacerlo hijo del **LOD Group**. Aceptaremos para que Unity emparente adecuadamente los objetos y añada al listado del **LOD Group** todos los subobjetos con componente **Renderer** que se encuentren dentro del modelo.

Tras seleccionar los modelos asociados a cada nivel de detalle, podremos continuar configurando los porcentajes de pantalla asociados a cada nivel. Si seleccionamos la intersección entre dos niveles de **LOD** y movemos el ratón hacia los lados, modificaremos el porcentaje del alto de la pantalla a partir del cual se renderizará ese nivel de detalle. Al hacerlo, la cámara de la escena enfocará automáticamente al objeto y este se resaltará respecto al resto de la escena, mostrándonos con un recuadro alrededor el tamaño que ocupa el objeto respecto a la pantalla.

Figura 4.40. Edición del tamaño del LOD.

Además de los objetos y los porcentajes para cada LOD, desde el inspector podemos definir un tipo de transición entre niveles de LOD mediante la propiedad **Fade Mode**, de forma que los cambios entre dos niveles de LOD no se produzcan drásticamente, si no con una transición suave. Con la opción **None** el componente simplemente cambiará un modelo por otro cuando el tamaño llega al porcentaje adecuado. La opción **Cross Fade** permite mostrar los dos modelos a la vez durante el cambio de un nivel de detalle a otro para desvanecer el antiguo y dar paso al nuevo suavemente. La opción **Speed Tree** es un sistema de transición específico para árboles. Tanto la funcionalidad de la opción **Cross Fade** como la de la opción **SpeedTree** no están implementadas en Unity, sino que requieren de algún *shader* especializado que se encargue de realizar las transiciones entre LODs (Unity no proporciona este *shader*). En consecuencia, salvo que dispongamos de un *shader* de este tipo, utilizaremos la opción **None**.

Una vez esté completamente configurado el objeto con el componente **LOD Group**, podremos observar su comportamiento enfocándolo, y acercando y alejando la cámara de él. Al hacerlo, podremos observar cómo van alternándose los distintos modelos asociados a cada nivel de detalle en función del porcentaje de pantalla que ocupe el objeto en cada momento. En las siguientes ilustraciones se puede apreciar este comportamiento, mostrando distintos niveles de detalle. En la Figura 4.41 se aprecia el **LOD0** con detalles menores como los remaches o la forma de las vigas. En la Figura 4.42 se aprecia el **LOD1**, donde los detalles menores han desaparecido, pero aún se mantienen las divisiones entre las traviesas del puente. Por último, en el **LOD2** se eliminan todos los detalles menores y la base del puente se reemplaza por un único objeto, entre otros muchos ajustes. Hay que tener en cuenta que las imágenes mostradas han sido recortadas y ampliadas, pero en el juego los niveles **LOD1** y **LOD2** se verían con un tamaño mucho menor, para evitar que el jugador notase el descenso de calidad drástico en los mismos.

Figura 4.41. LOD0. Objeto con 32.732 polígonos y 18.022 vértices.

Figura 4.42. Objeto con 22.284 polígonos y 10.476 vértices.

Figura 4.43. LOD2. Objeto con 814 polígonos y 728 vértices.

4.3 SKYBOX

El cielo en un nivel se representa mediante un **skybox**: una textura envolvente que simula el cielo mostrándose alrededor de la escena siempre a la misma distancia de la cámara, de tal forma que sea imposible alcanzarla. Los *skybox* se crean mediante un material que utiliza un tipo de *shaders* diseñados específicamente para este fin. Posteriormente el material se asigna en la ventana de iluminación de la escena para que Unity lo utilice para representar el cielo.

4.3.1 Skybox mediante mapas de texturas

Una de las formas de crear *skybox* en Unity es mediante el uso de texturas envolventes, diseñadas para cubrir un área de 360° alrededor de la cámara creando una sensación de continuidad, sin que se note ningún corte en sus límites. Existen distintos tipos de texturas que cumplen estas características, como la mostrada en la Figura 4.44, que contiene un mapeo esférico de la textura del cielo, también denominado *spheremap*.

Figura 4.44. Skybox de tipo *spheremap*.

También podemos encontrar texturas de *skybox* cortadas y mapeadas en forma de cubo, como en la Figura 4.45. Este tipo de texturas se denominan *cubemap*. En ocasiones las texturas correspondientes a cada cara del cubo estarán separadas en ficheros independientes, mientras que en otros casos las encontraremos combinadas en una única textura.

Figura 4.45. Skybox de tipo *cubemap*.

Para poder utilizar la textura o texturas de *skybox* en nuestro proyecto, además de importarlas, tendremos que configurar sus opciones de importación según el tipo de textura. Si disponemos de varias texturas independientes para cada cara del *cubemap*, no será necesaria ninguna configuración adicional una vez importadas. Por el contrario, si disponemos de una única textura con un *spheremap* o con un *cubemap* completo, tendremos que seleccionar dicha textura en la ventana de proyecto y cambiar sus opciones de importación, estableciendo la propiedad **Texture Shape** de la textura al valor **Cube**, y la propiedad **Mapping** al valor **Auto**, para que detecte automáticamente el tipo de mapeo de la textura.

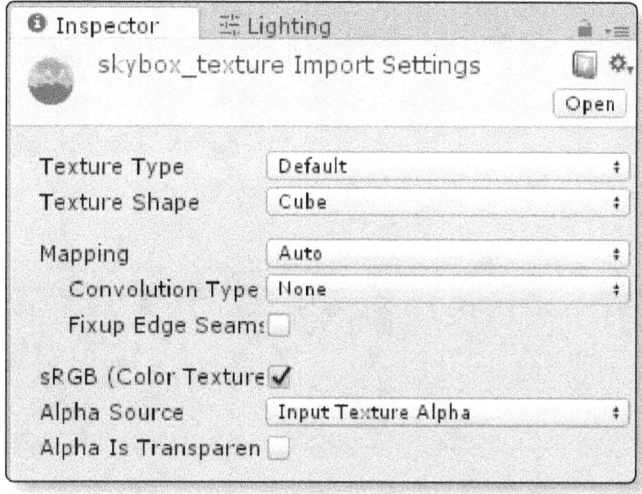

Figura 4.46. Opciones de importación de una textura de *skybox*.

Una vez hayamos importando las texturas correctamente, procederemos a crear el material del *skybox*. Los materiales de *skybox* utilizan un tipo de *shaders* diseñados para proyectar las texturas adecuadamente. Crearemos un material haciendo clic derecho en la ventana de proyecto, dentro de la carpeta deseada, y seleccionando la opción **Create → Material.** Tras ello, seleccionaremos el nuevo material y desde el inspector cambiaremos el *shader* a **Skybox → Cubemap** o **Skybox → 6 sides**, dependiendo del tipo de texturas que queramos utilizar.

Si estamos trabajando con un *spheremap* o *cubemap* en una única textura, utilizaremos el *shader* **Skybox → Cubemap** y arrastraremos la textura a la propiedad **Cubemap**, en el inspector del material. A continuación podremos configurar las propiedades **Tint Color**, **Exposure** y **Rotation** para modificar a nuestro gusto la apariencia gráfica del cielo.

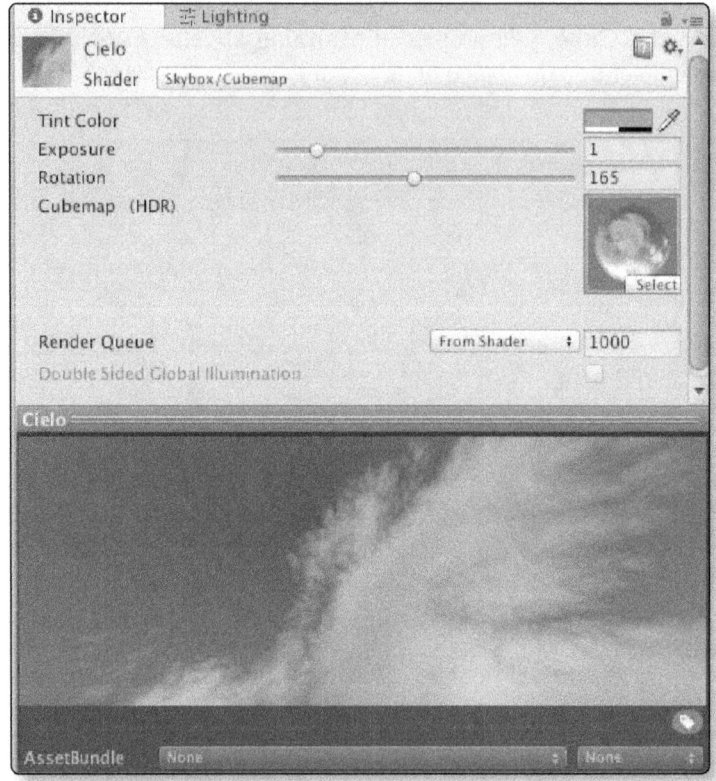

Figura 4.47. Material de *skybox* creado con un *cubemap*.

Si, por el contrario, estamos trabajando con las seis (o cinco) caras del cubo separadas en distintas texturas, utilizaremos el *shader* **Skybox → 6 sides** y arrastraremos cada una de las texturas a las propiedades **Front** (frontal), **Back** (trasera), **Left** (izquierda), **Right** (derecha), **Up** (arriba) y **Down** (abajo) en el inspector. En ocasiones únicamente tendremos cinco texturas para el *skybox*, quedando la cara **Down** vacía, lo que resulta habitual en escenarios donde el terreno o el suelo impiden ver la parte inferior del *skybox*. Este *shader* también dispone de las propiedades **Tint Color**, **Exposure** y **Rotation** para modificar la apariencia gráfica del material.

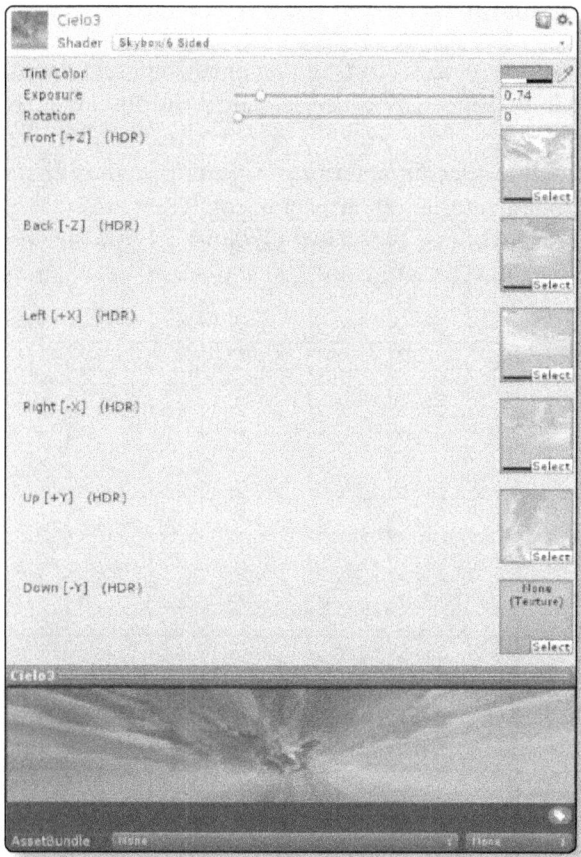

Figura 4.48. Material de *skybox* creado con 6 texturas.

Tras crear el material del *skybox*, procederemos a configurarlo como el cielo de la escena. Para hacerlo, accederemos a la ventana de iluminación mediante el menú **Window → Lighting**, seleccionaremos la pestaña **Scene**, y estableceremos dentro de ella la propiedad **Skybox Material**, arrastrando hasta ella el material del *skybox*. Inmediatamente podremos ver los resultados en la ventana de escena.

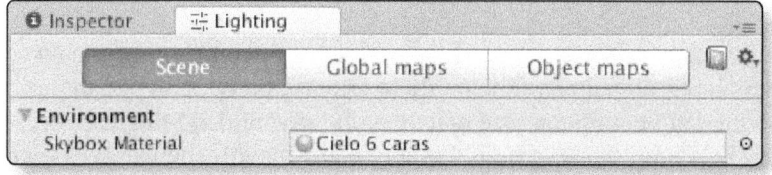

Figura 4.49. Asignación del material del cielo en el panel de iluminación de escena

4.3.2 Skybox procedural

Además de los *skybox* construidos mediante texturas que vimos en la sección anterior, Unity ofrece un *shader* de cielo procedural que no requiere del uso de ningún tipo de textura. Para crear un *skybox* procedural crearemos un material tal y como vimos en la sección anterior, y seleccionaremos el *shader* **Skybox → Procedural.** Seguidamente, en el inspector configuraremos las propiedades **Sun Size, Atmosphere Thickness, Sky Tint, Ground** y **Exposure** para customizar el aspecto gráfico del cielo simulando el sol, la atmósfera y el color del horizonte.

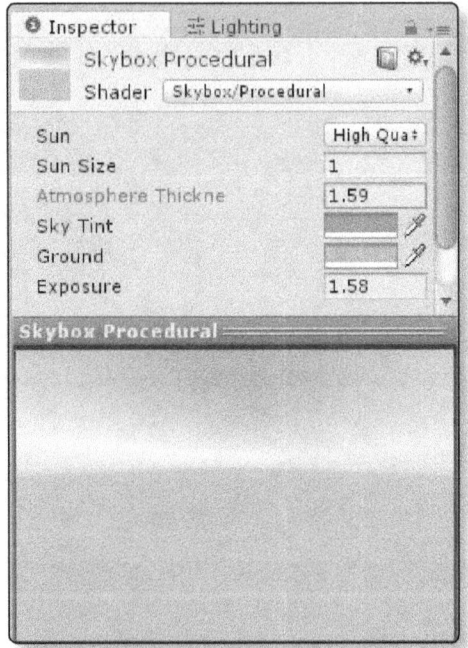

Figura 4.50. Material de skybox procedural.

Tras configurar el material, lo asignaremos como **Skybox** en la ventana **Window → Lighting**, tal y como se explicó en la sección anterior, pudiendo ver el resultado de forma inmediata en la escena.

El *shader* de *skybox* procedural permite simular que existiese un sol que se va moviendo por el cielo en función de la orientación de la fuente de luz principal de la escena. Para configurar este efecto, en la ventana **Lighting** estableceremos la propiedad **Sun Source** arrastrando hasta ella una luz direccional de la escena. Esta propiedad solo tendrá efecto cuando usemos *skybox* procedurales.

Figura 4.51. Asignación de la fuente de luz del sol en la ventana Lighting.

Aunque Unity crea automáticamente una fuente de luz direccional en todos los proyectos 3D, si nuestro proyecto no dispone de una luz de ese tipo, la podríamos crear desde la opción del menú **GameObject → Light → Directional Light**. Más adelante en este capítulo abordaremos los distintos tipos de luz que ofrece Unity y estudiaremos en profundidad las distintas opciones de configuración de la ventana **Lighting**.

4.4 ILUMINACIÓN

La iluminación es un aspecto de vital importancia en la creación de un nivel, ya que determinará en gran medida la ambientación, atmósfera y estética del escenario.

Unity ofrece potentes posibilidades a la hora de iluminar una escena. Por un lado, ofrece un sistema de iluminación dinámico, en tiempo real, ideal para iluminar personajes y elementos en movimiento, para crear efectos de luz cambiantes como parpadeos o linternas, e incluso para simular ciclos día-noche en escenarios completos, gracias a la iluminación global[10] en tiempo real. Este tipo de iluminación tiene sin embargo una importante limitación, ya que, al requerir de un procesamiento en tiempo real, el número máximo de luces que pueden afectar simultáneamente a una escena es limitado, y el uso de demasiadas luces de este tipo puede provocar problemas en el rendimiento del juego.

Asimismo, Unity también ofrece un sistema de iluminación cocinada, con el que iluminar grandes entornos construidos con geometría estática y un número ilimitado de luces. Con este sistema el motor puede procesar desde el editor las distintas fuentes de luz de la escena, y calcular con gran nivel de detalle el efecto de las mismas sobre el entorno. Al utilizar este tipo de iluminación, el motor generará los brillos, luces y sombras resultantes como texturas, denominadas mapas de luz o *lightmaps,* que después se aplicarán sobre los objetos. Como contraprestación, la iluminación cocinada no tiene efecto sobre objetos móviles, y su uso requiere de una

---

10 Iluminación global: Técnica introducida en Unity 5 que simula los rebotes de la luz en las superficies del escenario para obtener una iluminación más realista y de mayor calidad. La iluminación global puede utilizarse en tiempo real y/o en modo precalculado, y solo afecta a los objetos estáticos del escenario.

delicada configuración y de largos y costosos procesos de cálculo desde el editor, lo que complica su uso en determinados proyectos.

Debido a la complejidad de la iluminación cocinada, en esta sección abordaremos únicamente el uso de iluminación en tiempo real, más sencilla de utilizar y capaz por si sola de generar luces de gran calidad y realismo. También mostraremos cómo configurar algunas otras opciones relativas a la iluminación de la escena, como la luz ambiente o la niebla.

> (i) **ATENCIÓN**
>
> Antes de empezar a trabajar con luces en tu proyecto, asegúrate de que los efectos de iluminación están activos en la ventana de escena. Para hacerlo, debes activar el icono con forma de sol situado en la barra superior de dicha ventana. Si este icono estuviese desactivado, no verías el efecto de las fuentes de luz de la escena, únicamente verías una luz por defecto que surge desde la cámara hacia delante.

4.4.1 Tipos de luz

Para crear una fuente de luz utilizaremos alguna de las opciones del menú **GameObject -> Light**: **Direction Light**, **Point Light**, **Spotlight** o **Area Light**. Al hacerlo se creará un nuevo objeto con un componente **Light** configurado con la propiedad **Type** según el tipo de luz elegida. Alternativamente podremos añadir un componente **Light** a cualquier objeto de la escena y configurar manualmente la propiedad **Type** en el inspector, con idéntico resultado.

Los tipos de luz disponibles que podemos configurar en el componente **Light** son:

- ▼ **Directional**: La luz direccional viene desde el infinito en la dirección del eje Z del objeto, afectando a toda la escena. La posición de la luz direccional no tiene ningún efecto, solamente tiene efecto su rotación. En escenarios realistas puede utilizarse para simular la luz del sol o de la luna.

- ▼ **Point**: La luz surge desde un punto en todas las direcciones alrededor hasta un radio máximo. Los objetos dentro del radio se verán iluminados, con mayor intensidad cuanto más cerca estén del punto de luz.

▼ **Spotlight**: La luz surge desde un punto concreto en la dirección del eje Z del objeto, con un cierto ángulo y hasta una cierta distancia, simulando un foco o linterna. Se utiliza para realizar iluminaciones de lámparas, linternas o luces de vehículos.

▼ **Area**: Consiste en un plano que emite luz suave en toda su superficie. Este tipo de luz solo puede ser precalculada debido a que es muy costosa a nivel gráfico.

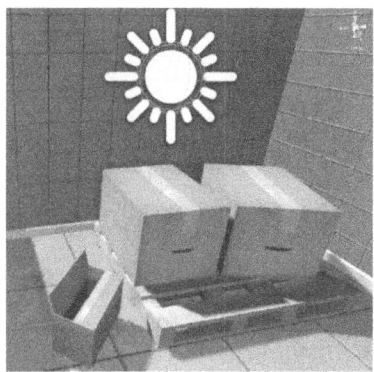

Figura 4.52. Luz direccional.

Figura 4.53. Punto de luz.

Figura 4.54. Spotlight.

Figura 4.55. Luz de área.

Todos los tipos de luz, excepto la *Area Light*, funcionan en tiempo real y tienen una serie de propiedades comunes que podemos configurar desde el inspector. Otras propiedades dependerán del tipo de luz utilizado. A continuación repasamos las propiedades más relevantes:

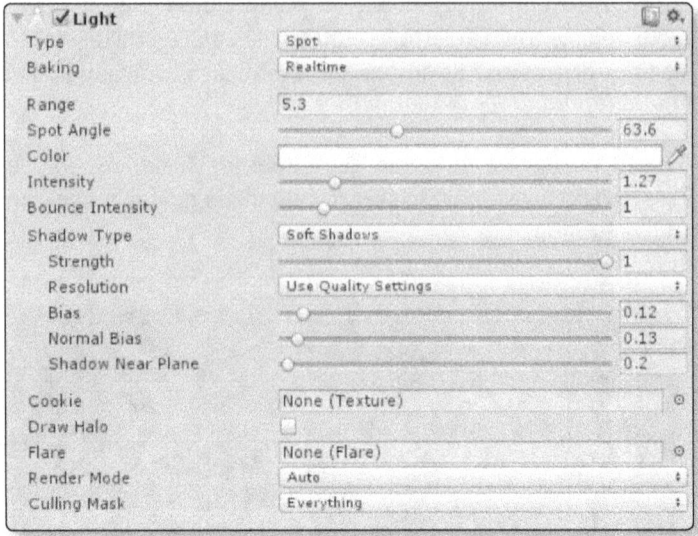

Figura 4.56. Propiedades de las luces.

▼ **Mode**: Indica si la luz va a iluminar la escena en tiempo real (**Realtime**); o si va a ser una luz cocinada, cuyos efectos de iluminación se precalcularán desde el editor (**Baked**). La luz cocinada solo afecta a los objetos estáticos de la escena. También puede utilizar ambos modos a la vez (**Mixed**), iluminando en tiempo real los objetos dinámicos, y mediante luces cocinadas los objetos estáticos.

> ⓘ **ATENCIÓN**
>
> Las luces de tipo **Baked** y **Mixed** requieren tener en cuenta diversos aspectos avanzados sobre iluminación y sombreado, así como realizar delicadas configuraciones para su correcto uso. Por este motivo, este tipo de luces no serán abordadas en el capítulo, y solo se cubrirán las opciones de configuración relativas a las luces de tipo **Realtime**.

▼ **Range**: Distancia de iluminación de la fuente de luz. Los objetos más allá de esta distancia respecto a la fuente de luz no se verán afectados por la misma. Esta propiedad no está disponible en las luces direccionales ya que estas afectan a toda la escena.

▼ **Spot Angle**: Angulo de apertura de la zona a iluminar, solo aplicable en el caso de que la luz sea de tipo **Spotlight**. Cuanto menor sea el ángulo, más focalizada e intensa será la luz al incidir sobre los objetos.

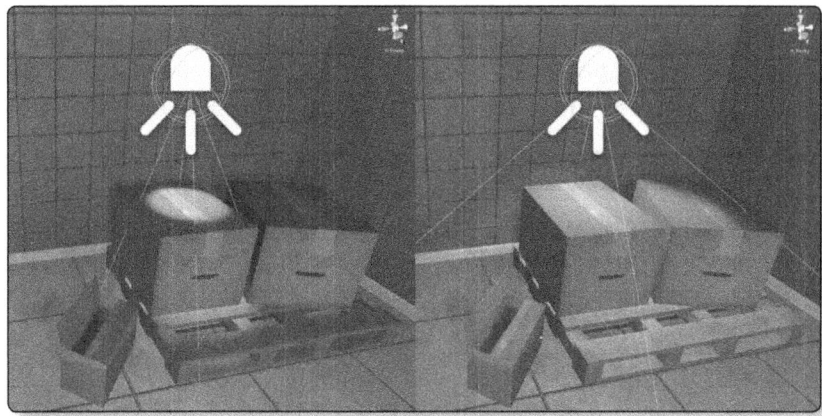

Figura 4.57. Spotlight con distintos ángulos de apertura, 45 en la primera figura y 100 en la segunda.

▼ **Color**: Color de la luz.

▼ **Intensity**: Intensidad de la luz.

▼ **Bounce intensity**: Intensidad de la luz indirecta, es decir la luz que es reflejada entre objetos, si el valor es mayor que 1, la luz indirecta será más brillante y si es menor, más oscura. Esta propiedad solo tendrá efecto si la iluminación global está activada.

▼ **Shadow Type**: Tipo de sombras que proyectarán los objetos al ser iluminados. Pueden ser marcadas (**Hard shadows**), suaves (**Soft shadows**) o no producir sombras (**No shadows**). Las sombras pueden tener un importante efecto en el rendimiento del juego, por lo que se recomienda desactivarlas siempre que no resulten necesarias, y utilizar sombras marcadas en lugar de sombras suaves en caso de que estas produzcan problemas de rendimiento.

▼ **Strength**: Nivel de oscuridad de las sombras. Cuanto menor sea este valor, más translúcidas serán las sombras generadas.

▼ **Resolution**: Resolución de las sombras generadas por la fuente de luz. Afecta al nivel de precisión y calidad de las mismas.

▼ **Cookie**: Es una textura que se utiliza como mascara para simular que la fuente de luz surgiese detrás de un marco o cristal. Por ejemplo, permite simular el marco y las rejas de una ventana, o el cristal rayado de una linterna. En la carpeta "Effects/LightCookies" del paquete "Effects", en los *Standard Assets*, es posible encontrar varias texturas específicamente preparadas para este uso.

▼ **Draw Halo**: Dibuja un halo alrededor de la luz cuyo color y tamaño dependerá del color y la intensidad de la luz. En lugar de esta propiedad, puede utilizarse el componente **Halo**, que implementa el mismo efecto, pero permite definir un tamaño y color independientes de la fuente de luz.

▼ **Flare**: Permite configurar un efecto de destello o deslumbramiento que surge a partir de la fuente de luz. Es especialmente indicado para luces direccionales, y permite simular el deslumbramiento de mirar directamente al sol. Los destellos son un tipo específico de recurso del que puede encontrarse algún ejemplo en la carpeta "Effects/LightFlares" del paquete "Effects", en los *Standard Assets*.

▼ **Render Mode**: Establece la importancia de la luz de cara a la calidad de la iluminación que produce en tiempo real. Con el valor automático (**Auto**) el propio motor decidirá la calidad a aplicar, lo que dependerá de diversos parámetros de configuración de la luz, la cámara y de las luces situadas alrededor. Si se establece a importante (**Important**), entonces la luz se procesará siempre con la máxima calidad, realizando un proceso de iluminación a nivel de pixel. Si el valor se establece a no importante (**Not important**), la luz se procesará de forma más rápida, pero con menor calidad, con un proceso de iluminación a nivel de vértice. Solo se recomienda configurar como importantes aquellas luces que más puedan afectar a la experiencia del jugador, con el objetivo de evitar problemas de rendimiento.

▼ **Culling Mask**: Permite configurar una luz para que solo afecte a determinadas capas de objetos.

> ⓘ **ATENCIÓN**
>
> Las luces de tipo *Area Light* solo funcionan en modo de iluminación estática. Su uso requiere de un ajuste bastante preciso al tratarse de luces sutiles utilizadas para dar un toque de calidad extra a la iluminación de determinadas escenas. El uso de este tipo de luces, al igual que el uso de iluminación estática, queda fuera del ámbito del libro.

4.4.2 Opciones de iluminación general

Unity dispone de una ventana de iluminación general cuyos parámetros de configuración tienen efecto en todas las luces de la escena. Para acceder a esta ventana usaremos la opción de menú **Window → Lighting → Settings**. Al hacerlo aparecerá una ventana con tres pestañas, dentro de la cual seleccionaremos la pestaña **Scene**. A lo largo de esta sección explicaremos algunas de las propiedades que podemos configurar en esta ventana. Las opciones más avanzadas se omitirán, ya que su correcto uso requiere de conocimientos avanzados sobre algoritmos y técnicas de iluminación, que escapan al ámbito de este libro.

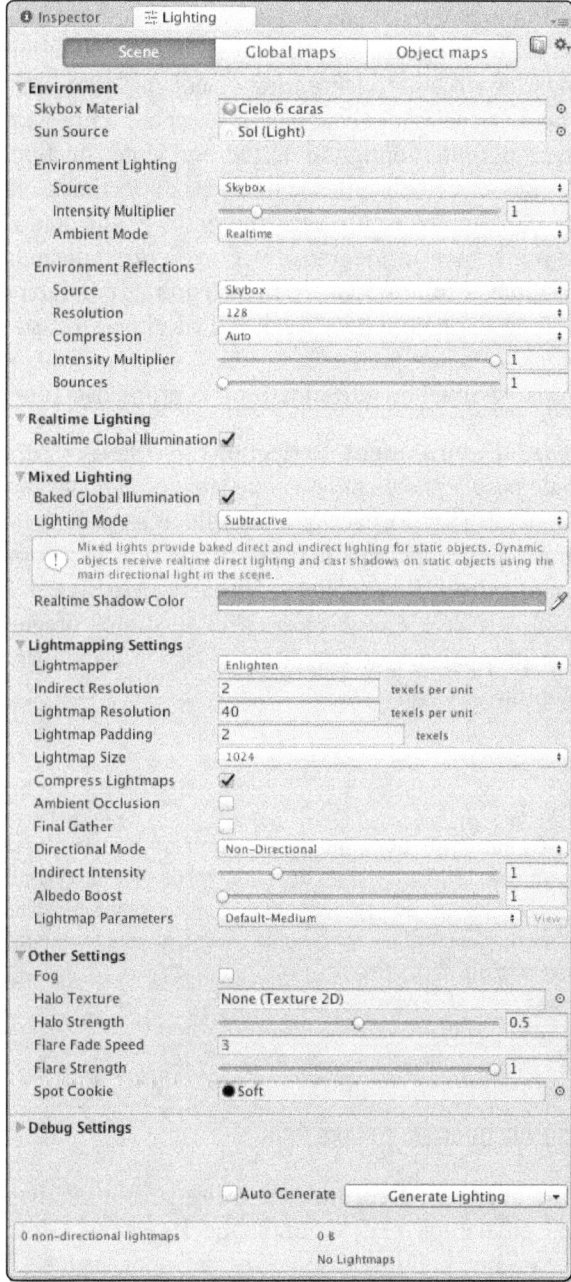

Figura 4.58. Opciones de iluminación de escena en Unity 5.5.

4.4.2.1 OPCIONES DE ILUMINACIÓN DEL ENTORNO

Las opciones agrupadas bajo el apartado **Environment** permiten configurar varios aspectos de iluminación del entorno del escenario. Mediante las propiedades **Skybox Material** y **Sun Source**, tal y como se explicó anteriormente, podemos asignar un *skybox* y una fuente de luz direccional que represente la luz del sol, determinando cómo se visualizará el cielo en la escena. La propiedad **Environment Lighting → Source** permite configurar la luz ambiente, un tipo de luz que está presente en toda la escena, proviene desde todas las direcciones a la vez y no genera sombras. Según la configuración utilizada podremos elegir como luz ambiente un color simple (**Color**), o bien un degradado (**Gradient**) indicando los colores del cielo (**Sky**), el horizonte (**Equator**) y la tierra (**Groud**). También podemos indicarle a Unity, que calcule la luz ambiente a partir del **Skybox** en caso de que hayamos asignado uno, tomando la luz ambiente el color y las tonalidades del mismo, y permitiéndonos variar su nivel de intensidad con la propiedad **Intensity Multiplier**.

La propiedad **Environment Reflections → Source** permite indicar qué reflejos generarán de base aquellos objetos que tengan un material reflectante, como metal o cristal. La opción **Skybox** hace que los reflejos se generen a partir del *skybox* de la escena, mientras que la opción **Custom** permite seleccionar otro *cubemap* para que los calcule a partir de él. La propiedad **Intensity Multiplier** determina en qué grado se reflejará el s*kybox* o el *cubemap* en los distintos objetos que produzcan reflejos. El resto de propiedades de esta sección tienen usos avanzados por lo que quedan fuera del ámbito del libro.

> ⓘ **ATENCIÓN**
>
> Los componentes **ReflectionProbe** permiten capturar los reflejos que se generarían en un determinado punto de la escena, para después aplicarlo sobre los objetos que están alrededor. Gracias a ellos se puede conseguir que los objetos reflectantes generen reflejos de su entorno más cercano, y no solo del *skybox* que tienen alrededor. Su uso queda fuera del ámbito del libro.

4.4.2.2 ILUMINACIÓN GLOBAL EN TIEMPO REAL

El siguiente apartado, **Realtime Lighting** permite activar y configurar la iluminación global en tiempo real, denominada **Realtime Global Illumination**. Esta técnica sirve para que la iluminación provocada por las luces **Realtime** se pre-procese parcialmente, con el objetivo de conseguir la máxima calidad de iluminación en tiempo real. Al activar esta opción, Unity analiza la geometría de los objetos estáticos de la escena para calcular cómo rebotaría cualquier luz sobre ellos. Gracias a estos cálculos previos, posteriormente, en tiempo de ejecución, Unity será capaz de generar una iluminación en tiempo real de mayor calidad, simulando los rebotes de las luces de la escena sobre la geometría estática, y reaccionando a cualquier cambio en la posición, rotación, color o intensidad de las fuentes de luz. Los objetos no estáticos, como personajes, enemigos, vehículos o cualquier otro objeto móvil, no formarán parte de los cálculos previos, aunque se verán igualmente afectados por los rebotes de la luz en la geometría estática.

4.4.2.3 ILUMINACIÓN GLOBAL COCINADA

El apartado **Mixed Lighting** permite activar y configurar la iluminación global cocinada. Esta técnica sirve para que los efectos de las luces **Baked** y **Mixed** sobre la geometría estática de la escena sean precalculados desde el editor, evitando el impacto que tendrían estos cálculos en tiempo real. Además, calcular la iluminación desde el editor permite generar unos resultados de iluminación de mayor calidad, al disponer de más tiempo para procesar el impacto y los rebotes de la luz sobre los objetos estáticos de la escena. Al activar esta opción, Unity procesa la iluminación de este tipo de luces sobre la geometría estática de la escena, y genera diversas texturas, denominados *lightmaps* o mapas de luces, que posteriormente aplicará sobre los objetos para iluminarlos.

> ⓘ **ATENCIÓN**
>
> Nuestra recomendación es desactivar la iluminación global cocinada durante el desarrollo inicial de un proyecto, para evitar los costosos procesos de precálculo realizados por Unity. Solo recomendamos activarla, si resulta necesaria, en el momento de ajustar el aspecto gráfico de la escena.

4.4.2.4 NIEBLA

Dentro del apartado **Other Settings** podemos encontrar las opciones de configuración de niebla. Activando la opción **Fog** se activará el efecto de niebla en la escena. Podremos especificar el color de la misma mediante la propiedad **Fog Color** y su intensidad mediante la propiedad **Density**. Además, disponemos de la propiedad **Fog Mode**, que nos permite definir de qué forma se acumula la niebla en la distancia. La niebla siempre se visualizará más densa a medida que esté más lejos de la cámara. Si usamos la opción **Linear**, lo hará de forma gradual entre el mínimo y máximo que le indiquemos. Si usamos la opción **Exponential**, la densidad que le indiquemos se incrementará de forma exponencial a la distancia. Si usamos la opción **Exponential Square**, el incremento será exponencial al cuadrado, haciéndose mucho más densa a medida que se aleja de la cámara.

Figura 4.59. Nuestro escenario con un efecto de niebla lineal.

4.4.2.5 GENERACIÓN DE MAPAS DE ILUMINACIÓN GLOBAL

En la parte inferior de la ventana **Lighting** podemos encontrar un *checkbox* con el texto **Auto Generate**. Mientras esta opción esté activa, cualquier cambio en las condiciones de la geometría estática del escenario o de las fuentes de luz que contiene, provocará un re-cálculo de la iluminación global, ya sea esta cocinada o en tiempo real. Este proceso de cálculo puede provocar un descenso de rendimiento en el editor en escenas de gran tamaño, especialmente si la iluminación global cocinada está activa. Si esto ocurriese, podemos desactivar esta opción y ejecutar los cálculos de iluminación global manualmente a través del botón **Generate Lighting** situado a la derecha del *checkbox*. Si optásemos por esta opción, simplemente deberíamos acordarnos de realizar los cálculos de iluminación global una vez finalizada la edición del entorno, para garantizar que los efectos de iluminación aplicados por Unity son correctos.

4.5 CÁMARAS

Hasta este momento, siempre que hemos creado una escena, Unity, de forma automática ha creado una cámara con nombre **Main Camera** (Cámara Principal), tal y como podemos ver en la jerarquía.

Una cámara en Unity es similar a una cámara de cine, muestra una parte del mundo en el que se desarrolla el juego. La cámara es la responsable de trasladar la visualización de una escena hasta la pantalla, por lo que siempre debe existir al menos una cámara por escena. La situación de las cámaras y su configuración afectará drásticamente a la forma en la que se visualizará nuestro juego, y también determinará en última instancia la forma de jugarlo.

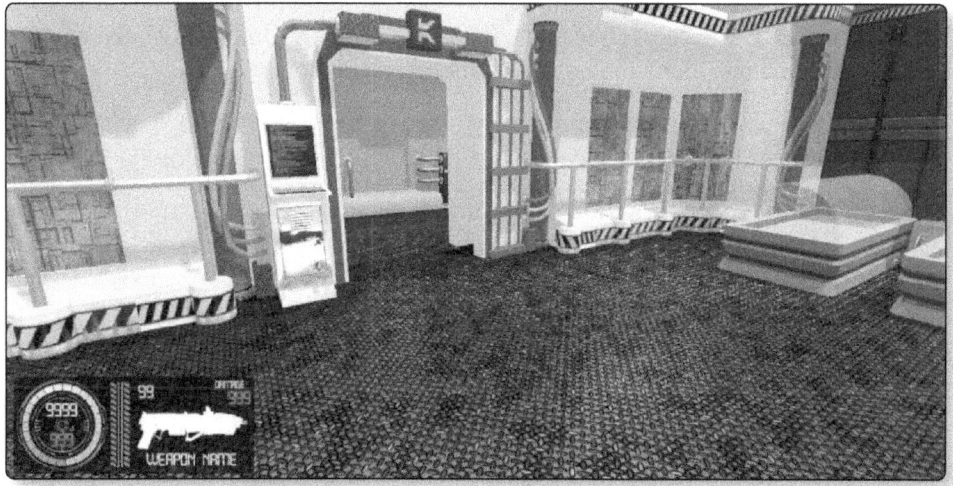

Figura 4.60. Vista de cámara en primera persona.

Por ejemplo, los juegos de disparos suelen tener cámaras en primera persona, situadas en la posición de la cabeza del personaje principal, para facilitar la labor de apuntar. Los juegos de acción, sin embargo, suelen utilizar cámaras en tercera persona, situadas por detrás del personaje principal, para facilitar que el jugador visualice con claridad las distintas acciones del personaje y el combate cuerpo a cuerpo. Otros tipos de juegos, como los de estrategia, sitúan la cámara por encima del escenario en una vista cenital, lo que ayuda a visualizar y dar órdenes a múltiples unidades simultáneamente, pudiendo trazar tácticas y estrategias de batalla.

Además de la cámara principal, los juegos habitualmente disponen de cámaras adicionales utilizadas para diversos fines. Por ejemplo, muchos juegos incluyen cinemáticas en tiempo real, en las que una cámara secundaria realiza un recorrido preestablecido por una escena. Otro ejemplo sería el de los mini-mapas, creados en ocasiones mediante cámaras secundarias que, en lugar de visualizar los modelos 3D de la escena en pantalla, visualizan iconos y formas geométricas 2D sobre una textura del interfaz de usuario.

Las cámaras son, por tanto, elementos esenciales en los videojuegos ya que determinan qué y de qué forma el jugador va a visualizar una escena. A lo largo de esta sección estudiaremos algunas de las funcionalidades esenciales de las cámaras en Unity.

4.5.1 Componentes de la cámara

Cuando creamos un objeto de tipo Cámara en Unity mediante la opción **Gameobject → Camera**, o cuando creamos una escena y Unity añade una cámara de forma automática, dicho objeto contendrá cinco componentes:

- **Transform**: Permite posicionar y mover la cámara como si de cualquier otro objeto se tratara.

- **Flare layer**: Habilita la visualización de efectos de tipo *lens flare* (destellos). Estos efectos e pueden configurar en las luces de la escena, o incluso como efectos gráficos independientes. Si no utilizamos este tipo de efectos, el componente se podría eliminar.

- **GUI Layer**: Habilita la visualización de textos y texturas dibujados con los componentes **GUIText** y **GUITexture**. Estos componentes están en desuso ya que han sido reemplazados por componentes de interfaz de usuario más avanzados. En consecuencia, salvo que utilicemos estos dos componentes en la escena, podremos eliminar este componente de la cámara.

- **Audio Listener**: Este componente habilita la "escucha" del audio de la escena desde la posición y rotación de la cámara. Al encontrarse en la cámara, permite aplicar efectos de audio 3D, de tal forma que los sonidos más lejanos a la cámara se escuchen con menor volumen, entre otros efectos. Solo puede existir un **Audio Listener** activo en la escena, por lo que Unity nos dará un aviso en caso de existir más de uno. Si no necesitamos que la cámara haga de punto de escucha para el audio, podremos eliminar o desactivar este componente.

- **Camera**: Este es el principal componente de la cámara, ya que es el encargado de darle su funcionalidad, y contiene distintas propiedades que afectan drásticamente a la visualización de la escena, como su proyección, ángulo de visión o tamaño, *viewport*, etc. Analizaremos este componente en detalle a continuación.

4.5.2 Componente Camera

El componente **Camera** es el encargado de dar funcionalidad a la cámara, es decir, de hacer que el mundo de juego se visualice por pantalla mostrando los distintos modelos 3D y texturas utilizados en la escena. La forma en la que la cámara visualiza la escena puede ser controlada a través de las diversas propiedades de este componente.

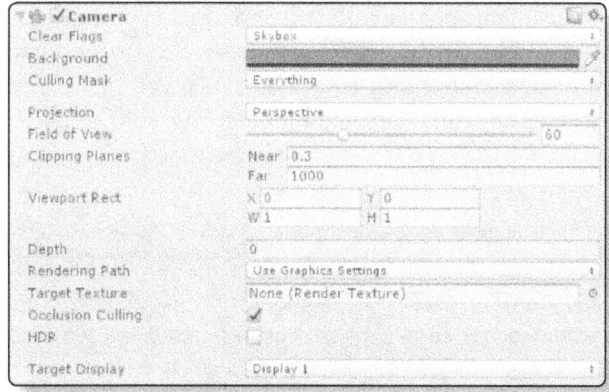

Figura 4.61. Componente Camera.

A continuación analizaremos con detenimiento algunas de las propiedades más importantes del componente **Camera**.

4.5.2.1 CLEAR FLAGS

La propiedad **Clear Flags** determina qué debe mostrar la cámara en aquellos puntos de la escena que estén vacíos, es decir, donde no haya ningún modelo 3D o textura. Admite cuatro valores distintos:

▶ **Skybox:** En las partes vacías se dibuja un *skybox*. Por defecto se dibujará el *skybox* configurado en las opciones de iluminación de la escena, tal y como se mostró en la Sección 4.3 "Skybox". Si en escenas con múltiples cámaras, deseamos que una de ellas dibuje un *skybox* distinto al de la escena, podemos añadirle un componente **Skybox** y configurarle el material de *skybox* a utilizar. En ausencia de un *skybox*, la cámara dibujaría un color de fondo.

- **Solid Color**: Las partes vacías se rellenan con un color de fondo. Esta opción es la más apropiada para juegos 2D.

- **Depth Only**: Opción avanzada que permite que varias cámaras dibujen simultáneamente por pantalla, dibujando unas por encima de otras en función de la propiedad **Depth** de cada una. Cuando una cámara utiliza esta opción, las partes vacías de la escena se rellenan con lo que hayan dibujado las cámaras anteriores. Esto se puede utilizar para distintos efectos avanzados, como hacer que una cámara dibuje determinados modelos o texturas de la escena siempre por encima del resto.

- **Don't Clear**: Opción avanzada que permite que varias cámaras dibujen simultáneamente por pantalla, mezclándose la visualización de todas ellas como si de una única cámara se tratase. Se puede utilizar para distintos efectos avanzados, como tener dos cámaras en la misma situación, con una de ellas aplicando un efecto gráfico que solo afecte a la visualización de algunos modelos o texturas de la escena.

☞ CURIOSIDAD

La tarjeta gráfica reserva un espacio de memoria, denominado *depth buffer*, Z-buffer o buffer de profundidad, donde se va almacenando la profundidad que tiene cada pixel de la pantalla según la distancia a la cámara de dicho punto en la escena tridimensional. Cada vez que se dibuja un nuevo objeto se comprueba este buffer para saber qué partes del objeto quedan por detrás o por delante de los restantes objetos ya dibujados. Los pixeles que queden por delante se dibujan por pantalla, actualizándose el **depth buffer** consecuentemente, mientras que los que queden por detrás no se dibujan. Los valores **Depth Only** y **Don't Clear** se diferencian en qué **Depth Only** resetea el buffer de profundidad antes de que la cámara dibuje, mientras **Don't Clear** mantiene el buffer de profundidad según lo hayan dejado las cámaras anteriores.

4.5.2.2 CULLING MASK

La propiedad **Culling Mask** permite controlar qué GameObjects va a dibujar la cámara. Unity nos permite agrupar los objetos en Layers o capas y desde esta opción podemos indicar cuales de estas capas van a ser visualizadas por la cámara. Esta propiedad tiene muchos posibles usos, especialmente en combinación con las opciones **Don't Clear** y **Depth Only** de la propiedad **Clear Flags**.

4.5.2.3 PROJECTION

La propiedad **Projection** determina la proyección que se aplicará para trasladar los gráficos tridimensionales de la escena a la imagen bidimensional que se muestra por pantalla. La propiedad tiene dos posibles valores, **Perspective** y **Orthographic**.

El valor **Perspective** aplica una proyección en perspectiva, en la que el tamaño con el que se visualizan los objetos dependerá de su distancia a la cámara. Esta proyección es especialmente adecuada para juegos con gráficos 3D ya que simulará la forma en la que vemos el mundo real.

El valor **Ortographic** aplica una proyección ortográfica, donde el tamaño con el que se visualizan los objetos es independiente de la distancia a la que se encuentren de la cámara. Esta proyección es especialmente adecuada para juegos con gráficos 2D, así como para juegos 3D con vista lateral o cenital, donde necesitemos evitar que el tamaño con el que se visualizan los objetos dependa de su distancia a la cámara.

4.5.2.4 FIELD OF VIEW

La propiedad **Field of View**, aplicable solo cuando utilizamos una proyección en perspectiva, indica el campo de visión o ángulo de apertura de la cámara, en dirección vertical y medido en grados. Cuanto mayor sea este valor, más volumen de la escena será capaz de visualizar la cámara, pero más pequeño se verá este en pantalla, y viceversa. El campo de visión en dirección horizontal dependerá de este valor y de la relación de aspecto de la pantalla.

En ocasiones esta propiedad se utiliza para hacer efectos de zoom, reduciendo el campo de visión para hacer un efecto de *zoom-in*, y aumentándolo para hacer un efecto de *zoom-out*. Los valores habituales para esta propiedad están entre los 45° y 60°, aunque pueden variar entre 1° y 180°. Los valores más bajos y más altos pueden producir grandes distorsiones en la visualización de los objetos de la escena.

4.5.2.5 SIZE

La propiedad **Size**, aplicable solo cuando utilizamos una proyección ortográfica, indica la mitad del tamaño vertical del área visualizado por la cámara, en unidades del mundo de juego. Por ejemplo, un valor de 2 haría que en la cámara visualizase verticalmente un área de 4 metros de la escena. El tamaño visualizado horizontalmente dependerá de este valor y de la relación de aspecto de la pantalla.

Cuanto mayor sea este valor, más volumen de la escena será capaz de visualizar la cámara, pero más pequeño se verá este en pantalla, y viceversa.

4.5.2.6 CLIPPING PLANES

Esta propiedad se compone de dos valores que indican la distancia máxima y mínima a la que van a ser visualizados los objetos respecto a la cámara.

El valor **Near** establece la distancia del punto más cercano a partir del cual la cámara va a dibujar los objetos. Todo aquello que quede a una distancia menor de lo establecido por este valor no será dibujado. De forma similar, el valor **Far** establece la distancia del punto más lejano que la cámara alcanzará a dibujar. Todo aquello que quede a mayor distancia no será dibujado.

Estas dos propiedades son muy importantes ya que pueden afectar en gran medida al rendimiento del juego y a su correcta visualización. Los vértices de los modelos que no estén entre la distancia mínima y máxima no serán procesados por la tarjeta gráfica, lo que puede ser usado para mejorar el rendimiento del juego. Sin embargo, el uso de valores muy ajustados puede llegar a provocar que el jugador vea objetos cortados en la lejanía, o que pueda ver a través de los objetos muy cercanos.

Estas propiedades también tienen mucha importancia en juegos donde la distancia entre la cámara y los objetos visualizados sea muy alta. Si la distancia entre **Near** y **Far** es muy grande, la tarjeta gráfica puede tener dificultades para determinar qué objetos están por delante de qué otros, especialmente en aquellos que estén muy pegados entre sí, como ropas de personajes o carteles sobre edificios, produciendo errores gráficos en los que las texturas parpadean o se fusionan unas con otras. Estos errores, denominados *Z-fighting*, son frecuentes por ejemplo en simuladores de vuelo donde existen grandes distancias entre la cámara y el terreno.

> **CURIOSIDAD**
>
> Los errores de *Z-fighting* ocurren cuando varios píxeles de la pantalla tratan de ocupar la misma profundidad dentro del *Z-buffer* (introducido al explicar la propiedad **Clear Flags**). La profundidad de cada pixel en el *Z-buffer* se almacena como un porcentaje entre la distancia mínima **Near** y la distancia máxima **Far** (Far=0 y Near=1). Este porcentaje tiene un límite de precisión, lo que puede provocar que para distancias muy grandes entre **Near** y **Far**, la tarjeta gráfica redondee al mismo valor la profundidad de dos objetos que estén muy pegados entre sí, provocando que se entremezclen y parpadeen al dibujarse por pantalla.

4.5.2.7 VIEWPORT RECT

Esta propiedad se compone de un conjunto de cuatro parámetros que establecen el área de la pantalla donde se dibujara la vista de la cámara. Los valores X e Y indican la coordenada de origen y los valores W y H la anchura y la altura, todos ellos como porcentajes del tamaño de la pantalla.

Así, los valores X=0 e Y=0 se corresponden con la esquina inferior izquierda de la pantalla, W=1 se correspondería con la anchura completa de la pantalla y H=1 con la altura completa de la pantalla. Los valores por defecto, X=0, Y=0, W=1 y H=1, dibujan la vista de la cámara ocupando toda la pantalla.

Para mostrar mejor las posibilidades de esta propiedad, en la Figura 4.62 mostramos una escena con cuatro cámaras, cada una de ellas visualizando una parte distinta de la escena y mostrándolo en una zona distinta de la pantalla. En todas las cámaras hemos dado valor 0.5 a las propiedades W y H del **ViewportRect**, y posteriormente hemos dado los valores X=0 e Y=0 a la cámara nº 1; el valor X=0 e Y=0.5 (mitad de la pantalla en el eje vertical) a la cámara número 2; el valor X=0.5 e Y=0.5 (mitad de la pantalla en ambos ejes) a la cámara número 3; y el valor X=0.5 (mitad de la pantalla en el eje horizontal) e Y=0 para la cámara número 4.

Figura 4.62. Visualización de múltiples cámaras en la misma escena.

4.5.2.8 DEPTH

La propiedad **Depth** indica el nivel de profundidad u orden de dibujado de las cámaras. Cuanto más bajo es el valor, antes dibuja la cámara en pantalla, quedando sus gráficos por debajo de los de las restantes cámaras. En consecuencia, las cámaras con valores más altos dibujarán por encima de aquellas con valores más bajos.

En la Figura 4.63 podemos ver el renderizado de tres cámaras. Las cámaras 1 y 3 tienen valores de profundidad más pequeños que la cámara 2, por lo que se dibujan por detrás.

Figura 4.63. Cámaras con distinta profundidad

4.5.2.9 OTROS PARÁMETROS

El resto de parámetros del componente **Camera** son de nivel avanzado, por lo que no se explicarán en el libro. Cabe destacar la propiedad **Target Texture** por su potencial para hacer numerosos efectos avanzados, que puede utilizarse para que la cámara dibuje sobre un tipo especial de textura, denomina **Render Texture**, que posteriormente se podrá aplicar sobre otro modelo o elemento de interfaz de usuario. Esto tiene una gran variedad de usos como la creación de mini-mapas, espejos, cámaras de seguridad, etc.

4.5.3 First Person Controller

Una de las tareas habituales en el desarrollo de un videojuego consiste en implementar el movimiento de la cámara y su sistema de control por parte del jugador. En esta sección explicaremos una forma sencilla de conseguir un sistema de control de cámara en primera persona, utilizando para ello el *prefab* **FPSController** de los *Standard Assets* de Unity.

Podemos importar este *prefab* desde el menú **Assets → Import Package → Characters**, seleccionando la carpeta "FirstPersonCharacter" en la lista de recursos. Es necesario seleccionar toda la carpeta para que se importen distintos recursos asociados al *prefab*.

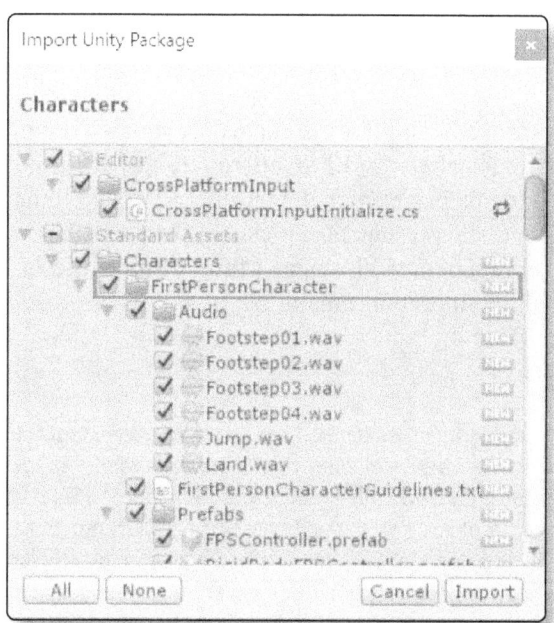

Figura 4.64. Importación del asset First Person Character

Una vez que lo hayamos importado, en la ventana de proyecto, dentro de la carpeta "Standard Assets/Characters/First Person Character" podremos encontrar un documento llamado "FirstPersonCharacterGuidelines.pdf" que nos explica cómo utilizar el *asset*, así como una carpeta llamada "Prefab" que contiene dos *prefabs* listos para utilizar.

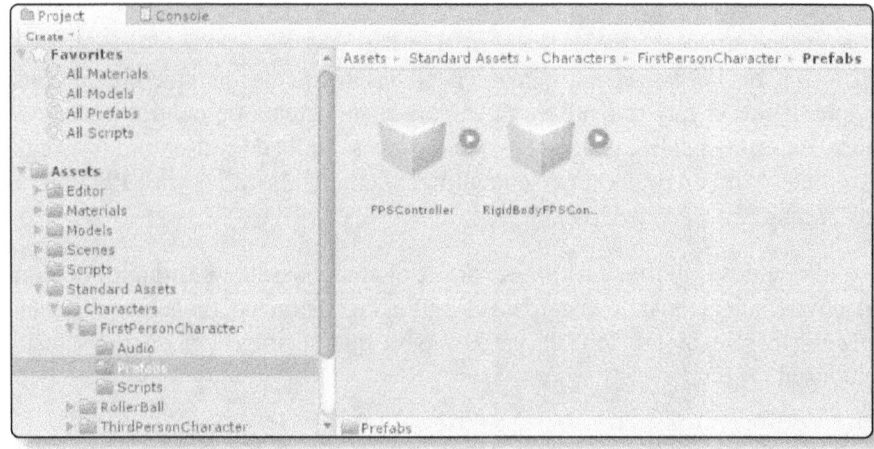

Figura 4.65. Prefabs del asset First person Character.

Los dos *prefabs* son similares, aunque difieren en su comportamiento físico. En este caso utilizaremos el *prefab* **FPSController**, arrastrándolo hasta la escena en cualquier posición situada por encima del terreno. El objeto tomará la forma de una cápsula transparente, que representará al personaje en primera persona. Acto seguido desactivaremos o eliminaremos el objeto **Main Camera** de la escena, ya que el **FPSController** incluye su propia cámara.

> △ **CUIDADO**
>
> Al tener dos o más cámaras en escena con el componente **AudioListener** activo, Unity mostrará inmediatamente el aviso "There are 2 audio listeners in the scene". Cuando importemos el *prefab* **FPSController** este aviso también podrá producirse, ya que la cámara que incorpora incluye el componente **Audio Listener** para que el audio se escuche desde la posición del jugador. Para resolver este problema, simplemente elimina o desactiva la cámara principal de la escena.

Si ejecutamos el juego a continuación, veremos que automáticamente podemos utilizar los controles básicos de cámara en primera persona, con el objeto **FPSController** simulando el movimiento de un personaje por la escena. Por una parte, podemos mover al personaje caminando, con las teclas **A, S, W, D** y corriendo si pulsamos además la tecla **Mayús**. También podemos hacer que salte con la tecla **espacio**. Por otro parte, podemos rotar la cámara para mirar alrededor del personaje utilizando el ratón. Si disponemos de un mando de juego, también podremos manejar al personaje con él. Además, mientras andamos o corremos, podremos comprobar cómo el personaje realiza un movimiento de cabeza y genera sonidos de pasos apropiadamente.

Para implementar estas funcionalidades, el objeto **FPSController** utiliza varios componentes de físicas y audio, además del *script* **FirstPersonController** que se encarga de detectar el input y comunicar con el resto de componentes. Dentro del objeto **FPSController** encontraremos otro objeto hijo llamado **FirstPersonCharacter**, situado a la altura de la cabeza del personaje. Este tiene el componente **Camera**, además del **AudioListener** y el **Flare Layer**.

No profundizaremos más en los detalles del *prefab* **FPSController**, aunque te invitamos a modificar las distintas propiedades públicas que encontrarás en el inspector del *script* **FirstPersonController** y del componente **CharacterController**, que te permitirán configurar distintos parámetros del movimiento del personaje como su velocidad, capacidad de salto o capacidad de subir pendientes. Más adelante, en el Capítulo 5 "Físicas", estudiaremos el componente **CharacterController**, responsable de gran parte del funcionamiento de este *prefab*.

4.6 AUDIO

Para finalizar el capítulo dedicado a la creación de niveles vamos a estudiar brevemente cómo utilizar el sistema de audio en Unity. Dado que el sistema de audio de Unity es extenso y complejo, abordaremos solo el uso más básico del mismo. Cuando hablamos de audio, además, no hacemos distinción entre efectos de sonido o música, ya que en Unity ambos tipos de audio se importan y reproducen de la misma forma.

4.6.1 Importación de audio

Podemos importar ficheros de audio en diversos formatos, como MP3, OGG, WAV o AIFF entre otros. Los importaremos como cualquier otro tipo de *asset* sin tener que realizar ninguna configuración específica para poder utilizarlos. El inspector de un recurso de audio nos permite configurar algunas opciones de compresión, calidad y modo de carga del sonido en memoria, pero estas solo tienen interés de cara a la optimización del audio del juego, por lo que las omitiremos.

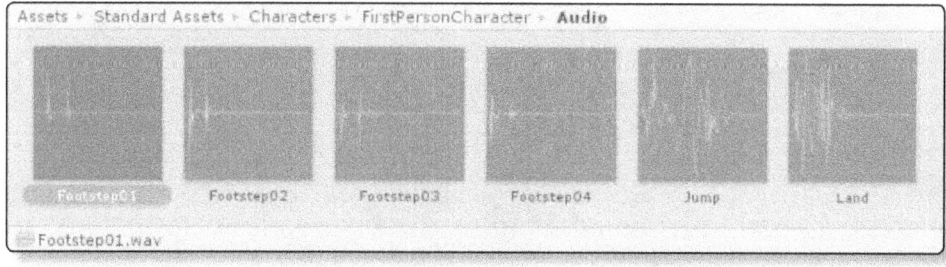

Figura 4.66. Carpeta de assets de audio.

Los recursos de audio se importan como *assets* de tipo *audio clip*, o clips de audio, y se representan visualmente con la forma de la onda sonora.

4.6.2 Reproducción de audio

Los clips de audio son reproducidos a través de componentes **Audio Source** que asociaremos a los distintos GameObjects de la escena desde los que deseemos reproducir sonidos. Por ejemplo, un arma puede tener un componente **Audio Source** con un *audio clip* asociado que corresponda al sonido de un disparo. Cada vez que el arma *instancie* un proyectil, indicaremos por *script* al componente **Audio Source** que reproduzca dicho clip de audio, sonando el disparo a la vez que surge el proyectil.

En ocasiones, crearemos objetos vacíos con la única finalidad de añadirles un componente **Audio Source** con un clip de audio, algo especialmente indicado para músicas o sonidos ambientales que no tienen un origen concreto. En este caso los componentes se podrán configurar para reproducir automáticamente y en bucle el clip de audio pertinente, indicando también que el efecto debe reproducirse sin aplicar efectos 3D, de forma que se escuchen con la misma intensidad independientemente de la posición del escuchante.

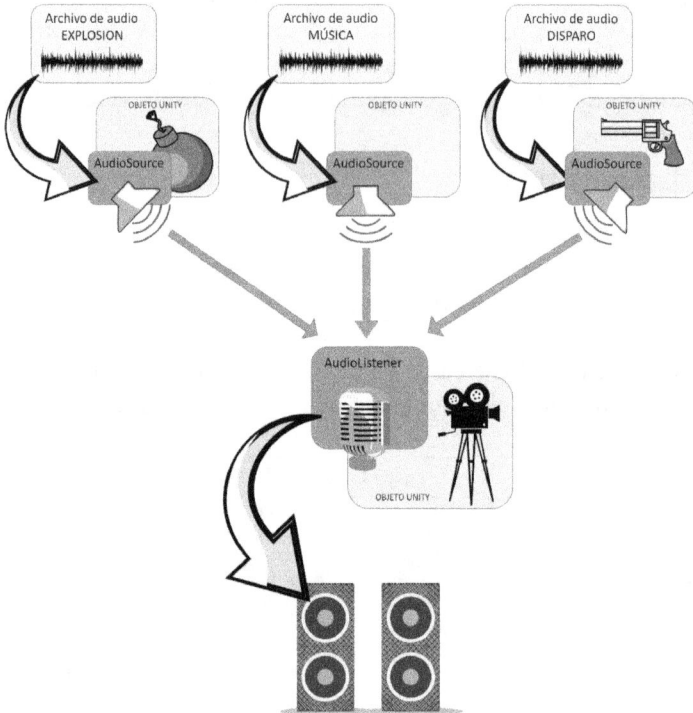

Figura 4.67. Sistema de audio de Unity

Todos los clips de audio reproducidos por componentes **Audio Source** son "escuchados" por un componente **Audio Listener**, que usualmente acompaña a la cámara principal, tal y como vimos en la sección anterior. El componente **Audio Listener** se encarga de procesar los distintos sonidos que se reproducen durante el juego, aplicándoles el efecto 3D pertinente en función del origen del mismo y de su propia posición como escuchante, enviándolos por último a la tarjeta de sonido para su reproducción. En la Figura 4.67 se muestra un esquema con el funcionamiento de todos los componentes de audio.

4.6.3 Componente AudioSource

A continuación vamos a estudiar algunas de las propiedades más útiles del componente **Audio Source**:

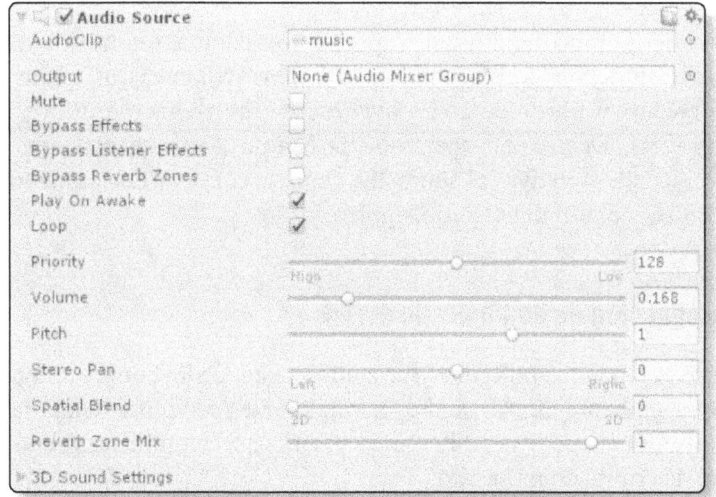

Figura 4.68. Inspector del componente AudioSource.

AudioClip: Clip de audio que va a reproducir el componente.

- **Mute**: La opción mute silencia la reproducción del clip de audio cuando se activa. Es importante destacar que el sonido es silenciado, pero la reproducción no se detiene.

- **Play On Awake**: Si está activado, el clip de sonido se comienza a reproducir en cuanto el GameObject al que está asociado sea activado. Se suele utilizar cuando reproducimos sonidos ambientales o música de fondo, de forma que estos comiencen a reproducirse automáticamente al cargar la escena.

▼ **Loop**: Si está activado, el clip comenzará de nuevo su reproducción cuando finalice, repitiéndose en bucle. Suele ser utilizado para sonidos ambientales o música de fondo, así como efectos de sonido que se tengan que reproducir continuamente en bucle.

▼ **Spatial Blend**: Indica si el sonido debe reproducirse en 3D o en 2D. El valor 0, correspondiente a sonido 2D, hace que este se escuche con el mismo volumen independientemente de la posición del escuchante. Por el contrario, el valor 1, correspondiente a sonido 3D, hace que el volumen de los sonidos dependa de la distancia entre el emisor y el escuchante, así como de la configuración que se haya establecido en el apartado **3D Sound Settings** del componente.

El resto de propiedades del inspector son parámetros habituales de audio, como el *pitch* (tono), *pan* (desplazamiento) o *volume* (volumen); así como parámetros relativos a efectos y filtros de audio avanzados (reverberación, filtros de agudos, filtros de graves). Dentro del apartado **3D Sound Settings** podemos configurar distintas propiedades relativas al audio 3D, como la curva de decaimiento del sonido con la distancia, o el uso del efecto Doppler.

4.6.4 Reproducción de audio desde script

Una vez tenemos configurado un componente **Audio Source** apropiadamente, con su correspondiente clip de audio, normalmente (salvo que tenga la propiedad **Play On Awake** activada) necesitaremos pedirle que reproduzca dicho clip desde *script* en un determinado momento.

Para hacer esto accederemos por *script* al componente AudioSource y llamaremos a su método Play, que reproducirá el sonido una vez, tal y como se muestra en el siguiente ejemplo de código donde se implementa el disparo de un proyectil:

```
void Disparar(){
    ...
    GetComponent<AudioSource>().Play();
}
```

Si implementamos este código en un proyecto, veremos que al intentar reproducir dos veces seguidas el audio en un espacio muy corto de tiempo, por ejemplo, disparando dos veces muy rápido, la primera reproducción se vería interrumpida por la segunda ya que el método `Play` reinicia la reproducción cada vez que es invocado.

Para evitar esto podemos utilizar el método `PlayOneShot`, alternativo al método `Play`. Este método recibe como parámetro una referencia al clip de audio que queremos reproducir por lo que, si el componente **Audio Source** tiene la propiedad **AudioClip** correctamente configurada en el inspector, podríamos utilizar el siguiente código para reproducirlo:

```
void Disparar(){
    ...
    AudioSource audioSource = GetComponent<AudioSource>();
    audioSource.PlayOneShot(audioSource.clip);
}
```

Con este código el sonido del disparo se reproduciría sin cortes aun cuando se reprodujese varias veces seguidas.

Cuando un GameObject necesita reproducir distintos sonidos según las circunstancias, una forma de conseguirlo fácilmente consiste en añadirle distintos objetos vacíos, cada uno de ellos con un componente **Audio Source** con su propio clip de audio asignado. Desde un *script* en el GameObject padre estableceríamos referencias a cada uno de los componentes **Audio Source** de los objetos hijos, reproduciendo el que sea pertinente en cada momento.

> **TRUCO**
> Otra forma distinta de reproducir un sonido desde script consiste en crear un *prefab* con un componente **AudioSource** que tenga la propiedad **Play On Awake** activada, e instanciar dicho *prefab* en la posición de origen del sonido cada vez que lo queramos reproducir. Este truco puede ser muy útil para reproducir sonidos desde un **GameObject** que inmediatamente después vaya a ser destruido, como una bomba al explotar o un proyectil al impactar contra una pared. Además, el *prefab* puede ir acompañado de otros componentes, como sistemas de partículas, para acompañar al sonido de una representación visual.

Además del método `Play` para reproducir un sonido, el componente `AudioSource` nos ofrece algunos otros métodos para controlar la reproducción desde *script*:

- `Stop`: Detiene la reproducción del clip de audio
- `Pause`: Pausa la reproducción del clip de audio.
- `Unpause`: Continua una reproducción previamente pausada.

Estos métodos solo tienen efecto si el sonido se reproduce usando el método `Play`. El método `PlayOneShot`, por el contrario, no permite interrumpir el sonido de forma alguna una vez ha comenzado.

5

FÍSICAS

En este capítulo abordaremos el uso del motor físico de Unity. Estudiaremos cómo aplicar movimientos físicamente realistas a nuestros objetos mediante el uso de fuerzas, y cómo dotarlos de volúmenes de colisión para que puedan chocar entre sí. Identificaremos los distintos tipos de objetos físicos que puede haber en un videojuego, estudiando sus características, la forma de controlarlos y las interacciones que se producen entre ellos. Por último, descubriremos algunos métodos físicos de gran importancia como los *raycast*, que nos permitirán calcular líneas de visión, impactos de disparos, o la interacción del usuario con los objetos físicos, entre otras muchas utilidades. A lo largo del capítulo podrás aprender más sobre los siguientes temas:

1. El motor físico
2. Rigidbody
3. Volúmenes de colisión
4. Tipos de objetos físicos
5. Character Controller
6. Raycast
7. Bucles de juego

PREPARACIÓN

Con el objetivo de que puedas entender mejor los distintos conceptos y técnicas que vamos a explicarte, este capítulo va acompañando del proyecto de ejemplo "Capítulo5-Proyecto1". Este proyecto te permitirá ver en la práctica muchas de las técnicas explicadas a lo largo del capítulo. Consulta la Sección "Material Adicional" al final del libro para más información sobre la descarga de estos y el resto de proyectos que acompañan al libro.

5.1 EL MOTOR FÍSICO

La historia de las físicas en los videojuegos está presente desde sus propios comienzos. Uno de los primeros videojuegos en el mercado fue *Pong* de ATARI, publicado en la década de los 70, donde dos simples paletas representadas por rectángulos blancos golpeaban una pelota que rebotaba de un lado a otro de la pantalla. El comportamiento físico de la pelota era simple, únicamente era capaz de detectar las colisiones para cambiar de dirección, y de moverse a una cierta velocidad.

Conforme los videojuegos, gracias a un hardware más potente, evolucionaban incorporando gráficos 3D, mecánicas de juego y simulaciones cada vez más realistas, los cálculos físicos fueron aumentando igualmente en cantidad y complejidad. En un juego como el *Table Tennis*, desarrollado por RockStar para Xbox 360, lo que en el *Pong* se resolvía con un sencillo cálculo de la dirección de una pelota al rebotar, aquí se complicaba con cálculos que podían incluir la masa de la pelota, la fuerza de cada golpe, la pérdida de energía al rebotar, su rozamiento contra el aire, etc.

Esta situación obligó a crear librerías de código capaces de resolver determinados cálculos físicos frecuentemente utilizados en videojuegos, simulando en tiempo real el comportamiento de los objetos físicos y las interacciones con ellos. Estas librerías vinieron a denominarse motores de físicas. Al mismo tiempo también surgió la necesidad de disponer de mayor capacidad de procesamiento para físicas a nivel de hardware. Esto se resolvió con la creación de unidades de procesamiento físico, o PPU (Physical Procesing Units) incorporadas a las tarjetas gráficas. Los motores físicos aprovechan estas unidades de procesamiento especializadas para realizar cálculos físicos mucho más complejos sin saturar la capacidad de procesamiento de la CPU. Gracias a esta combinación de software y hardware, las simulaciones físicas en los videojuegos han llegado a un alto nivel de calidad y realismo.

Figura 5.1. Motor de físicas PhysX

En la actualidad existen diversos motores físicos como NVIDIA PhysX, HAVOCK de Intel, o BulletPhyscis de Game Physics Simulation, entre otros. Aunque Unity es capaz de usar cualquiera de ellos mediante el uso de *plugins*, de forma nativa utiliza el motor PhysX de Nvidia, ofreciéndonos componentes y diversas facilidades para trabajar con este motor. A lo largo del capítulo abordaremos el uso del motor PhysX a través de Unity.

5.1.1 Aclaración sobre 3D y 2D

En este capítulo abordaremos el sistema y los componentes de físicas 3D de Unity, que como ya hemos explicado, se basa en PhysX. Sin embargo, Unity también incorpora un motor de físicas 2D llamado Box2D, con sus propios componentes.

Cuando queramos trabajar con el sistema de físicas 3D en Unity, será muy importante seleccionar los componentes físicos adecuados. Los componentes de físicas 3D no interactúan en forma alguna con los de físicas 2D, y es frecuente caer en el error de seleccionar un componente del tipo incorrecto por descuido; para descubrir posteriormente que las físicas no están funcionando como esperábamos.

Identificar los componentes de físicas 2D es sencillo, pues incluyen siempre el sufijo "2D" al final del nombre de cada componente. Algunos componentes solo se distinguirán por este sufijo, como **Rigidbody** en físicas 3D, o **Rigidbody2D** en físicas 2D. Otros componentes tendrán nombres más fácilmente diferenciables, como **SphereCollider** en físicas 3D, o **CircleCollider2D** en físicas 2D.

Las físicas 2D quedan fuera del ámbito del libro, aunque muchos de los conceptos explicados para las físicas tridimensionales tienen igual o similar uso en su equivalente bidimensional.

5.2 RIGIDBODY

El componente **Rigidbody** es el componente base necesario para enlazar un **GameObject** con el motor PhysX. A través de este componente podremos dotar a un objeto de movimiento basado en físicas y, en combinación con los componentes de volumen de colisión explicados más adelante, de la capacidad de colisionar con otros objetos durante su movimiento. Para añadir este componente a cualquier **GameObject** nos bastará con seleccionarlo en el menú **Component → Physics → Rigidboy**.

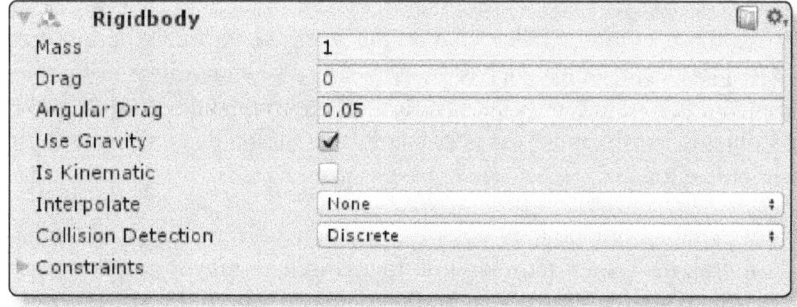

Figura 5.2. Componente Rigidbody

Si añadimos este componente a un objeto, dejando su configuración por defecto, al ejecutar el juego el objeto comenzará a verse afectado por la gravedad, que inicialmente estará configurada a 9,8 m/s^2, su valor real en la superficie de la tierra. Si el objeto tiene un volumen de colisión, también podrá colisionar con otros volúmenes de colisión de la escena.

> **EJEMPLO**
>
> Crear un plano como suelo, y una esfera por encima de él utilizando las opciones de menú **GameObject → 3D Object → Plane** y **GameObject → 3D Object → Sphere**. Añade un componente **Rigibody** a la esfera y ejecuta el juego para ver cómo le afecta la gravedad y cae hasta impactar con el plano.

Aunque por defecto el componente **Rigidbody** se limita a aplicar los cálculos de gravedad y colisiones al objeto, este dispone de una gran variedad de propiedades que nos permiten configurar los detalles de su comportamiento físico. Además, también nos ofrece diversos métodos accesibles desde *script* con los que podremos controlar el movimiento del objeto, por ejemplo, añadiéndole fuerzas para simular que estuviese dirigido por motores o propulsores. A lo largo de esta y las siguientes secciones descubriremos todas estas funcionalidades.

5.2.1 Propiedades del Rigidbody

El componente **Rigidbody** ofrece varias propiedades que permiten configurar su comportamiento físico. A continuación las analizamos una a una explicando algunos detalles de interés.

5.2.1.1 MASA

La propiedad **Mass** representa la masa del objeto en kilogramos. Este valor es usado por el motor físico cuando un objeto se ve sometido a fuerzas, para determinar qué efecto tienen dichas fuerzas sobre su movimiento. También entra en juego cuando un objeto impacta contra otro, determinando el efecto del impacto sobre los objetos involucrados en la colisión, en función de la velocidad y la masa de cada uno de ellos.

Por ejemplo, una bola de bolera, con una masa mucho mayor que la de una pelota de fútbol, necesitará también una fuerza mucho mayor para ser desplazada. Cuando la bola de bolera impacte sobre los bolos, al tener más masa, será capaz de tumbarlos más fácilmente que si la pelota de fútbol impactase a la misma velocidad.

5.2.1.2 ROZAMIENTO CONTRA EL AIRE (LINEAL)

La propiedad **Drag** representa el efecto del rozamiento del objeto contra el aire, de forma que cuanto mayor sea éste valor, más se frenará el objeto al desplazarse en cualquier dirección. El rozamiento contra el aire es una fuerza en sentido contrario a la del movimiento del objeto, y que depende de su velocidad. Cuanta más velocidad tenga el objeto, mayor será la fuerza de rozamiento a la que se verá sometido. Por ejemplo, en caída libre, el rozamiento contra el aire determinará la velocidad máxima a la que caerá el objeto, ya que la fuerza de rozamiento irá aumentando junto con la velocidad del objeto hasta igualarse a la fuerza de la gravedad, momento en el que el objeto dejará de acelerar y se mantendrá cayendo a una cierta velocidad máxima.

Un ejemplo clásico sobre esta propiedad es el comportamiento físico de una pluma y de una roca al caer desde una cierta altura. En condiciones de vacío ambos objetos caerían a la vez, ya que la fuerza de la gravedad es la misma para ambos. En el aire, sin embargo, la pluma caerá lentamente debido a que su menor masa y su mayor superficie hacen que el rozamiento contra el aire frene su caída, mientras que la roca con mayor masa no se verá apenas frenada por el aire. Para simular esto en Unity, asignaríamos un valor de **Drag** medio/alto a la pluma, y un valor de **Drag** muy bajo a la roca.

Por motivos de simplicidad, ya que las fórmulas físicas del rozamiento contra el aire son muy complejas, PhysX únicamente tendrá en cuenta el valor de **Drag** a la hora de simular el rozamiento contra el aire, ignorando por completo la masa y la forma del objeto. Dicho de otra forma, dos objetos con el mismo valor de **Drag** se verán frenados por el aire exactamente de la misma manera, independientemente de su forma y de su masa.

5.2.1.3 ROZAMIENTO CONTRA EL AIRE (ANGULAR)

La propiedad **Angular Drag** es análoga a la propiedad **Drag**, representando el mismo concepto de rozamiento contra el aire, pero aplicado en este caso a la velocidad de rotación del objeto (en vez de a su velocidad de desplazamiento).

Un ejemplo de uso habitual de esta propiedad son los juegos de naves espaciales basados en físicas. Para conseguir que una nave deje de rotar incontroladamente después de sufrir un impacto, puede establecerse su parámetro **Angular Drag** a un valor alto desde *script*, de tal forma que la velocidad de rotación del objeto irá disminuyendo rápidamente hasta estabilizar la nave por completo.

5.2.1.4 GRAVEDAD

La propiedad **Use Gravity** determina si el objeto se ve afectado por la gravedad. Puede desactivarse para simular objetos capaces de volar u objetos que se encuentren en el vacío, donde no hay gravedad.

En ocasiones resulta muy útil modificar esta propiedad desde *script*, a través de la propiedad `useGravity` del componente **Rigidbody**, pudiendo conseguir, por ejemplo, que un objeto volador comience a caer al suelo tras recibir un impacto. Conviene reseñar que un objeto que esté cayendo no se detendrá si desactivamos la gravedad por *script*, ya que la velocidad que haya alcanzado hasta ese momento se mantendrá intacta.

Por defecto la gravedad en Unity está configurada a un valor de -9,8 m/s², el valor de gravedad conocido para la superficie de la tierra. Este valor afecta por igual a todos los objetos con Rigidbody que tengan activada la propiedad **Use Gravity**. La gravedad puede modificarse desde el editor a través del menú **Edit → Project Settings → Physics**, modificando la propiedad **Gravity**. También es posible modificar el valor de la gravedad desde *script* a través de la propiedad `Physics.gravity`.

5.2.1.5 MODO CINEMÁTICO

La propiedad **Is Kinematic** activa o desactiva el modo cinemático del objeto. Un objeto físico puede funcionar en modo dinámico, si esta opción está desactivada, o cinemático, si esta opción está activada. Cuando está en modo cinemático, el objeto ignorará cualquier fuerza a la que se vea sometido, ya sea aplicada por *script* a través de los métodos del componente **Rigidbody**, o como fruto de la colisión con otros objetos.

El movimiento de un objeto cinemático será controlado completamente desde *script*, y las fuerzas que se apliquen sobre él no tendrán ningún efecto. Una consecuencia de esto es que dos objetos cinemáticos se podrán atravesar entre sí, sin generar colisiones y sin que su movimiento se vea afectado de ninguna manera.

El modo cinemático es ideal para controlar objetos físicos por *script* o animación. Más adelante, en la Sección 5.4 "Tipos de objetos físicos", profundizaremos en los distintos tipos de objetos a nivel físico, las formas de controlarlos y las interacciones físicas que se producen entre ellos.

5.2.1.6 INTERPOLACIÓN

La propiedad **Interpolate** permite activar la interpolación del movimiento físico del objeto para sincronizarlo con el movimiento de la cámara. Lo utilizaremos principalmente para solucionar problemas de temblor a nivel gráfico (conocido como *jitter*) en objetos que se mueven por físicas cuando están bajo el seguimiento de una cámara que se mueve por lógica o animación.

Los objetos controlados por físicas actualizan su posición en el bucle FixedUpdate, que se ejecuta a una frecuencia fija; mientras que las cámaras habitualmente actualizan su posición en el bucle Update o LateUpdate que se ejecutan a una frecuencia variable. Cuando esto ocurre se pueden apreciar discontinuidades y temblores en el seguimiento del objeto debido las pequeñas diferencias de desplazamiento entre el objeto físico y la cámara en cada *frame*. Al asignar un valor distinto de **None** a esta propiedad, PhysX comenzará a "trucar" la posición en la que se dibuja el objeto físico para que parezca que va sincronizado con el movimiento de la cámara, evitando el efecto de *jittering*.

Mediante la opción **Extrapolate**, PhysX utiliza la velocidad del objeto en el *frame* actual para predecir donde estará en el momento en el que la cámara lo dibuje por pantalla. Mediante la opción **Interpolate**, PhysX mueve el objeto con un *frame* de retraso respecto a la simulación física, aprovechando este margen para saber dónde estará el objeto en el momento en el que la cámara lo dibuje por pantalla. En ambos casos, justo antes de que la cámara dibuje por pantalla, el objeto se reposicionará gráficamente al punto exacto donde debería estar si su movimiento estuviese sincronizado con el de la cámara. Este efecto solo ocurre a nivel gráfico, pero a nivel físico la simulación sigue teniendo lugar con completa normalidad.

TRUCO
Si tienes problemas de *jittering* al seguir a un objeto físico con la cámara, en lugar de usar la opción **Interpolate** del **Rigidbody** al que estés siguiendo, puedes tratar de hacer que tú cámara se desplace también dentro del FixedUpdate. De esta forma el movimiento de la cámara irá sincronizado con el movimiento de los objetos físicos y desaparecerá el temblor.

Consulta la Sección 5.7 "Físicas y bucles de juego" para obtener más información sobre las diferencias entre los bucles de juego Update y FixedUpdate.

5.2.1.7 CALIDAD EN DETECCIÓN DE COLISIONES

La propiedad **Collision Detection** determina la calidad en el algoritmo de detección de colisiones, ayudándonos a evitar que objetos que se desplazan a gran velocidad puedan atravesar a otros volúmenes de colisión por error. Utilizaremos el valor **Discrete** como norma general, activando los valores **Continuous Dynamic** solo en objetos que se muevan muy rápido y **Continous** en los objetos con los que estos vayan a colisionar.

5.2.1.8 RESTRICCIONES AL MOVIMIENTO

La propiedad **Constraints** permite limitar el movimiento y la rotación del objeto en determinados ejes, fijando el valor de la posición o rotación en los ejes X, Y y Z del objeto. Es especialmente útil para simular restricciones al movimiento de los objetos, como que un objeto esté clavado a una pared, sujeto por una bisagra o moviéndose por raíles.

Esta limitación solo tiene efecto a nivel físico, es decir, solo afecta a las fuerzas aplicadas sobre el objeto. Sin embargo, el objeto se sigue pudiendo mover libremente por código o desde el editor a través de su componente **Transform**.

5.2.2 Interacción de componentes Rigidbody y Transform

Cualquier objeto con un componente **Rigidbody** estará conectado con el motor físico de Unity. El motor físico se encargará de mover y rotar al objeto por la escena según sus propiedades físicas, modificando a su vez las propiedades de posición y rotación del componente **Transform**. Esto significa que el **Transform** del objeto estará en la práctica controlado por el **Rigidbody**, lo cual tiene varias implicaciones que estudiaremos a continuación.

5.2.2.1 MOVIMIENTO

Cuando un objeto esté controlado por el **Rigidbody** no debemos usar su componente **Transform** para moverlo o rotarlo ya que esto entorpecerá el funcionamiento del motor de físicas, lo que puede provocar comportamientos impredecibles e indeseados. En su lugar utilizaremos desde nuestros *scripts* los distintos métodos proporcionados por el componente **Rigidbody**, como AddForce o MovePosition, con los que conseguiremos mover al objeto respetando los cálculos físicos y consiguiendo movimientos más realistas. Más adelante, en la Sección 5.4 "Tipos de objetos físicos" abordaremos las distintas formas de mover un objeto a través de su **Rigidbody**.

5.2.2.2 EMPARENTACIÓN

La emparentación de dos o más objetos con **Rigidbody** (cada objeto con su propio **Rigidbody**) tampoco funciona igual que con el resto de objetos. Dado que al mover un objeto padre también se desplazan sus hijos, los cálculos físicos del **Rigidbody** hijo verían alterados por el movimiento del padre. Mientras que el objeto hijo se verá afectado por la fuerza de la gravedad, fuerzas externas y por las colisiones con otros objetos; al mismo tiempo el objeto padre estará intentado desplazarlo junto con él. Esto provocará diversos errores a nivel físico que debemos evitar.

Más adelante, en la Sección 5.3.3 "Unión de varios volúmenes de colisión", veremos que es posible combinar varios volúmenes de colisión en una jerarquía utilizando un único componente **Rigidbody** en el objeto raíz. De esta forma es posible crear objetos físicos con formas complejas evitando los problemas a nivel físico que se derivan de emparentar *rigidbodies*.

También es posible enlazar dos objetos físicos independientes, cada uno con su propio **Rigidbody**, y conseguir que se muevan juntos; pero para lograrlo tendremos que utilizar un tipo específico de componentes, diseñados para tal fin, denominados **Joints**. Estos componentes se encargan de enlazar dos o más objetos con **Rigidbody** con distintos tipos de uniones (fijas, muelles, bisagras, etc.) manteniendo un comportamiento físicamente realista. El uso de estos componentes no será abordado en este capítulo, pero podemos encontrar más información sobre los mismos en la documentación oficial de Unity: https://docs.unity3d.com/Manual/Joints.html

5.2.2.3 TAMAÑO

El tamaño de los objetos físicos tiene gran importancia a la hora de conseguir movimientos físicamente realistas mediante el uso de **Rigidbody**. El motor por defecto considera que cada unidad de espacio en el mundo de juego se corresponde con 1 metro. Cuando establezcamos las escalas de nuestros objetos en la escena, tendremos que tener en cuenta este hecho para asignarles escalas que se correspondan aproximadamente con su tamaño real. De esta forma, si queremos representar una canica, crearemos una esfera con una escala de 0.016, es decir, 16 milímetros. Por el contrario, si queremos crear una pelota de playa, crearemos una esfera de escala 0.22, es decir, 22 centímetros.

El tamaño de los objetos afectará en gran medida a sus cálculos físicos relacionados con fuerzas, velocidades y aceleraciones. Si utilizamos escalas mucho mayores a las deseables, serán necesarias fuerzas, velocidades y aceleraciones de mayor magnitud, lo que provocará movimientos físicos poco realistas e incluso, en casos exagerados, imprecisiones y errores inesperados. Siguiendo el ejemplo anterior, si queremos simular la caída de una pelota de playa desde 2 metros de altura, y esta tiene una escala de 0.22, conseguiremos automáticamente un movimiento realista al dejarla caer con gravedad a través de su **Rigidbody**. Sin embargo, si usamos una escala inapropiada, y dotamos a la pelota de una escala de 2,2 (10 veces la escala ideal), tendremos que elevarla 20 metros por encima del suelo, y aplicar una gravedad mucho mayor, para conseguir que caiga al suelo de forma realista.

En todo caso, conviene recordar que la escala de un objeto no tiene relación con su masa: por muy grande que sea un objeto, no significa que este vaya a pesar más. Al igual que debemos asignar una escala adecuadas a los objetos, también tendremos que asignarles masas adecuadas, acordes a su tamaño, para conseguir efectos físicos realistas.

> ⚠ **CUIDADO**
> PhysX está diseñado para hacer simulaciones físicas con objetos móviles a escala humana, como personas, vehículos, maquinaria, ruedas, pelotas, etc. Si no tenemos cuidado con las escalas y utilizamos valores de posiciones, velocidades, aceleraciones y fuerzas demasiado altas o demasiado pequeñas, las simulaciones físicas perderán calidad y en casos extremos, podrán generar situaciones inverosímiles y erróneas.

5.2.2.4 ANIMACIONES

Las animaciones usualmente son utilizadas para mover objetos por la escena siguiendo una determinada ruta o patrón de movimiento. En ocasiones querremos aplicar una animación a un objeto con **Rigidbody**, pero si lo hacemos, estaremos provocando un conflicto entre la animación y los cálculos del motor físico, ya que ambos tratarán de tomar el control del **Transform** del objeto.

Ante estas situaciones, la propiedad *IsKinematic* del componente **Rigidbody** activará su modo cinemático y quitará el control del objeto al motor físico, permitiéndonos modificar su componente **Transform** libremente, ya sea desde el código o mediante animaciones. En cualquier momento podremos desactivar o activar esta propiedad desde el código para tomar el control del objeto, activando alguna animación o *script* que se encargue de moverlo; o devolviendo el control al motor físico para que continúe aplicando sus cálculos físicos.

5.2.3 Sleep / WakeUp

Un **Rigidbody** puede encontrarse en dos estados diferentes: despierto o dormido. Dado que los cálculos del motor físico son muy complejos, cuando un objeto queda quieto en la escena, el motor físico lo "duerme", omitiéndolo de sus cálculos mientras permanezca en dicho estado. Con esta técnica el motor físico es capaz de optimizar sus cálculos, atendiendo únicamente a los objetos físicos que realmente lo necesitan.

Cuando un objeto físico se mueva lo suficientemente despacio para que su energía cinética llegue a ser menor que la constante *Sleep Threshold*, PhysX pondrá al objeto en estado dormido. La energía cinética depende de la velocidad lineal y angular del objeto, por lo que solo se dormirá si ambas velocidades son muy cercanas a 0. El valor de *Sleep Threshold* puede configurarse desde el menú **Edit → Project Settings → Physics**, aunque normalmente lo dejaremos con su valor por defecto.

Cuando un **Rigidbody** en estado dormido sufre una colisión, o si deja de sufrir una colisión -el suelo sobre el que descansa, desaparece, por ejemplo- el propio motor se encargará de despertar al **Rigidbody** automáticamente, activándolo y volviendo a procesar sus cálculos físicos con normalidad.

Aunque no es habitual, también es posible dormir y despertar a un objeto desde *script*, mediante los métodos Sleep y WakeUp del componente **Rigidbody**. Si ponemos a dormir un objeto que está en movimiento, inmediatamente se detendrá, y al despertarlo su velocidad lineal y angular se habrán reiniciado a 0, perdiendo la inercia que tuviese en el momento de ponerlo a dormir.

5.3 VOLÚMENES DE COLISIÓN

Aunque el componente **Rigidbody** se encarga por si solo de mover a un objeto mediante físicas realistas, es necesario un componente adicional para indicarle el volumen de colisión del objeto, y que el motor físico pueda calcular sus colisiones contra otros objetos físicos de la escena.

Podríamos pensar que el motor físico utilizará la geometría visual de cada modelo 3D para calcular sus colisiones con otros objetos, accesible esta desde la propiedad *mesh* del componente **MeshFilter**. Sin embargo, las mallas tridimensionales usadas para gráficos usualmente tienen formas complejas y albergar una gran cantidad de polígonos. Imaginemos el modelado de un personaje principal, donde el cuerpo, el rostro, la ropa y las decoraciones de ésta pueden superar con creces el millón de polígonos en juegos con gráficos realistas. Si el motor físico hiciese sus complejos cálculos de colisiones en base a ese modelo, necesitaría de una gran cantidad de recursos de procesamiento, lo que podría provocar graves descensos en el rendimiento del juego e imposibilitaría tener diversos modelos 3D similares interactuando en la escena.

Para evitar este problema, Unity separa estos dos conceptos, la geometría visual, de la geometría física, utilizando para ello dos componentes diferentes: el componente **MeshRenderer** que gestiona la geometría visual, y los componentes **Collider** que gestionan la geometría física.

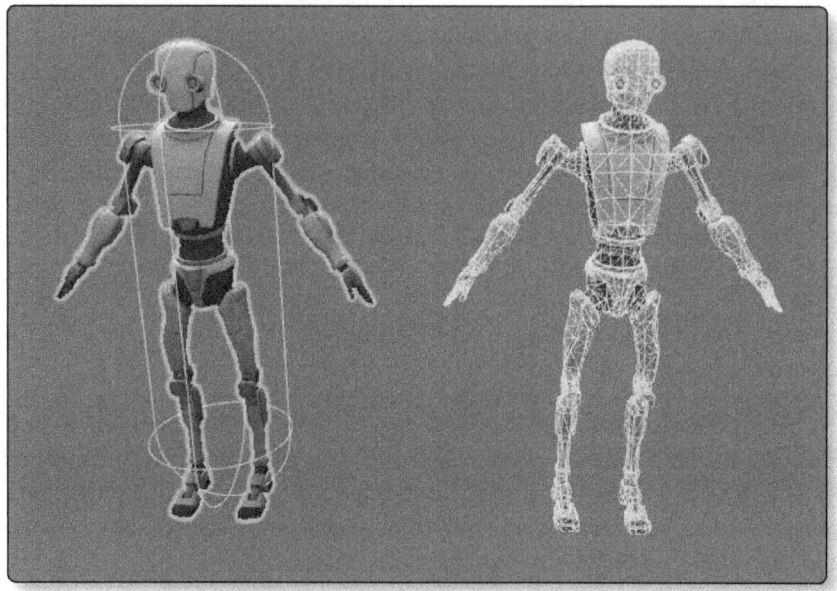

Figura 5.3. Geometría de un CapsuleCollider (izquierda) frente a un MeshCollider (derecha)

Existen varios tipos de *colliders* diferentes, cada uno representando formas básicas, como esferas, cajas y cápsulas, que, combinadas, pueden ayudarnos a formar estructuras más complejas. Estas geometrías de colisión se caracterizan por su sencillez, permitiendo al motor físico realizar sus cálculos en base a ecuaciones más sencillas, en lugar de los complejos cálculos que serían necesarios para determinar las colisiones producidas con los triángulos de la malla gráfica del objeto.

5.3.1 Motor de dibujo vs. Motor de físicas

Un ejemplo clásico para entender la diferencia entre los cálculos realizados por el motor físico y el motor gráfico ante un mismo elemento es la esfera. Mientras en el motor gráfico representar una esfera es relativamente costoso, en el motor físico calcular las colisiones entre esferas es una operación muy rápida y sencilla. Esto se debe a que la esfera a nivel gráfico debe estar compuesta por triángulos, con un número relativamente grande de ellos para conseguir su curvatura. Sin embargo, la esfera a nivel físico puede ser representada, en posición y forma, por dos únicos valores: el vector de posición y el radio. En consecuencia, para saber si dos esferas han entrado en colisión, el motor físico tan solo tendrá que comprobar la distancia entre ellas y compararla con la suma de los radios, evitando tener que operar con los triángulos con los que el motor gráfico está obligado a lidiar.

5.3.2 Añadir un volumen de colisión a un objeto

Para añadir un volumen de colisión con una forma primitiva a un objeto, le añadiremos un componente **SphereCollider**, **BoxCollider** o **CapsuleCollider** en el inspector, con forma de esfera, caja o cápsula respectivamente. También podremos usar un componente **MeshCollider**, utilizado para crear volúmenes de colisión mediante mallas tridimensionales, aunque como estamos explicando, conviene evitar el uso de estos últimos siempre que sea posible. Todos estos componentes heredan del componente genérico **Collider**.

Si añadimos un volumen de colisión a un objeto vacío, su tamaño por defecto será igual a 1 en todos sus ejes. Sin embargo, si lo añadimos a un objeto que tenga el componente **MeshFilter** con la propiedad *mesh* correctamente establecida, el *collider* ajustará su tamaño automáticamente para envolver a la malla gráfica.

5.3.3 Unión de varios volúmenes de colisión

Como se ha mencionado anteriormente, la forma óptima de representar formas complejas a nivel físico es el uso combinado de varios volúmenes de colisión sencillos dentro del mismo objeto. El motor físico está diseñado para procesar varios volúmenes de colisión superpuestos en un objeto como si fueran un todo. Observemos el siguiente ejemplo de un rifle:

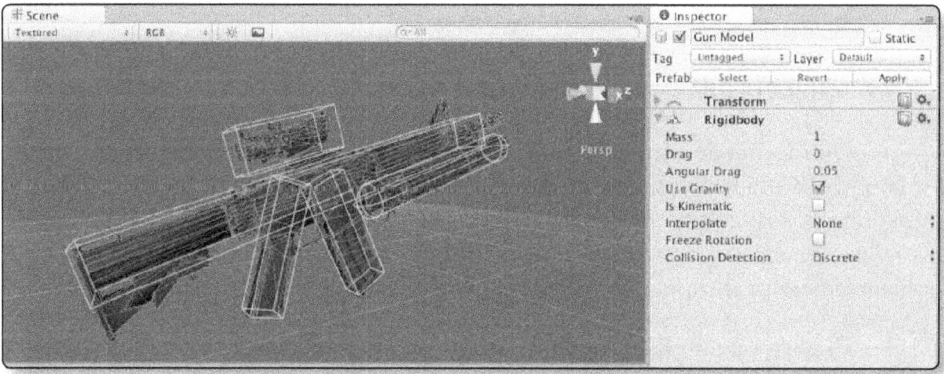

Figura 5.4. Configuración de varios colliders unidos

En este ejemplo, pueden verse claramente cinco *colliders* diferentes, de formas sencillas como cajas y cápsulas, envolviendo la geometría del rifle, mucho más compleja. A esta técnica la llamamos **Compound Colliders**, y es el modo de trabajo recomendado para crear volúmenes de colisión complejos.

Existen dos formas de combinar varios componentes **Collider,** cada una con sus ventajas e inconvenientes, que descubriremos a continuación.

5.3.3.1 EN UN ÚNICO GAMEOBJECT

Podemos añadir varios componentes **Collider** a un único **GameObject** y utilizar la propiedad *Center*, común en todos ellos, para posicionarlos adecuadamente. En ocasiones puede resultar engorroso posicionar los *collider* de esta manera, pero en situaciones sencillas donde solo necesitemos dos o tres *collider*, resulta una buena forma de combinarlos.

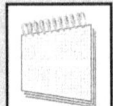
NOTA
Cuando un GameObject tiene varios componentes del mismo tipo, referenciar uno de esos componentes desde el código resulta algo más complicado.
Si deseamos asignar uno de los componentes a una variable pública de un *script*, mantendremos pulsado clic izquierdo sobre el nombre del componente, arrastrándolo hasta el hueco de la variable en el inspector.
Si deseamos obtener acceso a los componentes desde *script*, usaremos el método GetComponents (nótese el uso de la versión en plural). Por ejemplo, para acceder a los **colliders** de un objeto utilizaremos:

```
Collider[] colliders = GetComponents<Collider>();
```

Unity siempre devolverá los componentes en el orden en el que fueron encontrados en el inspector -de arriba a abajo-, permitiéndonos acceder a uno u otro a través del índice del *array*.

5.3.3.2 MEDIANTE UNA JERARQUÍA DE GAMEOBJECTS

Otra forma de combinar *colliders* consiste en crear una jerarquía de objetos en la que el GameObject raíz tiene el componente **Rigidbody**, y los GameObjects hijos tienen los componentes **Collider**. De ésta forma, nos resultará sencillo posicionar, escalar y rotar cada objeto hijo, para conseguir que cada volumen de colisión envuelva de la mejor manera posible nuestra geometría.

El componente **Rigidbody** está diseñado para combinar todos los *colliders* de sus objetos hijos, además de los propios, tratando a todos ellos como un único volumen de colisión compuesto. La única restricción para que esto funcione es que ninguno de los objetos hijos tenga otro componente **Rigidbody**.

NOTA
Si combinamos *colliders* mediante objetos hijos, debemos tener en cuenta que los métodos de las familias OnTrigger y OnCollision se ejecutarán únicamente en los *scripts* del objeto raíz que tenga el componente **Rigidbody**, y no en los scripts de los objetos hijos. Esto se debe a que el componente **Rigidbody** combina todos los volúmenes de colisión propios y de los objetos hijos como si de un único *collider* se tratara.
Por el contrario, si creamos una jerarquía de objetos con *collider*, pero el objeto raíz no tiene componente **Rigidbody**, entonces los *colliders* actuarán como volúmenes de colisión independientes, y los métodos OnTrigger y OnCollision se ejecutarán individualmente en los *scripts* de cada *collider* cuando cada uno de ellos sufra una colisión.

5.3.4 Propiedades comunes de todos los Colliders

Unity tiene seis tipos de volúmenes de colisión predefinidas en el motor, y todos ellos, comparten algunas propiedades comunes que nos resultará útil conocer, y que se muestran en la Figura 5.5.

Figura 5.5. Opciones comunes a todos los Collider

▼ **Edit Collider:** Permite modificar la forma del **Collider** manualmente dentro del editor. Al activar esta opción, en la ventana de **Scene** aparecerán unos controladores en cada cara del *collider*. Si mantenemos pulsado el botón izquierdo del ratón mientras lo arrastramos, podremos alterar la forma del *collider* visualmente.

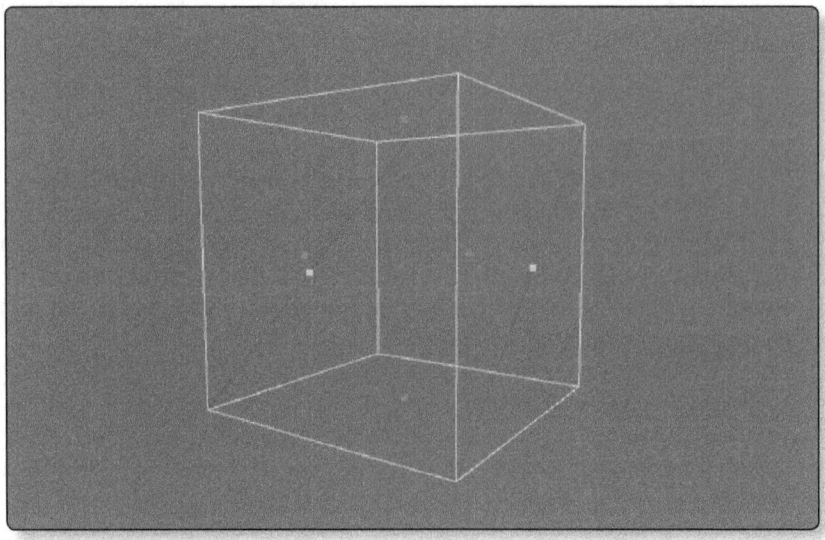

Figura 5.6. Controladores de edición del BoxCollider

- **Is Trigger:** Este *checkbox* nos permitirá alternar entre el modo *trigger* activado o desactivado. Un objeto con ésta opción activa no colisionará ni hará que otros objetos colisionen con él, aunque mantendrá funciones que nos permitirán saber qué objetos entraron -o salieron- de la zona delimitada por el *collider*. Abordaremos el uso de *triggers* en la Sección 5.3.7 "Volúmenes de colisión y Triggers".

- **Material:** Cuando queremos cambiar el comportamiento de un objeto al colisionar contra otro, como qué fricción o qué rebote debe generar, deberemos crear un **Physic Material**, un tipo de *asset* que puede ser creado en la ventana de proyecto y asignado a un volumen de colisión a través de esta propiedad. Abordaremos el uso de materiales físicos en la Sección 5.3.6 "Physic Material".

- **Center:** Permite modificar la posición del *collider* respecto al **GameObject** al que está asociado. Lo utilizaremos para corregir la posición del *collider* en caso de que Unity no la haya calculado correctamente al añadir el componente; así como cuando combinemos varios *colliders* en un único GameObject, desplazando cada uno de ellos a una posición distinta dentro del objeto.

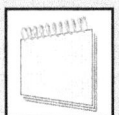

NOTA

A nivel de *scripting*, todos los componentes de volumen de colisión heredan de la clase base **Collider**. Aunque desde tus *scripts* puedes trabajar con clases de *collider* específicas, como **SphereCollider** o **BoxCollider**, en muchos casos te resultará más cómodo trabajar con la clase base. Por ejemplo, con el método GetComponent<Collider> obtendrías una referencia al *Collider* del objeto, aunque no sepas exactamente si se trata de una esfera, un cubo, una cápsula u otro.

5.3.5 Tipos de collider

Existe seis tipos de *collider* distintos, accesibles todos ellos desde el menú **Component → Physics**. A continuación, presentaremos cada uno de ellos mencionando las características que los hacen únicos, y omitiendo las propiedades comunes explicadas en la sección anterior:

5.3.5.1 BOX COLLIDER

Representa un volumen de colisión en forma de caja rectangular. Suele utilizarse para delimitar suelo, paredes y distintos tipos de objetos rectangulares. También se utiliza frecuentemente en combinación con otros tipos de *collider*. Este componente tiene una propiedad *Size* que permite establecer el tamaño de la caja en cada uno de sus ejes.

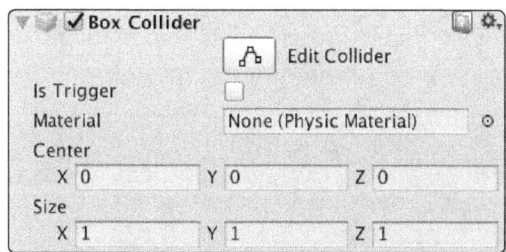

Figura 5.7. Componente BoxCollider

5.3.5.2 SPHERE COLLIDER

Representa un volumen de colisión en forma de esfera. A nivel matemático es el *collider* más eficiente de todos, pues está definido únicamente por dos propiedades, la posición y el radio. Debido a su eficiencia, es frecuente combinar múltiples *colliders* de este tipo para conseguir volúmenes de colisión más complejos.

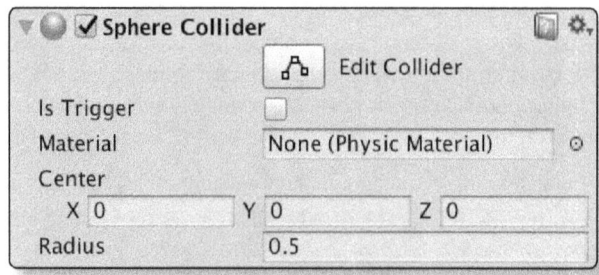

Figura 5.8. Componente SphereCollider

Este componente tiene una propiedad *Radius* que permite establecer el radio de la esfera. No es posible deformar la esfera modificando la escala del objeto en su componente **Transform**, ya que cuando lo intentemos, el *collider* simplemente se escalará en base al eje que tenga un mayor valor de escala.

5.3.5.3 CAPSULE COLLIDER

Representa un volumen de colisión en forma de cápsula. La cápsula consta de dos medias esferas separadas por un cilindro, por lo que, el componente nos permite configurar la propiedad *Radio* así como la propiedad *Height*, que representan el radio de las semiesferas y la distancia entre sus orígenes respectivamente.

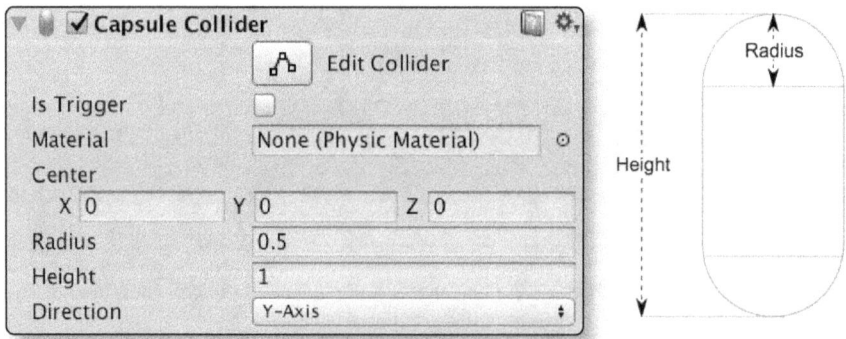

Figura 5.9. Componente CapsuleCollider

Además de dichas opciones, **Capsule Collider** permite ajustar la dirección sobre la que se ajustar el valor de *Height*. Es decir, podemos dirigir una cápsula hacia cualquiera de los ejes X, Y y Z.

5.3.5.4 WHEEL COLLIDER

Representa un volumen de colisión en forma de rueda, y está pensado específicamente para ser usado en vehículos. Este componente requiere de una detallada configuración que escapa al ámbito de este libro. Si te interesa saber más, consulta la documentación oficial en los siguientes enlaces: *https://docs.unity3d.com/Manual/class-WheelCollider.html* y *https://docs.unity3d.com/Manual/WheelColliderTutorial.html*

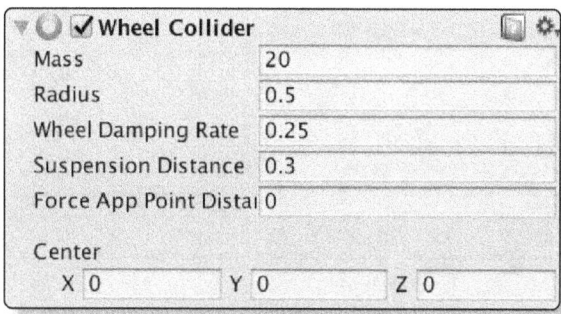

Figura 5.10. Componente WheelCollider

5.3.5.5 TERRAIN COLLIDER

Representa un volumen de colisión con la geometría de un terreno. Es utilizado por el sistema de terrenos para gestionar las colisiones con la superficie del mismo. Se genera y modifica automáticamente con el editor de terrenos, tal y como vimos en el Capítulo 4 "Creación de Niveles".

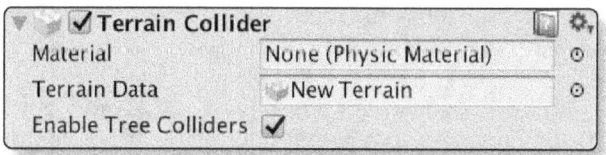

Figura 5.11. Componente TerrainCollider

Es importante remarcar el hecho de que los terrenos de Unity sólo pueden usar este tipo de *collider*. Si deseamos complementar el *collider* del terreno, añadiendo paredes o *colliders* invisibles para evitar que el jugador atraviese determinadas zonas, añadiremos objetos vacíos a la escena con los volúmenes de colisión que consideremos necesarios.

5.3.5.6 MESH COLLIDER

Representa un volumen de colisión definido por una malla tridimensional. A través de la propiedad **Mesh** indicamos la malla a utilizar. Gracias a este componente podemos conseguir una precisión exacta en los cálculos de colisión de un objeto, a costa de un mayor tiempo de proceso por parte del motor físico.

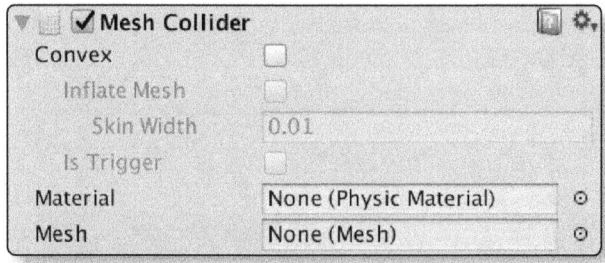

Figura 5.12. Componente MeshCollider

El uso del componente **Mesh Collider** es muy costoso para el motor físico, por lo que solo se recomienda su uso en geometría estática de la escena, que no vaya a moverse, así como de forma puntual en objetos de gran importancia donde necesitemos la máxima precisión en los cálculos de colisiones. Aun en estos casos, no se recomienda utilizar la misma malla para los gráficos que para las físicas. Usualmente las mallas gráficas tienen una gran cantidad de polígonos, necesarios para conseguir la máxima calidad de renderizado. Sin embargo, las mallas físicas deben ser lo más sencillas posibles, por lo que normalmente se utilizan versiones simplificadas con muchos menos polígonos que las mallas gráficas. Unity no proporciona ningún mecanismo para la reducción de polígonos en las mallas 3D, por lo que es necesario software externo para generarlas.

En la Figura 5.13 podemos ver dos objetos con **Mesh Collider**, uno de ellos con una malla física compleja, y otro con una malla física simplificada. Aunque la precisión de la malla física simplificada no sea del 100%, conseguiremos unos cálculos por parte del motor físico mucho más rápidos y eficientes.

Figura 5.13. Dos mallas físicas, la de la derecha optimizada respecto a la de la izquierda.

Debido a los complejos cálculos que el motor físico debe realizar para detectar colisiones entre mallas tridimensionales, por defecto los componentes **Mesh Collider** tienen varias e importantes limitaciones: no pueden asociarse a un **Rigidbody**, solo pueden utilizarse en la geometría estática de la escena (no deben moverse de su posición inicial en la escena) y no pueden configurarse como *triggers*.

Para poder evitar estas limitaciones, la malla física debe tener un máximo de 255 triángulos, y debe representar un volumen convexo, es decir, sin concavidades. Si estas limitaciones se cumplen, podremos activar la propiedad **Convex** del componente. Al activarla, el *collider* se comportará con normalidad, y podremos asociarlo a un **Rigidbody**, moverlo por la escena y configurarlo como *trigger* activando la propiedad **IsTrigger**, según necesitemos.

5.3.6 Physic Material

La propiedad **Material** de los *collider* permite especificar el material físico del volumen de colisión. Un material físico es un tipo de *asset* que especifica la forma en la que el *collider* reaccionará al colisionar o permanecer en colisión con otro *collider*, indicando su rozamiento y capacidad de rebote.

Para crear un material físico haremos clic con el botón derecho del ratón en la ventana de proyecto y seleccionaremos la opción **Create → Physic Material**.

En el inspector del material físico podremos establecer sus propiedades de ficción y rebote, así como el modo de cálculo de ambas propiedades.

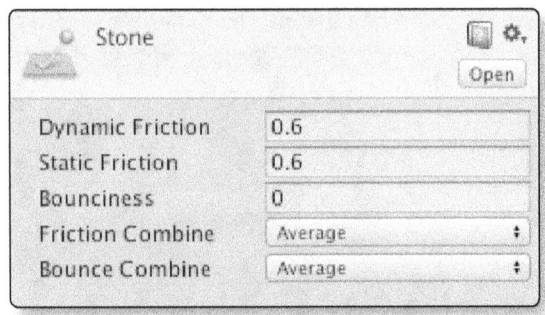

Figura 5.14. Inspector de un PhysicMaterial.

5.3.6.1 FRICCIÓN

La fricción, o rozamiento, consta de dos propiedades, **Static Friction** y **Dynamic Friction**, que entrarán en juego cuando el objeto físico sea arrastrado mediante fuerzas sobre la superficie de otro objeto físico. Un ejemplo habitual sería una caja que esté siendo arrastrada por el suelo aplicándole una fuerza para desplazarla de un punto a otro. Cuanto mayores sean estos valores, mayor será el rozamiento generado. El valor 0 hace que el rozamiento sea nulo, simulando una superficie extremadamente resbaladiza.

La propiedad **Static Friction** especifica el rozamiento aplicado al objeto cuando este está en reposo y comienza a moverse, determinando el esfuerzo necesario para comenzar a arrastrarlo. La propiedad **Dynamic Friction** especifica el rozamiento aplicado al objeto una vez está en movimiento, determinando el esfuerzo necesario para continuar arrastrándolo, así como lo rápido que se detendrá cuando se deje de aplicar una fuerza sobre él.

Usualmente configuraremos ambas propiedades con el mismo valor, o daremos un valor ligeramente mayor a la propiedad **Static Friction** para representar el esfuerzo mayor que supone comenzar a arrastrar un objeto, con respecto a continuar arrastrándolo una vez ya está en movimiento.

5.3.6.2 REBOTE

La propiedad **Bounciness** nos permite establecer, en un rango de 0 a 1, en qué medida el objeto pierde energía al rebotar sobre otro. Un ejemplo ilustrativo sería una pelota soltada desde una cierta altura para rebotar contra el suelo. Un valor de 0 indica que el objeto pierde toda su energía al ir a rebotar contra otro objeto y, por tanto, en nuestro ejemplo la pelota no rebotaría en absoluto. Un valor de 1, por el contrario, indica que el objeto mantiene toda su energía al rebotar, lo que en nuestro ejemplo se traduciría en que la pelota rebotaría hasta volver a alcanzar su altura original, y se mantendría rebotando infinitamente a lo largo del tiempo mientras ninguna otra circunstancia la detenga.

> (i) **ATENCIÓN**
>
> Los cálculos internos realizados por PhysX en relación al material físico de un objeto, no representan fielmente parámetros físicos de la realidad, y pueden tener importantes errores de precisión en determinados casos. Por ejemplo, si estableces la propiedad **Bounciness** de un objeto al valor 1, y mediante un *Rigidbody* con gravedad haces que caiga contra el suelo y rebote, verás que el objeto no solo no pierde energía, sino que la gana, y a cada sucesivo rebote alcanzará una mayor altura. PhysX está diseñado para hacer simulaciones.

5.3.6.3 MODO DE CÁLCULO

A la hora de aplicar los parámetros de fricción y rebote ante la colisión entre dos objetos, el motor físico tiene en cuenta los valores de los materiales de los dos *colliders* involucrados. Las propiedades **Friction Combine** y **Bounce Combine** nos permiten establecer la forma en la que se combinan los valores de ambos materiales físicos para calcular el valor final aplicado de fricción y rebote.

Mediante la opción **Average** el valor resultante será la media de los valores de los dos objetos involucrados en la colisión, mientras que con la opción **Multiply** el valor resultante será el resultado de la multiplicación de dichos valores. Con las opciones **Minimum** y **Maximum** el valor resultante será el valor más bajo o más alto respectivamente de los dos objetos involucrados en la colisión.

Hay que tener en cuenta que esta opción del material físico solo afectará al objeto que tenga asignado dicho material. El otro objeto involucrado en la colisión podrá tener asignado otro material físico distinto, con otros valores en las propiedades **Friction Combine** y **Bounce Combine**, por lo que, ante la misma colisión, los valores de fricción y rebote aplicados resultarían distintos para él.

> **TRUCO**
> Es posible establecer un **Physic Material** común para todos los *colliders* sin necesidad de especificárselo, manualmente, a cada uno de ellos. A través de la opción **Default Material** en **Edit** → **Project Settings** → **Physics** podremos realizar esta asignación global que afectará a todos los *colliders* que no tengan especificado su propio Physic Material.

5.3.7 Volúmenes de colisión y Triggers

Los componentes **Collider** pueden funcionar en dos modos distintos: como volúmenes de colisión o como *triggers*. La propiedad **IsTrigger** determina el modo de funcionamiento: como volumen de colisión cuando está desactivada; o como *trigger* cuando está activada. A continuación estudiaremos las diferencias entre ambos modos.

5.3.7.1 VOLÚMENES DE COLISIÓN

Cuando un *collider* actúa como **volumen de colisión**, la superficie del *collider* marca unos límites que no pueden ser atravesados, lo que provocará que el objeto pueda colisionar con otros, recibiendo y aplicando fuerzas como resultado de las colisiones según los cálculos del motor físico. Para que un *collider* funcione en este modo, su propiedad **IsTrigger** debe estar desactivada.

Los volúmenes de colisión son ideales para aquellos objetos que vayan a ser controlados por el motor físico. El motor será capaz de detectar las colisiones entre ellos, evitando que puedan atravesarse, y calculando las fuerzas resultantes de los choques teniendo en cuenta sus velocidades y masas en el momento del impacto.

Bajo determinadas circunstancias, los volúmenes de colisión generan eventos de colisión que podemos implementar en nuestros *scripts*: `OnCollisionEnter` cuando se detecta una colisión con otro objeto físico, `OnCollisionStay` cuando dos objetos físicos se mantienen colisionando durante más de un *frame*, y `OnCollisionExit` cuando finaliza la colisión entre dichos objetos. Si se detectasen colisiones con varios objetos físicos a la vez, se irán invocando los distintos eventos apropiadamente para informar sobre las colisiones con cada uno de ellos.

Los eventos `OnCollisionX` son invocados cuando un objeto con **Rigidbody dinámico** (propiedad *IsKinematic* desactivada) colisiona con cualquier otro volumen de colisión. Cuando eso ocurre, los eventos se invocan en los *scripts* de ambos componentes **Rigidbody** involucrados en la colisión, o en el *script* del **Rigidbody** y el **Collider** involucrado, en caso de que uno de ellos no tenga componente **Rigidbody**.

> ⚠ **CUIDADO**
>
> Para que se produzcan colisiones es imprescindible que esté involucrado un objeto físico dinámico, es decir, un objeto con **Rigidbody** que no tenga la propiedad *IsKinematic* activa. Más adelante, en la Sección 5.4 "Tipos de objetos físicos" estudiaremos las interacciones que se producen entre los objetos físicos en función de la configuración o ausencia de sus componentes **Rigidbody**.

Al implementar estos eventos en nuestros *scripts*, debemos tener en cuenta que los métodos OnCollisionX reciben siempre un parámetro de tipo Collision, que incluye diversas propiedades con información sobre la colisión: referencias al **GameObject**, y a los componentes **Collider** y **Rigidbody** del objeto con el que estamos colisionando, un *array* con los puntos de impacto de la colisión, la velocidad relativa entre los objetos en colisión en el momento del impacto, y el impulso aplicado como resultado del impacto.

```
void OnCollisionEnter(Collision hit)
{
    Debug.Log(
        "He chocado con " + hit.gameObject.name +
        " a una velocidad relativa de " + hit.relativeVelocity
    );
}
```

5.3.7.2 TRIGGERS

Cuando un *collider* actúa como **trigger**, este pierde su capacidad de colisionar, haciendo que su superficie pueda ser atravesada por otros objetos. A cambio de esta pérdida, el *trigger* gana la capacidad de detectar a cualquier otro objeto físico que atraviese su superficie. Un *trigger* es, por tanto, un detector de objetos físicos. Para que un *collider* funcione en este modo, su propiedad **IsTrigger** debe estar activada.

Los *triggers* tienen una inmensa variedad de usos. Por ejemplo, son muy útiles para detectar si un jugador se acerca a una determinada zona de la escena, si entra a una determinada sala, o si está situado por delante de determinado enemigo; permitiéndonos actuar ante tales circunstancias activando eventos clave en nuestra escena, como abrir una puerta mediante animación, activar unos nuevos enemigos, o provocando el comienzo de una conversación entre dos personajes.

Para avisarnos del momento en el que un *trigger* detecta a otro objeto físico, este genera ciertos eventos que podemos implementar en nuestros *scripts*: OnTriggerEnter cuando el *trigger* comienza a ser atravesado por otro objeto físico, OnTriggerStay mientras continúe siendo atravesado por el mismo objeto físico, y OnTriggerExit cuando deja de ser atravesado por dicho objeto físico. Si un *trigger* es atravesado por varios objetos físicos a la vez, se irán invocando los distintos eventos apropiadamente para informar sobre cada uno de ellos.

Los eventos OnTriggerX son invocados cuando un objeto con **Rigidbody** (ya sea dinámico o cinemático) atraviesa a cualquier *trigger* de la escena. Cuando eso ocurre, los eventos se invocan tanto en los *scripts* del propio *trigger*, como en los del objeto físico que lo esté atravesando. Al implementar estos eventos en nuestros scripts, debemos tener en cuenta que los métodos OnTriggerX reciben siempre un parámetro de tipo Collider, que es una referencia al "otro" componente *collider* implicado, es decir: al *trigger* si estamos en un *script* del objeto que lo atraviesa; o al objeto que lo atraviesa si estamos en un *script* del *trigger*. A diferencia de los métodos OnCollisionX, los *triggers* no dan información adicional sobre el impacto.

El siguiente código muestra una implementación del método OnTriggerEnter para un *script* dentro del propio *trigger*:

```
// En un script del trigger...
void OnTriggerEnter(Collider other)
{
    Debug.Log("Ha entrado el objeto " + other.transform.name);
}
```

De forma similar, el siguiente código muestra una implementación del método OnTriggerEnter, pero esta vez para un *script* dentro del objeto que atraviesa al *trigger*:

```
// En un script del objeto que atraviesa al trigger...
void OnTriggerEnter(Collider other)
{
    Debug.Log("He entrado en el trigger " + other.transform.name);
}
```

5.3.8 Matriz de Colisiones

En ocasiones necesitamos conseguir que determinados objetos físicos no colisionen con otros. La forma más sencilla de hacerlo es a través de las capas o

Layers. Todos los GameObjects tienen asociada una capa que se puede configurar a través de la propiedad *Layer* en el inspector, junto a la propiedad *Tag*.

Figura 5.15. Inspector de un GameObject con propiedades Tag y Layer.

Unity nos permite configurar hasta 24 capas de objetos, además de las 5 capas que ya incluye por defecto: Default, TransparentFX, Ignore Raycast, Water y UI. Para añadir una capa nueva podemos abrir la ventana **Tags and Layers** desde el menú **Edit → Project Settings**, o alternativamente, desplegar la lista de capas de un objeto y hacer clic sobre **Add Layer…**. En el listado **Layers** de esta ventana podremos añadir nuevas capas escribiendo sus nombres en los huecos desde **User Layer 8** en adelante. Los 8 primeros huecos, del 0 al 7, están reservados para uso interno de Unity.

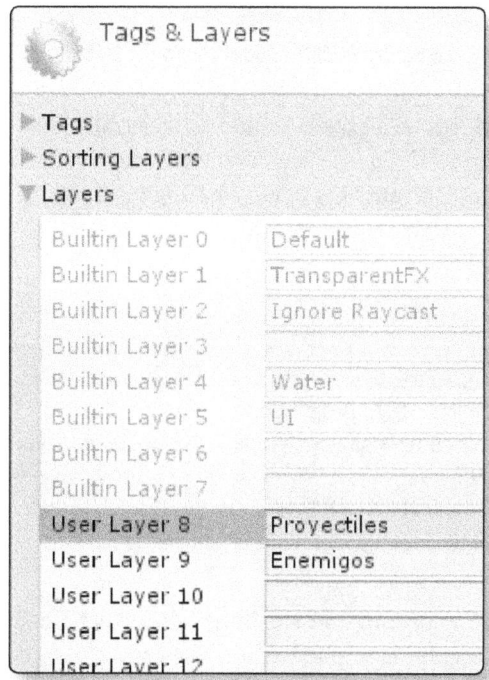

Figura 5.16. Ventana Tags and Layers, con listado de Layers desplegado.

Configurando las capas de distintos objetos podemos conseguir que los objetos de una determinada capa no colisionen con los de otra capa distinta, creando de esta forma grupos de objetos físicos. Para conseguir eso debemos modificar **la matriz de colisiones** del proyecto, donde se especifica qué capas pueden interactuar con qué otras. Esta matriz afecta a todas las escenas del juego, y es accesible a través del menú **Edit → Project Settings → Physics**, en la propiedad *Layer Collision Matrix*:

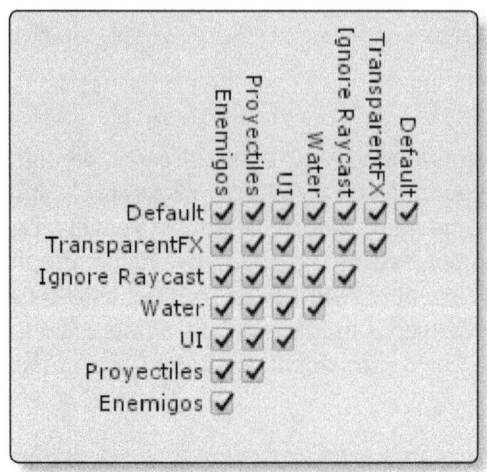

Figura 5.17. Matriz de colisiones del proyecto.

Desactivando los *checkbox* donde se cruzan dos determinadas capas, conseguiremos que los *colliders* de esas dos capas no puedan colisionar entre sí en modo alguno, ya estén configurados como volúmenes de colisión o como *triggers*.

TRUCO
Es importante resaltar que esta configuración aplica su efecto a nivel individual para cada componente *Collider*, lo que implica que, si un objeto está compuesto por varios volúmenes de colisión, cada *collider* podrá tener asignado un *Layer* distinto. Esto proporciona mucha flexibilidad a la hora de configurar las físicas de objetos complejos, por ejemplo, permitiendo que, con una adecuada configuración, un personaje utilice determinados *colliders* para sus colisiones contra suelo y paredes; y otros distintos para sus colisiones contra proyectiles y enemigos.

Aunque no se abordará en este libro, los *layers* tienen muchos otros usos además de este. Por ejemplo, se pueden utilizar *layers* para conseguir que algunos objetos resulten invisibles a una cámara, o para que no resulten iluminados por una cierta fuente de luz.

5.4 TIPOS DE OBJETOS FÍSICOS

Como ya se ha mencionado a lo largo del capítulo, existen diversos tipos de objetos físicos según su configuración del componente **Rigidbody**. Los objetos **dinámicos** son aquellos en los que el **Rigidbody** tiene la propiedad *IsKinematic* desactivada y, por tanto, son controlados de forma físicamente realista mediante fuerzas y colisiones. Los objetos **cinemáticos**, por el contrario, son aquellos en los que el **Rigidbody** tiene la propiedad *IsKinematic* activada y, por tanto, son controlados por *script* y su movimiento no se ve afectado por fuerzas ni colisiones. Por último, existe otro tipo de objeto físico adicional no mencionado hasta el momento, los objetos **estáticos**, que son aquellos que tienen un componente **Collider** pero no tienen componente **Rigidbody** (ni ellos mismos, ni ninguno de sus ancestros en la jerarquía de escena). Los objetos estáticos no deberían ser movidos en forma alguna, ni activados o desactivados durante la ejecución del juego, ya que el motor físico considera que, al no tener **Rigidbody**, no se van a mover. No respetar esta regla puede provocar comportamientos inesperados y errores en las físicas del juego.

A lo largo de esta sección analizaremos las particularidades de cada tipo de objeto físico, y sus posibles interacciones entre sí.

5.4.1 Objetos dinámicos

Un objeto dinámico es aquel que tiene un **Rigidbody** con la propiedad *IsKinematic* desactivada. Los objetos dinámicos se mueven mediante las simulaciones físicas de PhysX, sufren cambios en su movimiento cuando colisionan con otros objetos, y deben ser controlados mediante el uso de fuerzas y torsiones, usando los distintos métodos y propiedades que ofrece el componente **Rigidbody** vía script.

Los objetos dinámicos cuyos *colliders* están configurados como volúmenes de colisión son capaces de colisionar contra cualquier otro tipo de objeto físico, y al hacerlo, sufren una fuerza de reacción que afecta a su movimiento, y que dependerá del tipo, masa, velocidad y material físico de los dos objetos físicos involucrados en el impacto. En el momento en el que un objeto dinámico colisione con cualquier otro objeto físico, se invocarán los métodos OnCollisionEnter, OnCollisionStay y OnCollisionExit en los *scripts* de los dos objetos físicos involucrados en la colisión.

Los objetos dinámicos cuyos *colliders* están configurados como *triggers* pueden ser atravesados con normalidad por cualquier otro objeto físico, invocándose en ese caso los métodos OnTriggerEnter, OnTriggerStay y OnTriggerExit en los *scripts* de los dos objetos físicos involucrados en la activación del *trigger*.

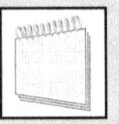

NOTA

Cuando un objeto físico, ya sea dinámico o cinemático, está compuesto por varios *colliders*, cada uno de ellos puede ser configurado individualmente como volumen de colisión o como *trigger*. En esos casos, los *colliders* configurados como volumen de colisión generarán colisiones cuando proceda, mientras que los configurados como *triggers* podrán ser atravesados, generando los pertinentes eventos cuando corresponda.

5.4.1.1 MOVIMIENTO DE OBJETOS DINÁMICOS

Los objetos dinámicos están diseñados para ser movidos mediante fuerzas y torsiones (fuerzas a nivel angular), consiguiendo de esta manera que su movimiento y rotación sea físicamente realista.

Al aplicar una fuerza o una torsión a un objeto, este acelerará adquiriendo una cierta velocidad lineal o angular que irá modificando su posición o rotación a lo largo del tiempo. Si la fuerza se aplica a lo largo de varios *frames*, el objeto continuará acelerando, adquiriendo cada vez más velocidad. Al aplicar una fuerza en sentido contrario al movimiento o rotación, el objeto se frenará, perdiendo velocidad. También se frenará el objeto si sufre rozamiento, ya sea contra el aire o contra otra superficie. Si no se aplica ninguna fuerza al objeto, o si es nulo el resultado de sumar todas las fuerzas a las que se ve sujeto, el objeto mantendrá su velocidad actual.

NOTA

En esta sección veremos cómo aplicar fuerzas a un objeto desde script. Pero recuerda que en secciones anteriores ya hemos estudiado cómo aplicar rozamientos, ya sea contra el aire, a través de las propiedades *drag* y *angularDrag* del componente **Rigidbody**; o al desplazarse sobre otras superficies, a través de los materiales físicos que podemos asignar a los componentes *Collider*.

Para aplicar fuerzas a un objeto dinámico deben utilizarse los métodos que el componente **Rigidbody** ofrece para tal fin. Aunque existen varios, solo estudiaremos en detalle los dos más básicos: `AddForce` y `AddTorque`. El método `AddForce` añade una fuerza al objeto, con una determinada dirección y magnitud, alterando su velocidad lineal y, en última instancia, su posición. El método `AddTorque` opera de forma similar, solo que aplicando una fuerza rotacional o torsión al objeto, alterando en este caso su velocidad angular y, en última instancia, su rotación. En el siguiente código de ejemplo se muestra cómo aplicar una fuerza y una torsión a una nave en base al *input* del usuario:

```
public float fuerzaLineal;
public float fuerzaAngular;

void FixedUpdate()
{
    Rigidbody rb = GetComponent<Rigidbody>();
    float aceleracion = Input.GetAxis("Vertical");
    float giro = Input.GetAxis("Horizontal");
    rb.AddForce(transform.forward * aceleracion * fuerzaLineal);
    rb.AddTorque(transform.up * giro * fuerzaAngular);
}
```

Ambos métodos reciben un primer parámetro de tipo Vector3, que indica la dirección en la que se aplicará la fuerza o el eje de rotación en el que se aplicará la torsión, así como la magnitud de la fuerza. Por defecto ambos métodos utilizan la fórmula *Fuerza = masa * aceleración* para determinar el efecto de la fuerza sobre el objeto. Esto implica que durante el *frame* en el que se aplique la fuerza, el objeto sufrirá una aceleración lineal o angular de magnitud inversamente proporcional a su masa. Opcionalmente, ambos métodos permiten cambiar la fórmula a aplicar, aceptando alguno de los valores del enumerado ForceMode:

- ForceMode.Force: Valor por defecto, aplica la fórmula *Fuerza = masa * aceleración*. Está diseñada para ser aplicada a lo largo de varios *frames*, de tal forma que la aceleración aplicada pueda ir cambiando la velocidad del objeto poco a poco. Un ejemplo de este tipo de fuerza sería la propulsión de un avión, que en momento del despegue va aumentando su velocidad poco a poco hasta que adquiere suficiente velocidad para volar.

- ForceMode.Acceleration: Aplica directamente una determinada aceleración sobre el objeto, ignorando su masa. Permite especificar la aceleración que se desea aplicar, sea cual sea la masa del objeto. Al igual que con la opción ForceMode.Force, está diseñada para ser aplicada a lo largo de varios *frames*. Un ejemplo de este tipo de fuerza sería la de la gravedad en la tierra, que afecta a todos los objctos por igual independientemente de su masa.

- ForceMode.Impulse: Aplica la fórmula del impulso, *Impulso = masa * incremento velocidad*, incrementando la velocidad actual del objeto en una magnitud inversamente proporcional a su masa. El impulso está diseñado para aplicar incremento de velocidad instantáneo sobre el objeto, a diferencia de una fuerza normal, que está diseñada para aplicar una aceleración que vaya incrementando la velocidad a lo largo de varios *frames*. En realidad, la diferencia entre una y otra opción es solo una cuestión de magnitud: para un mismo valor de fuerza, la fórmula del impulso tendrá un efecto mucho más notable sobre la velocidad actual del objeto que la fórmula de la fuerza. Un ejemplo de este tipo de fuerza sería el de golpear una pelota, aplicándose un cambio de velocidad instantáneo sobre ella en el instante del golpeo.

▼ `ForceMode.Velocity`: Aplica directamente un incremento en la velocidad del objeto, ignorando su masa. Permite especificar el cambio de velocidad que se desea aplicar, sea cual sea la masa del objeto. Al igual que con la opción `ForceMode.Impulse`, está diseñada para ser aplicada en un único *frame*.

> **NOTA**
> Cuando hablamos de aceleraciones o incrementos de velocidad, hay que considerar que estos pueden ser negativos, es decir, en sentido contrario al movimiento del objeto, de tal forma que, en vez de acelerar, el objeto frenaría. Las fuerzas pueden utilizarse tanto para acelerar como para frenar un objeto.

Conviene reseñar que, calculando adecuadamente la fuerza a aplicar, con cualquiera de los modos de fuerza se puede conseguir exactamente el mismo efecto. Por tanto, las distintas opciones de `ForceMode` son, tan solo, una comodidad que nos puede ayudar a simplificar los cálculos de fuerzas. Si deseamos aplicar una determinada aceleración o velocidad a múltiples objetos, independientemente de la masa que tengan, usaremos las opciones de `ForceMode` que ignoran la masa, ahorrarnos así algún cálculo intermedio. Igualmente, si deseamos aplicar una fuerza durante un único *frame*, y que esta tenga un efecto notable en la velocidad del objeto, utilizaremos los modos de fuerza de impulso o velocidad, ya que, de otra forma, tendríamos que aplicar fuerzas o aceleraciones mucho mayores para conseguir el mismo efecto.

> **NOTA**
> Si se desean aplicar los métodos AddForce, AddTorque, o cualquier otro de los métodos que ofrece el componente **Rigidbody**, a lo largo de varios *frames* para ir acelerando un objeto poco a poco (idealmente mediante ForceMode.Force o ForceMode.Acceleration), esta llamada debe ocurrir dentro del método FixedUpdate. Este método está sincronizado con PhysX, de tal forma que el efecto de la fuerza o torsión se aplicará en todos los pasos de simulación física. Consulta la Sección 5.7 "Físicas y bucles de juego" para más información.

Los métodos `AddForce` y `AddTorque` no son los únicos que nos permiten añadir fuerzas o torsiones a un **Rigidbody**. Los métodos `AddRelativeForce` y `AddRelativeTorque` permiten añadir una fuerza o torsión a un objeto, indicando la dirección en coordenadas locales al mismo. Los métodos `AddForceAtPosition` y `AddExplosionForce` aplican fuerzas y torsiones a la vez, calculadas automáticamente en base a los valores pasados como parámetro, y se utilizan generalmente para simular los efectos de una explosión. Todos estos métodos aceptan también un segundo parámetro opcional de tipo `ForceMode`.

Adicionalmente a los métodos explicados, también es posible establecer la velocidad lineal y angular de un objeto directamente, a través de las propiedades `velocity` y `angularVelocity` del **Rigidbody**, que son tanto de lectura como de escritura. Solo se recomienda establecer estos valores si se hace de forma puntual, es decir, en un único *frame*. Hacerlo a lo largo de varios *frames* sobrescribiría continuamente los cálculos internos de PhysX, lo que puede provocar comportamientos físicos poco realistas bajo determinadas circunstancias, como cuando la gravedad está activada, o cuando tiene lugar una colisión.

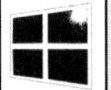

TRUCO
Las propiedades velocity y angularVelocity del **Rigidbody** son muy útiles al trabajar con objetos dinámicos. Al ser de lectura, es posible acceder a sus valores dentro del método FixedUpdate para saber a qué velocidad se está moviendo y está rotando un objeto dinámico en cada momento. En objetos cinemáticos, sin embargo, ambas propiedades permanecerán con un valor de 0, y tratar de cambiarlas a otro valor no tendrá ningún.

Por último, conviene indicar que, aunque es posible controlar un objeto dinámico mediante las propiedades `position` y `rotation` de su componente **Transform**, se recomienda evitar hacer esto en la mayor parte de los casos, ya que estaríamos sobrescribiendo los cálculos internos de PhysX, pudiendo provocar importantes errores en las simulaciones físicas. Es frecuente, sin embargo, la necesidad de que la posición de un objeto esté controlada por PhysX, mientras que su rotación esté controlada por *script*. Cuando queramos hacer esto, activaremos las *contraints* de rotación del **Rigidbody** a través de su inspector, o pondremos su propiedad `freezeRotation` al valor `true` desde *script*. Al hacer esto PhysX no modificará la rotación del objeto, y podremos controlarla libremente por *script*.

5.4.2 Objetos cinemáticos

Un objeto cinemático es aquel que tiene un **Rigidbody** con la propiedad *IsKinematic* activada. Los objetos cinemáticos no son controlados por las simulaciones físicas de PhysX, sino que deben ser controlados vía *script* a través del componente **Transform**, o mediante el método `MovePosition` del componente **Rigidbody**, explicado más adelante.

Los objetos cinemáticos cuyos *colliders* están configurados como volúmenes de colisión son capaces de colisionar con objetos dinámicos, pero no con otros objetos cinemáticos, ni tampoco con objetos estáticos. Además, cuando un objeto cinemático colisiona contra otro dinámico, el objeto cinemático no sufre ningún cambio en su movimiento por efecto de la colisión, viéndose afectado únicamente el objeto dinámico. Cuando un objeto cinemático fuese a colisionar con otro cinemático o estático, tan solo se atravesarán sin que se produzca ningún efecto. Como consecuencia de estas reglas, un objeto cinemático, por sí mismo, nunca genera llamadas a los métodos `OnCollisionX`, si no que serán los objetos dinámicos que colisionen con él quienes generarán estos eventos.

TRUCO
Las colisiones entre dos objetos cinemáticos, y entre un objeto cinemático y otro estático, deben detectarse necesariamente mediante el uso de triggers y los métodos **OnTriggerX**, ya que nunca se generarán eventos **OnCollisionX** entre este tipo de objetos físicos.

Los objetos dinámicos cuyos *colliders* están configurados como *triggers* pueden ser atravesados con normalidad por cualquier otro objeto físico, invocándose en ese caso los métodos `OnTriggerEnter`, `OnTriggerStay` y `OnTriggerExit` en los scripts de los dos objetos físicos involucrados en la activación del *trigger*.

5.4.2.1 MOVIMIENTO DE OBJETOS CINEMÁTICOS

Los objetos cinemáticos están diseñados para ser movidos mediante cambios en sus posiciones y rotaciones vía *script* o animación, sin que las fuerzas o colisiones afecten en absoluto a su movimiento, pero sí obstaculizando el movimiento de los objetos dinámicos de la escena.

Como consecuencia de esto, los métodos para añadir fuerzas o torsiones no tendrán ningún efecto sobre los objetos cinemáticos. En su lugar, será necesario utilizar las propiedades y métodos del componente **Transform** para mover a los objetos cinemáticos; o, alternativamente, usar el método `MovePosition` del componente **Rigidbody**, diseñado para dotar de más realismo a las colisiones producidas entre objetos cinemáticos y objetos dinámicos. También es muy frecuente mover objetos cinemáticos mediante animación, aunque estas, en última instancia, trabajan con el **Transform** del objeto, por lo que a nivel físico sería equivalente a hacerlo desde *script*.

Los movimientos mediante el componente **Transform** ya fueron estudiados en profundidad en el Capítulo 3. Por tanto, nos centraremos únicamente en el método `MovePosition` del componente **Rigidbody**. Este método recibe como parámetro un `Vector3` con la posición final a la que se debe mover el objeto, y al llamarlo, el objeto se moverá hasta dicha posición instantáneamente. La diferencia con un cambio de posición mediante el componente **Transform**, es que al utilizar el método `MovePosition` del **Rigidbody**, el motor físico será el que realice este movimiento y podrá incluirlo dentro de sus simulaciones. Gracias a esto, el objeto, aun siendo cinemático, provocará colisiones más realistas al impactar contra objetos dinámicos, y simulará el efecto del rozamiento cuando otros objetos dinámicos estén descansando sobre su superficie. Además, si el componente **Rigidbody** está configurado para utilizar interpolación, el movimiento del objeto también será interpolado.

Un ejemplo que ilustra muy bien el uso del método `MovePosition` es el de una plataforma móvil cinemática, sobra la que queramos situar objetos dinámicos para que los transporte. Si posicionáramos la plataforma a través del componente **Transform**, modificando únicamente su vector de posición, el motor de físicas no sería consciente de este movimiento. Esto provocaría que los objetos situados encima no sufriesen rozamiento, manteniéndose en la misma posición mientras la plataforma va desplazándose, y llegando a caer inevitablemente cuando la plataforma se haya desplazado lo suficiente. Por el contrario, utilizando el método `MovePosition`, PhysX será consciente del movimiento de la plataforma, y los objetos dinámicos que estén situados encima sufrirán rozamiento y se moverán junto con ella, siempre que su material físico tenga un valor de rozamiento suficientemente alto.

NOTA
El método MovePosition está diseñado para su uso con objetos cinemáticos. Al usarse en objetos dinámicos su efecto es el mismo que si se cambiase la posición del objeto directamente a través del componente **Transform**, lo que debe ser evitado en la mayor parte de los casos.

En el siguiente código de ejemplo vemos cómo mover un **Rigidbody** poco a poco hacia delante, en su eje Z local. Como puede verse, la función `MovePosition` recibe como parámetro la posición de destino a la que debe mover el objeto, en vez de una dirección de desplazamiento como ocurre con el método `Translate` de la clase **Transform**. En consecuencia, para calcular esta posición de destino, lo habitual es sumar el desplazamiento deseado a la posición actual del objeto.

```
void FixedUpdate()
{
   Rigidbody rb = GetComponent<Rigidbody>();
   Vector3 destino = transform.position +
                     transform.forward * Time.deltaTime;
   rb.MovePosition(destino);
}
```

Destacamos también el hecho de que el método `MovePosition`, cuando va a ser utilizado a lo largo de varios *frames*, debe ser llamado dentro del método `FixedUpdate`, como si de cualquier otro método de movimiento físico se tratara.

>
> **NOTA**
> Aunque solo hemos hablado del método MovePosition, también existe un método equivalente para pedirle al motor físico que cambie instantáneamente la rotación de un objeto: el método MoveRotation. Su uso es muy similar, solo que recibe como parámetro un objeto de tipo Quaternion con la rotación deseada.

5.4.3 Objetos estáticos

Un objeto estático, a nivel físico, es aquel que no está asociado a un **Rigidbody**, es decir, que ni él mismo tiene **Rigidbody**, ni ninguno de sus ancestros en la jerarquía de escena lo tiene tampoco. Los objetos estáticos no deben moverse del sitio que inicialmente ocupen en la escena, ni deben ser activados o desactivados en tiempo de ejecución.

> **ⓘ ATENCIÓN**
> En esta sección hablaremos siempre de objetos estáticos a nivel físico, caracterizados por no tener **Rigidbody**. Este hecho es independiente de que el objeto esté marcado como *Static* en el inspector, lo que provoca que el objeto no pueda moverse en tiempo de ejecución. En muchos casos interesará que un objeto estático a nivel físico lo sea también a nivel del editor, ya que solo de esta manera nos aseguraremos de resulte imposible mover el objeto, entre otras ventajas. Sin embargo, esto no es obligatorio, ya que un objeto estático a nivel físico puede no estar marcado como *Static*.

Conviene destacar que aunque un objeto estático no debe ser movido, salvo que esté marcado como *Static* en el editor, sí será posible hacerlo. Sin embargo, esto podría considerarse un error. Al cargar una escena, PhysX procesa la información geométrica de todos los objetos estáticos y genera una estructura de datos optimizada para la comprobación de colisiones con dichos objetos. Cada vez que un objeto estático es desplazado, activado o desactivado, PhysX debe reconstruir dicha estructura de datos, lo cual no ocurre de forma inmediata, dando lugar a posibles errores en las físicas, y a un descenso del rendimiento del juego.

Los objetos estáticos cuyos *colliders* están configurados como volúmenes de colisión son capaces de colisionar con objetos dinámicos, pero no con objetos cinemáticos, ni tampoco con otros objetos estáticos. Cuando un objeto estático recibe una colisión de otro objeto dinámico, el objeto estático no sufre ningún efecto en absoluto, viéndose afectado únicamente el objeto dinámico. Al ir a recibir una colisión de un objeto cinemático, tan solo se atravesarán sin que se produzca ningún efecto. Dado que un objeto estático no debe moverse, tampoco existen colisiones entre objetos estáticos, atravesándose entre ellos sin ningún efecto en caso de que, por error o descuido, un objeto estático esté siendo desplazado. Como consecuencia de estas reglas, un objeto estático, por sí mismo, nunca genera llamadas a los métodos OnCollisionX, si no que serán los objetos dinámicos que colisionen con él quienes generarán estos eventos.

Los objetos estáticos cuyos *colliders* están configurados como *triggers* podrán ser atravesados con normalidad por cualquier otro objeto físico, invocándose en ese caso los métodos OnTriggerEnter, OnTriggerStay y OnTriggerExit en los *scripts* de los dos objetos físicos involucrados en la activación del trigger.

5.5 CHARACTER CONTROLLER

Además de los tipos de objetos físicos estudiados en la sección anterior, PhysX incluye un tipo de objeto físico adicional con una funcionalidad muy específica, basado en el uso del componente **Character Controller**, cuyo estudio merece un capítulo aparte. Este componente está diseñado específicamente para su uso en personajes, NPCs o vehículos que deban caminar o desplazarse por encima de un terreno o superficie, pero con un control cinemático, es decir, con un control preciso desde *script*, sin verse afectados por fuerzas.

El funcionamiento del componente **Character Controller** se podría resumir en que es capaz de mover a un objeto cinemático en la dirección deseada, pero respetando los volúmenes de colisión que este encuentre en su camino. Para ello, el componente es capaz de hacer que el objeto suba o baje automáticamente por escalones y pendientes, que se quede bloqueado ante los obstáculos, y que caiga hacia abajo en ausencia de una superficie de apoyo bajo los pies, simulando la gravedad.

Para conseguir este comportamiento el componente **Character Controller** actúa como un volumen de colisión en sí mismo, siempre con forma de cápsula. De hecho, un objeto con **Character Controller** no debe ir acompañado de ningún otro volumen de colisión adicional, ya que este interferiría en su movimiento pudiendo producir efectos indeseados. El volumen de colisión del componente **Character Controller** es muy similar al resto de volúmenes de colisión explicados previamente, aunque carece de algunas de sus opciones, como la posibilidad de asignarle un material físico.

Para añadir este componente seleccionaremos el **GameObject** al que queramos añadirlo y seguidamente la opción **Component → Physics → Character Controller**. **No es necesario** añadir un componente **Rigidbody** al objeto, aunque en caso de hacerlo, este siempre debe tener activa la propiedad **IsKinematic**. Como hemos explicado, el objeto tampoco debe ir acompañado de otros volúmenes de colisión.

A lo largo de esta sección iremos desgranando las funcionalidades de un objeto controlado a través del componente **Character Controller**. En pos de la simplicidad, de aquí en adelante llamaremos personaje a dicho objeto.

Figura 5.18. Character Controller

5.5.1 Propiedades de Character Controller

Las propiedades de este componente son parecidas en nombre y funcionalidad a las del componente **Capsule Collider**, ya que ambos volúmenes de colisión tienen forma de cápsula. Sin embargo, pese a su forma, no se trata en ningún caso del mismo componente, y existen varias propiedades distintas entre ambos componentes.

Debido a esta circunstancia, explicaremos las propiedades exclusivas del componente **Character Controller**.

- ▼ **Slope Limit:** Inclinación máxima, en grados, por la que es capaz de subir el personaje. Es importante mencionar que este no será capaz de subir paredes completamente verticales en ningún caso. Sin embargo, fijando esta propiedad un valor de 90 grados, nos aseguraremos de que pueda subir todo tipo de pendientes.

- ▼ **Step Offset:** Altura máxima que debe tener un escalón respecto al suelo sobre el que se encuentre el personaje, para que este pueda subir sobre él. Éste valor no debe ser nunca mayor que la altura (*Height*) del personaje ya que produciría errores.

- ▼ **Skin Width:** Representa una pequeña distancia de seguridad alrededor del volumen de colisión del personaje a partir del cual se empiezan a detectar colisiones, pero que sigue pudiendo ser atravesado por otros volúmenes de colisión. Se recomienda establecer el valor de esta propiedad a aproximadamente un 10% del radio de la cápsula. Solo modificaremos el valor recomendado si el personaje sufriese un efecto *jitter*[11] en su movimiento; si desplazase a otros objetos dinámicos erróneamente; o si de forma inesperada se quedase bloqueado, sin poder moverse en ninguna dirección. En estos casos modificaremos el valor poco a poco hasta conseguir resolver el problema.

- ▼ **Min Move Distance:** Si al mover un **Character Controller** éste se fuese a desplazar una distancia menor a la indicada por este valor, el movimiento no se llegará a realizar. Se recomienda un valor de cero para la mayoría de situaciones.

El resto de propiedades, **Center**, **Radious** y **Height**, son las mismas que el componente **Capsule Collider** explicado anteriormente en la Sección 5.3.5 "Tipos de collider", con la única diferencia de no poder establecer una dirección para la cápsula, estando el componente **Character Controller** orientado siempre hacia el eje Y.

---

11 El efecto *jitter*, en el contexto de las físicas de un videojuego, consiste en que un objeto sufra temblores o pequeños saltos durante su desplazamiento, en vez de moverse de forma suave y continua.

5.5.2 Movimiento

Para poder mover a un personaje utilizando el componente `CharacterController`, es necesario llamar desde *script* a uno de los dos métodos de movimiento que nos ofrece: `SimpleMove` y `Move`. Ambos métodos permiten mover al personaje siguiendo el comportamiento explicado más arriba.

Más allá de las particularidades de cada método, que analizaremos a continuación, un aspecto común y de gran importancia es que para que un objeto con `CharacterController` se desplace adecuadamente, es obligatorio llamar a uno de estos dos métodos, y solo a uno, dentro del método `Update` de nuestro *script*. Además esto debe hacerse durante todos los *frames* en los que el personaje permanezca activo, incluso aun cuando el personaje vaya a permanecer quieto. Si en algún *frame* no se invoca alguno de estos dos métodos, el personaje quedará congelado en su posición durante dicho *frame*, sin reaccionar a los cambios que se produzcan en su entorno.

> ⚠ **CUIDADO**
>
> Siempre debes llamar a uno de los métodos de movimiento cada *frame*, Move y SimpleMove, pero nunca debes llamar a ambos en el mismo *frame*. Hacerlo puede provocar efectos *jitter* en el movimiento del personaje, así como errores en los cálculos de colisiones.

A continuación estudiamos las diferencias entre los métodos `SimpleMove` y `Move`.

5.5.2.1 MÉTODO SIMPLEMOVE

El método `SimpleMove` desplaza al personaje en base a un vector velocidad, simulando automáticamente el efecto de la gravedad. La dirección del vector velocidad indica hacia donde desea desplazarse el personaje en los ejes X y Z, y la magnitud del vector indica a qué velocidad, en metros por segundo, debe hacerlo.

Dado que el método simula el efecto de la gravedad sobre el personaje, cualquier valor que pongamos en el eje Y del vector velocidad será ignorado por completo. Esto implica que a través del método `SimpleMove` no es posible implementar el salto del personaje, ni ningún otro tipo de desplazamiento en el eje Y que no sea el que el propio método aplica por defecto.

El método devuelve un booleano indicando si después del movimiento realizado, el personaje se encuentra en el suelo (devolviendo `true`) o en el aire (devolviendo `false`). Este dato también puede ser consultado a través de la propiedad booleana `isGrounded` del componente `CharacterController`.

Este método debe llamarse siempre desde el `Update`, ya que automáticamente aplicará la propiedad `Time.deltaTime` al movimiento, consiguiendo que cada *frame* el personaje se mueva la distancia precisa para conseguir la velocidad deseada.

```
void Update()
{
   // Obtenemos una referencia al CharacterController
   CharacterController cc = GetComponent<CharacterController>
();

   // Calculamos el vector velocidad, cuya dirección será
   // hacia delante del objeto, y cuya magnitud estará entre
   // -5 y 5, en función del input del jugador
   Vector3 velocidad = transform.forward * 5;
   velocidad *= Input.GetAxis("Vertical");

   // Movemos al objeto pasándole el vector velocidad
   cc.SimpleMove(velocidad);
}
```

5.5.2.2 MÉTODO MOVE

El método `Move` desplaza al personaje en base a un vector desplazamiento, sin simular el efecto de la gravedad. La dirección del vector desplazamiento indica hacia donde quiere desplazarse el personaje en todos los ejes; y la magnitud del vector indica la distancia que debe desplazarse ese *frame*.

A diferencia del método `SimpleMove`, donde se aplica un vector velocidad solo en los ejes X y Z, y donde se simula la gravedad automáticamente, el método `Move` nos permite mover al personaje en cualquier dirección, incluido el eje Y. A cambio, el método no simulará automáticamente el efecto de la gravedad, por lo que, en caso de quererla, tendremos que indicar específicamente el desplazamiento que queremos aplicar hacia abajo para que el personaje caiga.

Gracias a esta ventaja, el método `Move` nos permite implementar comportamientos más flexibles en nuestros personajes, haciendo por ejemplo que sean capaces de saltar o volar. El método `Move` nos permitiría elevar e incluso mantener en el aire a un personaje, sin perder por ello su capacidad de detenerse en caso de colisión con cualquier obstáculo que se encuentre en su camino y que no pueda sobrepasar.

Otra diferencia con el método `SimpleMove` es que el parámetro que recibe el método `Move` es un vector desplazamiento, no un vector velocidad. Esto implica que debemos multiplicar nosotros mismos la velocidad deseada por la propiedad `Time.deltaTime` para obtener el desplazamiento a aplicar cada *frame*. Otra diferencia adicional es que este método devuelve un objeto de tipo `CollisionFlags`, en lugar de un booleano. Este objeto nos indicará si el personaje está tocando a otros volúmenes de colisión por su parte inferior, por su parte superior, por sus laterales, o por una combinación de estas. Gracias a esto, podremos implementar un control mucho más preciso.

TRUCO

La propiedad IsGrounded del CharacterController nos permite detectar con facilidad si un personaje está en disposición de realizar un salto cuando el jugador pulse el botón correspondiente, verificando que esté situado sobre el suelo antes de permitirle saltar. Recuerda también que el salto de un personaje solo se puede implementar en el método Move. Analiza el código disponible en la siguiente URL para ver cómo implementar el salto y la gravedad mediante el uso de este método: *https://docs.unity3d.com/ScriptReference/CharacterController.Move.html*

5.5.3 Diferencias con otros objetos físicos

A diferencia de un objeto dinámico (con **Rigidbody** no cinemático), un personaje no se ve afectado por ninguna fuerza, ni por la gravedad, por lo que su movimiento no es físicamente realista. Aunque el componente **Character Controller** simula el efecto de la gravedad, en realidad se trata de una simulación que podemos llegar a controlar por *script* (con el método `Move`), y que en todo caso es independiente del parámetro de gravedad que tenga configurado PhysX. En sentido opuesto, un personaje tampoco aplica fuerzas a otros objetos con los que impacta. Como consecuencia de todo esto, podemos decir que el comportamiento de un personaje es muy parecido al de un objeto cinemático.

Sin embargo, un personaje tampoco se comporta exactamente igual que un objeto cinemático puro (con **Rigidbody** cinemático), ya que, a diferencia de este, el personaje si respeta las colisiones cualquier otro tipo de objeto físico. Cuando un personaje se mueve a través de los métodos del **Character Controller** y llega a un obstáculo, tomará uno de los dos siguientes comportamientos: desplazarse subiendo por encima del obstáculo si este está en pendiente o forma un escalón bajo; o detener su movimiento al no poder subir por encima del obstáculo. Si el obstáculo es muy alto o forma una pendiente demasiado empinada, el personaje se detendrá.

En este último aspecto, el movimiento a través de **Character Controller** difiere con respecto a un objeto cinemático movido a través del componente **Transform** (con propiedad `position` o método `Translate`) o **Rigidbody** (con método `MovePosition`). Con cualquiera de estos mecanismos el objeto cinemático se teletransporta a su posición pase lo que pase, desplazando cualquier objeto dinámico que se encuentre en su camino, y atravesando a los restantes objetos cinemáticos o estáticos de la escena. Por el contrario, un **Character Controller** nunca desplazará o atravesará otros volúmenes de colisión.

> **ⓘ ATENCIÓN**
>
> A lo largo de esta sección estamos entendiendo un personaje como un objeto movido por *script* a través del componente **Character Controller**. Esto quiere decir que, aunque el componente esté añadido, si no utilizas sus métodos **Move** o **SimpleMove** para mover al objeto, sus funcionalidades no tendrán ningún efecto.

5.5.4 Detección de colisiones

Otra de las particularidades del componente **Character Controller** es la forma en la que procesa las colisiones. Cuando un personaje entra en colisión con otro objeto físico durante su movimiento, el componente **Characer Controller** no genera eventos de la familia `OnCollisionX`. En su lugar invoca un evento específico, denominado `OnControllerColliderHit`, sobre los *scripts* del personaje que lo implementen. Conviene destacar que este evento solo se invocará cuando el personaje está en movimiento e impacta contra otro volumen de colisión, nunca si permanece quieto.

El método `OnControllerColliderHit` está diseñado para que el personaje pueda evaluar las condiciones del impacto, y en caso de que el obstáculo sea móvil, pueda desplazarlo por *script* como si lo estuviese empujando. Para ello, recibe cómo parámetro un objeto de tipo `ControllerColliderHit` que contiene toda la información del impacto, incluyendo una referencia al objeto contra el que se ha impactado, el punto exacto donde se ha producido el impacto, y la dirección en la que el personaje querría empujar al objeto. A continuación se muestra una implementación de ejemplo donde se comprueba si el personaje ha impactado contra un objeto dinámico, cinemático o estático, y en caso de que sea dinámico, le aplica una velocidad para empujarlo.

```
void OnControllerColliderHit(ControllerColliderHit hit)
{
    // Obtenemos el objeto con el que estamos colisionando
    Rigidbody rigido = hit.collider.attachedRigidbody;

    // Si es estático o cinemático, no hacemos nada
    if (rigido == null || rigido.isKinematic)
        return;

    // Si estamos sobre él, la dirección de empuje da un valor
    // negativo en el eje Y, en cuyo caso no hacemos nada
    if (rigido.moveDirection.y < -0.3F)
        return;

    // En cualquier otro caso, empujamos el objeto
    // a una cierta velocidad en la dirección de empuje,
    // pero solo en los ejes X y Z
    Vector3 dirEmpuje =
        new Vector3(hit.moveDirection.x, 0, hit.moveDirection.z);
    float fuerzaEmpuje = 10;
    rigido.velocity = dirEmpuje * fuerzaEmpuje;
}
```

El método `OnControllerColliderHit` es la única forma de provocar que un personaje desplace otros objetos físicos al colisionar con ellos, delegando al programador la responsabilidad de cómo y cuándo hacerlo.

> △ **CUIDADO**
>
> La frase anterior no es del todo cierta. Si un personaje tiene un valor de **Skin Width** demasiado bajo, y colisiona contra un objeto dinámico en movimiento, puede darse la circunstancia de que el personaje desplace por error a dicho objeto para hacerse hueco. Si detectas este error, corrígelo aumentando esta propiedad poco a poco hasta que deje de suceder. Un personaje nunca debería desplazar a otros objetos dinámicos por su propia cuenta.

Además del método `OnControllerColliderHit`, un personaje también podría, teóricamente, responder a los métodos de la familia `OnCollisionX` a través de sus *scripts*, al ser un volumen de colisión. Sin embargo, a diferencia del resto de volúmenes de colisión, el personaje recibirá estos eventos solo cuando el objeto dinámico que impacte contra él implemente el método `OnCollisionX` pertinente en alguno de sus *scripts*. Si el objeto dinámico involucrado en la colisión no implementa esos métodos en alguno de sus *scripts*, el personaje no los recibirá tampoco. En la práctica, esto hace preferible evitar el uso de estos métodos en los *scripts* del personaje. En caso de que sean necesarios, resulta más adecuado implementarlos en algún *script* del propio objeto dinámico que vaya a generar la colisión, evitando de esta manera posibles confusiones.

> ⚠ **CUIDADO**
>
> El método `OnControllerColliderHit` no es completamente equivalente al método `OnCollisionEnter`. El primer método solo se ejecutará si en el mismo *frame* en el que el personaje se mueve, este impacta contra un obstáculo durante su movimiento. Sin embargo, esto no ocurrirá si el personaje está quieto, o si recibe el impacto de un objeto dinámico a gran velocidad.
>
> Por ejemplo, un proyectil moviéndose a gran velocidad podría impactar contra un personaje y rebotar inmediatamente, de tal manera que el método `OnControllerColliderHit` no llegaría a invocarse nunca. Por el contrario, el método `OnCollisionEnter` sí se ejecutaría justo en el momento del rebote, siempre que esté implementado en alguno de los *scripts* del proyectil.

El personaje sí responderá con normalidad a cualquier *trigger* con el que se cruce, invocando adecuadamente a los métodos `OnTriggerEnter`, `OnTriggerStay` y `OnTriggerExit` de sus *scripts* al entrar, permanecer o salir de un *trigger*.

>  **TRUCO**
>
> Si necesitas implementar proyectiles que impacten contra un **Character Controller**, te recomendamos hacer que tus proyectiles utilicen *triggers*, en lugar de volúmenes de colisión. Dado que el **Character Controller** es capaz de subir por encima de otros volúmenes de colisión, podría darse la circunstancia de que tu personaje se subiese encima de los proyectiles en el momento del impacto, especialmente sin impactan en la parte inferior de la cápsula. Haciendo que tus proyectiles sean *triggers* podrás evitar este problema, además de todas las particularidades ya explicadas con los métodos OnCollisionX.

5.6 RAYCAST

La técnica conocida como *raycasting* consiste en el uso de ciertas operaciones matemáticas que permiten determinar el punto de intersección entre una línea recta y una superficie. Aunque está técnica tiene una gran variedad de usos en distintos ámbitos de la computación gráfica, en el contexto del motor de físicas de un videojuego se utiliza para determinar los puntos de intersección entre un rayo, definido como una línea recta que surge desde un cierto punto de origen en una cierta dirección, y las superficies de los volúmenes de colisión de la escena.

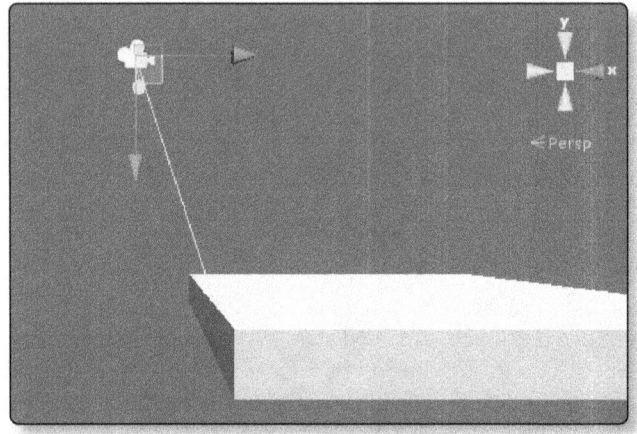

Figura 5.19. Raycast desde la posición de la cámara hacia la superficie de una caja.

El *raycasting* a nivel físico tiene una gran variedad de usos en videojuegos, como determinar si hay línea de visión entre dos personajes, lanzando un *raycast* entre los ojos de uno y el cuerpo del otro; saber sobre qué objeto está haciendo clic un usuario, lanzando un *raycast* desde la posición de la cámara hasta la posición del ratón; o saber dónde va a impactar un proyectil, lanzando un *raycast* desde la posición de disparo hacia adelante.

A lo largo de esta sección abordaremos todos los pasos necesarios para utilizar esta técnica desde nuestros *scripts*.

5.6.1 Origen y dirección del rayo

El primer paso para hacer *raycasting* es determinar desde y hacia donde lanzaremos el rayo, indicando su punto de origen y su dirección. Como punto de origen usualmente utilizaremos la posición de algún objeto. Nos centraremos por tanto en explicar las formas más habituales de calcular la dirección del rayo.

5.6.1.1 DIRECCIÓN DESDE UN PUNTO ORIGEN A UN PUNTO DESTINO

Teniendo dos puntos, uno de origen y otro de destino, es posible calcular la dirección entre ellos restando el punto origen al punto de destino. La resta da como resultado un vector cuya dirección va del punto origen al punto destino, y cuya magnitud es igual a la distancia entre ambos puntos. A continuación se muestra un fragmento de código con estos cálculos:

```
// Calculamos la dirección y la distancia entre un punto
// de origen y otro punto de destino
Vector3 posOrigen = new Vector3(2,0, 0);
Vector3 posDestino = new Vector3(7, 0, 0);
Vector3 direccion = posDestino - posOrigen; // direccion = (5, 0, 0)
float distancia = direccion.magnitude; // distancia = 5
```

Como podemos ver en el fragmento de código anterior, podemos obtener la distancia entre el punto origen y el punto destino de un vector a través de su propiedad `magnitude`. Cuando trabajamos con direcciones, sin embargo, usualmente las querremos **normalizar**. Un vector normalizado mantiene su misma dirección, pero tiene su magnitud ajustada a 1. Aunque Unity no exige que la dirección de un rayo esté normalizada, se considera una buena práctica trabajar con direcciones normalizadas ya que nos ayudará en el caso de tener que realizar cálculos vectoriales posteriores.

Para normalizar un vector, disponemos de tres opciones. La primera consiste en llamar a su propiedad `normalized`, que nos devolverá un nuevo vector con la misma dirección y magnitud 1, pero manteniendo intacto el vector original:

```
// Opción 1: Obtenemos un nuevo vector normalizado en base al
original Vector3 direccionNorm = direccion.normalized;
```

La segunda opción consiste en llamar al método `Normalize()` del vector, que en lugar de devolver un nuevo vector, simplemente modifica el valor almacenado en el vector sobre el que se invoca, normalizándolo:

```
// Opción 2: Normalizamos el vector
direccion.Normalize();
```

Una última opción es utilizar el método estático `Vector3.Normalize()` para obtener en una única línea el resultado de la resta ya normalizado:

```
// Opción 3: Normalizamos el resultado de la resta directa-
mente Vector3 direccion = Vector3.Normalize(posDestino - po-
sOrigen);
```

5.6.1.2 DIRECCIÓN EN BASE A LOS EJES LOCALES DEL OBJETO

Otra de las formas habituales de obtener un vector de dirección consiste en utilizar uno de los ejes locales al objeto, usualmente el eje Z local, que representa la dirección hacia la que mira el objeto. Los ejes locales son accesibles a través de las propiedades forward, right y up del componente **Transform**.

```
// Usamos como dirección el eje Z local al objeto
Vector3 direccion = this.transform.forward;
```

Para utilizar estos vectores únicamente debemos asegurarnos que el modelo 3D que estemos utilizando tenga sus ejes correctamente alineados. El eje Z local al objeto, representado en color azul, deberá estar dirigido hacia la parte delantera del modelo; el eje X hacia su parte derecha, y el eje Y hacia su parte superior. Si el modelo no tiene sus ejes correctamente alineados, las propiedades forward, right y up devolverán valores incorrectos.

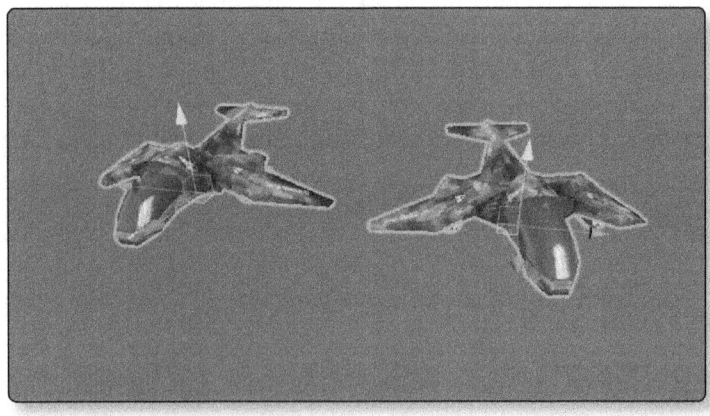

Figura 5.20. Modelo correctamente orientado (izquierda) e incorrectamente orientado (derecha)

En la Figura 5.20 podemos ver a la izquierda un modelo 3D correctamente alineado con los ejes de Unity, dado que su parte delantera se corresponde con el eje Z local, en color azul. Sin embargo, el modelo situado a la derecha no tiene sus ejes correctamente alineados, ya que su parte delantera está alineada con el eje X local (ni siquiera del todo), lo que provocaría que la propiedad *forward* nos devolviese una dirección hacia la izquierda del modelo (ver flecha azul) en lugar de hacia su frente.

Para corregir la orientación de un modelo 3D incorrectamente alineado, disponemos de dos opciones. La primera solución consiste en utilizar un programa de modelado 3D externo, como *Autodesk 3dsmax* o *Blender*, para alinear y exportar el modelo adecuadamente, lo cual queda fuera del ámbito de este libro. La segunda solución consiste en emparentar el objeto del modelo 3D dentro de otro GameObject vacío, rotando el modelo (objeto hijo) hasta que quede correctamente alineado con los ejes del GameObject vacío (objeto padre). A partir de entonces utilizaríamos los ejes locales del objeto padre como direcciones, en vez de utilizar las del modelo.

5.6.2 Creación y visualización de un rayo

Una vez hemos determinado la posición de origen y la dirección del rayo, el siguiente paso para hacer *raycasting* consiste en crear el rayo y en visualizar que este está correctamente dirigido. Para crear un rayo utilizaremos la estructura Ray, indicando la posición y la dirección del rayo.

```
Ray rayo = new Ray(posOrigen, direccion);
```

El constructor de la clase guardará internamente la dirección normalizada, en caso de que nosotros no la hayamos normalizado previamente. Una vez creado el rayo podemos proceder a realizar un *raycast* y detectar que objetos se encuentran en su trayectoria. Por defecto, un rayo tendrá distancia infinita, aunque esto se podrá elegir en el momento de ejecutar el *raycast* dando una distancia máxima desde el punto de origen, como veremos más adelante.

5.6.2.1 VISUALIZAR RAYOS EN LA ESCENA

Una vez creado un rayo, y antes de utilizarlo, conviene asegurarse de que el punto de origen y la dirección están correctamente calculadas. Para conseguirlo Unity nos permite dibujar rayo en la ventana de escena con unas pocas líneas de código.

El método OnDrawGizmos, que podemos implementar en cualquier *script* del juego, nos permite dibujar ayudas visuales en la ventana de escena, como las de los rayos, que nos ayuden a entender qué está ocurriendo. Dentro de este método utilizaremos el método Gizmos.DrawRay, al que le podemos pasar como parámetro el rayo, o el punto de origen y la dirección, en este último caso pudiendo multiplicar la dirección por un valor de distancia para variar la longitud de la representación visual del rayo.

```
private void OnDrawGizmos()
{
   Gizmos.color = Color.blue;
   Gizmos.DrawRay(posOrigen, direccion * distancia);
}
```

5.6.3 Raycasting

El último paso para hacer *raycasting* es comprobar efectivamente con qué volúmenes de colisión interseca el rayo. Para ello disponemos de varios métodos dentro de la clase Physics, como Raycast o RaycastAll, con distintas versiones de cada uno que nos permiten especificar opciones de configuración avanzadas para el lanzamiento del rayo, aunque aquí solo mostraremos dos de las versiones más sencillas del método Raycast. La versión más simple tan solo nos informará de si el rayo intersecta con algún volumen de colisión de la escena. El volumen de colisión puede ser de cualquier tipo (volumen de colisión o *trigger*) y forma (esfera, cápsula, caja, malla o terreno).

```
if(Physics.Raycast(ray, 100))
{
    Debug.Log("¡He detectado algo!");
}
```

Como puede apreciarse, el método Raycast devuelve un booleano, siendo true en el caso de haber intersecado contra la superficie de algún *collider*, y false en caso contrario. El método recibe como primer parámetro el rayo, y como segundo la distancia máxima en metros hasta la que se comprobarán las intersecciones. El parámetro de distancia es opcional, y en caso de no incluirlo, el *raycast* se realizará con distancia infinita.

> ⚠ **CUIDADO**
>
> Los *raycast* nunca impactarán contra las caras internas de un volumen de colisión. Esto resulta cómodo, ya que podrás lanzar un *raycast* desde el interior de un *collider* sin miedo a que reporte impactos consigo mismo. Sin embargo, sí se reportarán las colisiones con cualquier otro *collider* que se encuentre en la trayectoria, lo cual puede ser problemático en objetos compuestos por múltiples volúmenes de colisión si no tienes cuidado con el punto de origen. En muchos casos conviene añadir objetos vacíos situados estratégicamente en puntos clave de los modelos 3D, y utilizarlos como puntos de origen de los *raycast*, asegurando que no hay ningún obstáculo en la trayectoria del mismo.

En muchas ocasiones esta versión del método **Raycast** es demasiado simple, ya que usualmente necesitaremos saber con qué volumen de colisión ha intersecado el rayo. Otra de las sobrecargas de este método nos permite pasar un parámetro de salida de tipo RaycastHit donde, en caso de que el rayo impacte contra algún volumen de colisión, se nos devolverá información sobre el impacto.

```
RaycastHit hit;
if (Physics.Raycast(ray, out hit, 100))
{
print("¡He detectado a " + hit.transform.name + "!");
```

Como podemos ver en el código anterior, el parámetro de tipo RaycastHit debe pasarse con el modificador *out*, dado que es un parámetro de salida. Si el método devuelve *true*, la variable *hit* contendrá la información del impacto, entre la que podremos encontrar una referencia al componente **Transform** del objeto detectado, o un vector con el punto exacto de impacto.

5.6.4 Otros métodos de la clase Physics

Además del método Raycast y sus múltiples sobrecargas, la clase Physics proporciona una gran variedad de métodos adicionales que nos permiten realizar comprobaciones de similar naturaleza. El método RaycastAll, por ejemplo, permite obtener las intersecciones de un rayo con todos los volúmenes de colisión con los que se cruce, en lugar de únicamente con el primero con el que impacte. Los métodos SphereCast o CapsuleCast funcionan de forma similar a un *raycast*, solo que en esos casos no se proyecta una línea, sino un volumen en forma de esfera o de cápsula, lo cual puede ser de gran utilidad para saber si un cierto objeto podría entrar por una puerta o atravesar un pasillo.

Otra serie de métodos similares son los métodos de *overlap*, como OverlapSphere, que nos permite detectar los volúmenes de colisión que intersecan con un cierto volumen definido matemáticamente, en el caso de la esfera a través de su posición y su radio. Estos métodos pueden utilizarse para comprobar, por ejemplo, a qué objetos va a afectar una explosión, mediante OverlapSphere, o qué objetos se encuentran dentro de una caja de selección en un juego de estrategia, mediante OverlapBox.

5.7 FÍSICAS Y BUCLES DE JUEGO

En el Capítulo 3 "Scripting" descubrimos que la clase **MonoBehaviour** contiene dos métodos donde podemos trabajar el bucle de juego del motor: Update y FixedUpdate. En realidad, esta afirmación es una simplificación, ya que el bucle de juego principal se podría subdividir en dos sub-bucles distintos: el bucle de juego de paso variable, correspondiente al método Update, y el bucle de juego de paso fijo, correspondiente al método FixedUpdate. Ambos bucles de juego están interrelacionados y, a la hora de trabajar con físicas, es muy importante conocer bien las particularidades de cada uno para entender distintas problemáticas que podemos encontrarnos.

5.7.1 Bucle de juego de paso variable

El método Update nos permite responder desde nuestros *scripts* a cada pasada del **bucle de juego de paso variable**. La particularidad de este bucle de juego es que el tiempo que transcurre entre dos *frames* puede variar según diversas circunstancias, como la potencia del hardware, la sobrecarga general del sistema o la sobrecarga del juego en cada momento: *scripts* en ejecución, número de elementos en pantalla, efectos gráficos y materiales, etc.

Debido a esto, cuando queramos mover objetos desde el método Update, será necesario tener en cuenta el tiempo que ha transcurrido entre el *frame* actual y el anterior. Supongamos un **escenario ficticio** donde nuestro ordenador es capaz de ejecutar cada *frame* a un intervalo constante de un segundo, llamando al método Update de nuestros *scripts* una vez por segundo. Dentro de uno de esos *scripts* implementamos el movimiento de un objeto por la escena. Si en cada llamada al Update desplazamos nuestro objeto 1 metro, cuando se hayan dibujado seis fotogramas, es decir, después de 6 segundos, el objeto se habrá movido 6 metros.

Sin embargo, en un **escenario real**, el tiempo que transcurre entre dos *frames* puede variar libremente. Esto podría provocar que, durante algunos segundos en que el juego sufra cierta sobrecarga, en vez de llamarse al método Update una vez por segundo, se le llame una vez cada 2 segundos. Esto supone que después de 6 segundos el método Update de nuestro *script* solo se habrá ejecutado 3 veces, y el objeto solo se habrá movido 3 metros (en vez de 6). Estaríamos en una situación en la que, según la sobrecarga del juego y la potencia de la máquina, nuestro juego funcionaría más rápido o más despacio, lo cual no es nada deseable.

Para evitar este problema, siempre que queramos mover un objeto en el método Update, o hacer cualquier otro cálculo a lo largo del tiempo, utilizaremos la propiedad Time.deltaTime en los cálculos para corregir las posibles variaciones del tiempo entre *frames*. Por ejemplo, en el escenario anterior, multiplicaríamos la velocidad de desplazamiento por la propiedad Time.deltaTime antes de aplicarla, de tal forma que, si Time.deltaTime tiene el valor 1 (1 *frame* = 1 segundo), la velocidad a aplicar será de 1 metro por segundo; mientras que si por algún motivo la velocidad del bucle de juego baja y Time.deltaTime cambia al valor 2 (1 *frame* = 2 segundos) la velocidad a aplicar sea de 2 metros por segundo, compensando el bajón de *FPS* (*frames* por segundo) con una mayor velocidad de desplazamiento.

NOTA

Los tiempos que estamos dando a cada *frame* en estos supuestos son completamente irreales para facilitar la comprensión de los ejemplos. En un juego moderno que se esté ejecutando entre los 30 y los 60 FPS, la duración de cada *frame* estaría entre 0,016 segundos y 0,033 segundos.

5.7.2 Bucle de juego de paso fijo

El método **FixedUpdate** nos permite responder desde nuestros *scripts* a cada pasada del **bucle de juego de paso fijo**. A diferencia del método Update, el método FixedUpdate se ejecuta a un intervalo constante, transcurriendo el mismo tiempo entre dos llamadas cualesquiera a este método. El tiempo entre llamadas está fijado en la configuración del proyecto, en la propiedad **fixedTime** del menú **Edit → Project Settings → Time**. El bucle de juego de paso fijo está especialmente ideado para los cálculos físicos, y por cada iteración de este bucle, Unity hará una nueva pasada de simulación de PhysX.

El método FixedUpdate trata de dar solución al problema que nos encontramos con el método Update a la hora de mover objetos. Aunque en el apartado anterior llegamos a la conclusión de que es necesario usar la propiedad Time.deltaTime en los cálculos de movimiento que hagamos dentro del método Update, esto puede provocar a su vez nuevos problemas en los cálculos del motor físico, especialmente en lo relativo al cálculo de colisiones.

Supongamos un escenario donde nuestro objeto, una pelota, se desplaza de forma constante hacia una pared muy fina con la que deseamos que choque. Si implementamos su movimiento en el método Update, según lo visto anteriormente, la velocidad de la pelota tendrá que adaptarse a la duración de cada *frame* para evitar que se acelere o ralentice dependiendo de la potencia y la sobrecarga de la máquina. Si por alguna razón el juego empieza a funcionar a un intervalo de FPS muy lento, la pelota tendrá que aumentar su velocidad en compensación. Suponiendo que la pared se encuentra a 1 metro de distancia de la pelota, y que la propiedad Time.deltaTime tiene valor 2, la pelota se tendría que desplazar 2 metros en un único frame, situándose inmediatamente al otro lado de la pared sin que se haya llegado a producir una colisión.

Por este motivo, el método FixedUpdate usa un intervalo constante de actualización, impidiendo escenarios como este, en el que un objeto podría llegar a atravesar obstáculos si por cualquier motivo los FPS del juego se reducen. Además, de cara al motor físico, sus cálculos internos serán mucho más sencillos al saber que el ritmo de ejecución del bucle será constante.

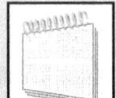

NOTA
Puesto que el método FixedUpdate se ejecuta a un ritmo constante, podemos predecir cuantas veces se ejecutará en un segundo, atendiendo al valor que figure en la propiedad fixedTime del menú **Edit → Project Settings → Time**. Por defecto esta propiedad tendrá el valor 0,02 segundos, por lo que el método FixedUpdate se ejecutará 50 veces por segundo (50 veces x 0,02 segundos = 1 segundo).

Dado que el método `FixedUpdate` de un determinado *script* se ejecuta una vez por cada pasada de procesamiento del motor físico, cualquier cambio que deseemos hacer en las físicas de un objeto a lo largo de varios *frames*, como por ejemplo añadir fuerza a un vehículo para simular el efecto de un motor, tendremos que implementarlo dentro de este método. Si por error modificásemos las físicas de un objeto a lo largo del tiempo dentro del método `Update`, no estaríamos correctamente sincronizados con el motor físico debido a la diferencia en el ritmo de ejecución de ambos bucles, produciéndose resultados imprevisibles en los cálculos de movimientos y colisiones. Incidimos sin embargo en que esto solo tiene importancia en los cálculos realizados a lo largo de varios *frames*, ya que un cambio instantáneo en las físicas no requiere de ninguna sincronización a lo largo del tiempo, y por tanto podría realizarse desde el `Update` o desde cualquier otro método de nuestro *script* sin ningún problema.

5.7.2.1 INTERVALO DE EJECUCIÓN

Aunque en todo momento indiquemos que el bucle de tiempo fijo se ejecuta siempre a un intervalo constante, en realidad internamente el tiempo que transcurre entre las llamadas al `FixedUpdate` puede variar. La clave está en que Unity tratará de conseguir que, de media, el intervalo de ejecución de este método sea constante a lo largo de todo el juego, utilizando para ellos sus propios algoritmos de gestión del tiempo que irán intercalando en cada *frame* una, ninguna o varias llamadas seguidas al `FixedUpdate` según sea necesario. En lo que a nosotros nos concierne, de cara a los cálculos que hagamos en nuestros *scripts*, debemos suponer que el tiempo que transcurre entre llamadas es constante.

Por ejemplo, en ordenadores muy potentes y en condiciones de poca carga, Unity intercalará una o ninguna llamada al `FixedUpdate` entre cada llamada al método `Update`. En ordenadores menos potentes, o en condiciones de sobrecarga, Unity intercalará varias llamadas seguidas al `FixedUpdate` entre cada llamada al método Update, consiguiendo de esta forma mantener el ritmo medio de ejecución deseado.

TRUCO
Añadiendo sentencias Debug.Log a los métodos Update y FixedUpdate de uno de tus *scripts* en el juego (que esté añadido a un único objeto de la escena) podrás comprobar como Unity va intercalando una llamada al método Update con una, ninguna o varias llamadas al método FixedUpdate. Quita estas llamadas una vez hayas visto su funcionamiento, ya que son muy lentas y pueden llegar a ralentizar.

Sin embargo, en condiciones extremas, y especialmente si realizamos demasiados cálculos dentro del FixedUpdate, puede llegar a darse la situación de que Unity intente ejecutar varias veces seguidas este método sin lograr, pese a ello, mantener el ritmo de ejecución deseado. La propiedad **Maximum Allowed Timestep**, editable desde **Edit → Project Settings → Time**, determina el tiempo máximo que puede permanecer Unity ejecutando varias veces seguidas el método FixedUpdate. Si en un *frame* determinado Unity consume todo ese tiempo en hacer cálculos físicos sin lograr recuperar el ritmo de ejecución deseado, asumirá que es mejor dejarlo pasar por el momento y dará comienzo a un nuevo *frame*.

Por este motivo nunca debemos realizar determinados cálculos complejos que no tengan relación con las físicas, como los de inteligencia artificial o lógica del juego, dentro del método FixedUpdate, ayudando de esta manera a que Unity pueda mantener el intervalo de ejecución deseado en todo momento.

NOTA
Aunque estamos hablando de las ejecuciones de los métodos Update y FixedUpdate como algo individual, no hay que olvidar que estos métodos se ejecutan por tandas para cada uno de los *scripts* que los implementan. En cada *frame* del juego, Unity primero llamará una vez al método Update de todos los *scripts* que lo implementen, y después llamará una, ninguna o varias veces seguidas al método FixedUpdate de los *scripts* que lo implementen.

5.7.3 Escala de Tiempo

Los bucles de juego de Unity pueden alterarse a nivel global para que se ejecuten más rápido o más despacio de lo normal, a través de la propiedad `Time.timeScale`, accesible por *script*, o desde el propio editor en **Edit → Project Settings → Time**. Una escala de tiempo de 2 hace que el tiempo transcurra el doble de rápido en el juego, mientras que una escala de 0.5 hace que el tiempo transcurra la mitad de rápido.

Si modificamos este valor, el método `Update` se continuará ejecutando al mismo intervalo, pero la propiedad `Time.deltaTime` vendrá premultiplicada por la escala de tiempo, por lo que los cálculos que hagamos con ella se verán automáticamente acelerados o ralentizados.

El método `FixedUpdate` sí cambiará su ritmo de ejecución, ejecutándose con más o menos frecuencia según aceleremos o ralenticemos el tiempo, respectivamente. La propiedad `Time.fixedDeltaTime` se mantendrá intacta. Por ejemplo, con una escala de tiempo a 5, el método `FixedUpdate` tratará de ejecutarse a un ritmo 5 veces mayor que con la escala de tiempo normal. Si por defecto este método se ejecuta unas 50 veces por segundo, con la escala de tiempo a 10, el método `FixedUpdate` se ejecutaría unas 500 veces por segundo. Esto puede provocar problemas importantes, ya que Unity se podría ver en serias dificultades para ejecutar tantas pasadas de simulación física por segundo, lo que se traduciría en importantes bajadas de los FPS a valores mínimos que harían el juego prácticamente imposible de jugar.

Para evitar este problema, cuando modifiquemos la escala de tiempo tendremos que cambiar también el valor de la propiedad `Time.fixedDeltaTime` asignándole su valor por defecto (habitualmente 0.02 segundos, equivalente a 50 pasadas de simulación física por segundo) multiplicado por la escala de tiempo que hayamos establecido. Por ejemplo, si aplicamos una escala de tiempo de 5 para acelerar el tiempo, estableceríamos la propiedad `Time.fixedDeltaTime` a 0.1 segundos (5 x 0.02) para reducir el número de pasadas de simulación física por segundo. Tras este cambio las físicas seguirán estando aceleradas o frenadas por efecto de la escala de tiempo, y podrían producirse algunos errores en los cálculos de colisiones (especialmente en objetos que se desplacen a grandes velocidades), pero los FPS no se verán afectados y el juego se seguirá pudiendo jugar con normalidad.

Como podemos ver, conviene ser muy cuidadoso a la hora de trabajar con escalas de tiempo distintas de 1, ya que puede introducir distintos problemas inesperados. También hemos de tener cuidado de restaurar correctamente la escala de tiempo al valor 1 (y el *fixedDeltaTime* a su valor original, si lo hemos modificado) cuando hayamos finalizado el efecto de ralentización o aceleración. Esto es especialmente importante si habíamos puesto la escala de tiempo a 0, ya que las físicas, animaciones y partículas, así como toda la lógica del juego que funcione en base al tiempo, y la ejecución del bucle de juego de paso fijo, quedarían congelados.

6

INTERFAZ DE USUARIO

En este capítulo abordaremos el uso del sistema de interfaz de usuario de Unity. Estudiaremos cómo crear interfaces de usuario que se adapten adecuadamente a distintos tamaños y formatos de pantalla. Aprenderemos cómo añadir distintos tipos de controles interactivos como etiquetas, imágenes o botones, posicionándolos y dimensionándolos adecuadamente usando anclas. Veremos las distintas posibilidades que Unity nos ofrece para mostrar información en pantalla mediante imágenes y textos. También describiremos el sistema de auto-layout con el que podremos crear interfaces gráficas avanzadas de forma sencilla. A lo largo del capítulo podrás aprender más sobre los siguientes temas:

1. Canvas
2. Escalado automático del canvas
3. Widgets
4. Posicionamiento de widgets
5. Sprites y componente Image
6. Componente Text
7. Auto-layout

PREPARACIÓN

Con el objetivo de que puedas entender mejor los distintos conceptos y técnicas que vamos a explicarte, este capítulo va acompañando del proyecto de ejemplo "Capítulo6-Proyecto1". Este proyecto te permitirá ver en la práctica muchas de las técnicas explicadas a lo largo del capítulo. Consulta la Sección "Material Adicional" al final del libro para más información sobre la descarga de estos y el resto de proyectos que acompañan al libro.

6.1 LA INTERFAZ DE USUARIO

La gran mayoría de videojuegos y aplicaciones digitales incluyen lo que llamamos *Graphic User Interface* o simplemente *GUI* o *UI*[12], generalmente representada mediante formas y métodos que posibilitan al usuario interactuar con ésta.

Antiguamente, cuando los ordenadores no tenían la capacidad de representar visualmente una interfaz gráfica, se usaban las interfaces de líneas de comando. Estas consistían en una pantalla que únicamente representaba caracteres -lo que incluye letras y símbolos- e informaba y recibía información mediante texto y comandos.

Cuando los ordenadores ampliaron su capacidad gráfica y de procesamiento, se incluyeron formas (como botones, iconos, ventanas, etc.) que al recibir algún tipo de acción por parte del usuario (hacer click en un botón, por ejemplo) ejecutaban los comandos que antiguamente eran enviados a través de *CLI*[13].

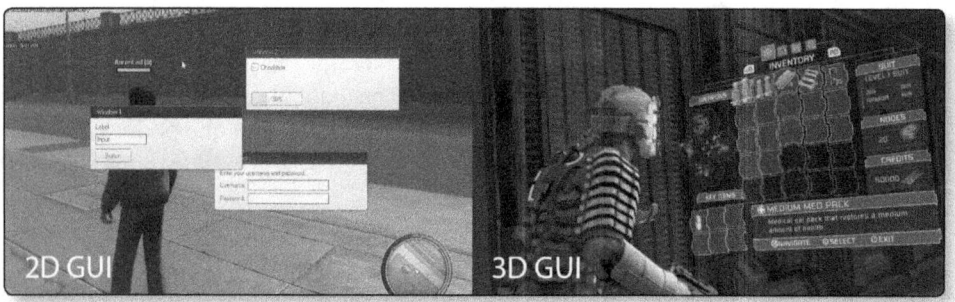

Figura 6.1. Interfaz de usuario 2D y 3D

Aunque las interfaces de usuario son tradicionalmente bidimensionales, en videojuegos también es frecuente el uso de GUI 3D, donde la interfaz de usuario está formada por elementos 2D y 3D combinados e integrados en el propio mundo de juego, como los que pueden verse en la Figura 6.1. Este tipo de interfaces 3D tienen cada vez mayor cabida en videojuegos, especialmente en el campo de la realidad virtual donde solo son posibles este tipo de interfaces.

---

12 *Graphical User Interface* y *User Interface*

13 *Command Line Interface*

Sea como sea, la interfaz de usuario es un elemento imprescindible en casi cualquier juego, y como tal, es importante conocer las distintas posibilidades que Unity nos proporciona en esta área. A lo largo del capítulo estudiaremos el actual sistema de UI de Unity, disponible desde Unity 4.6, y denominado New UI, Unity UI o UGUI entre la comunidad de usuarios de Unity distinguiéndolo de esta forma de otros sistemas de UI anteriores o basados en el uso de plugins. Unity UI se caracteriza por su facilidad de uso, potencia y flexibilidad a la hora de crear interfaces de usuario 2D y 3D de forma completamente visual.

Como ya se ha comentado, conviene destacar que Unity ha tenido y tiene otros sistemas de UI distintos, como el sistema Legacy UI, en completo desuso, o el sistema IMGUI, utilizado en la actualidad sobre todo para la creación de interfaces de usuario en plugins y extensiones de Unity. Estos sistemas no se abordarán en el libro. Si deseas saber más sobre IMGUI puede consultarse la documentación oficial en el siguiente enlace: https://docs.unity3d.com/Manual/GUIScriptingGuide.html

6.2 CANVAS

Antes de que describamos cada uno de los elementos gráficos que nos ofrece Unity para la creación de interfaces de usuario, es conveniente hablar un poco sobre dichos elementos de forma generalizada en el desarrollo de videojuegos y software interactivo.

Dos conceptos importantes son el *canvas* y el *widget*. Por un lado, un *widget* representa un elemento de interfaz que, generalmente, presenta información y/o permite la interacción del usuario. Ejemplos de esto son ventanas, cajas de texto, desplegables, botones, etc. En el vocabulario de Unity los *widgets* también son llamados *Layout Elements*. Por otro lado, un *canvas* es un lienzo sobre el que Unity dibujará los distintos elementos de la interfaz de usuario. De forma similar a como un artista dibuja formas sobre un lienzo, el *canvas* representa dicho lienzo y los *widgets* las formas que en él se dibujan.

El primer paso para crear una interfaz de usuario con Unity es por tanto crear un *canvas* donde podamos ir añadiendo distintos *widgets*. Para ello crearemos un nuevo objeto a través del menú **GameObject -> UI -> Canvas**, o desde la ventana de jerarquía con el menú **Create -> UI -> Canvas**.

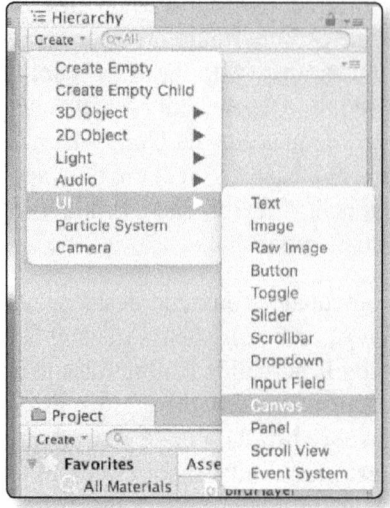

Figura 6.2. Creación de un Canvas.

Al hacer lo anterior, Unity creará automáticamente dos objetos llamados "*Canvas*" y "*EventSystem*" visibles en la jerarquía de escena. Esto mismo también ocurre si creamos cualquier otro elemento de UI sin que exista previamente un *canvas* en la escena, por lo que, en realidad, para crear un *canvas* basta con añadir cualquier tipo de *widget* a la escena. A continuación profundizaremos en estos dos objetos y sus componentes.

6.2.1 EventSystem

El **GameObject** *EventSystem* se encarga de gestionar la interacción con la interfaz de usuario a través de distintos mecanismos de input como teclado, ratón o gamepad. Esto lo realiza a través de sus dos componentes: **Event System Manager** y **Standalone Input Manager**. Comentaremos brevemente la finalidad de cada uno de ellos.

6.2.1.1 EVENT SYSTEM MANAGER

Se trata de un componente que funciona junto a los distintos módulos de *input* de la escena (ver más abajo *Standalone Input Module*) encargándose de gestionar la interacción del usuario a través de ellos. Debe haber un único componente de este tipo en la escena, y es necesario que exista siempre que queramos que el jugador pueda interactuar con los elementos de la interfaz de usuario.

6.2.1.2 STANDALONE INPUT MODULE

Este componente permite que el usuario pueda interactuar con el interfaz de usuario de la escena mediante distintos tipos de controlador: teclado, ratón, *gamepad* y táctil. De esta forma, el usuario podrá interactuar con los distintos *widgets* de la escena en cualquier plataforma (PC, consola, móviles) y con cualquier tipo de dispositivo de *input* que utilice.

6.2.2 Canvas

El **GameObject** *Canvas* es el objeto donde tendremos que situar los distintos *widgets* que queramos añadir a la escena, encargándose de dibujarlos por pantalla con el modo de renderizado y escalado automático que hayamos configurado en sus componentes. Este objeto dispone de cuatro componentes distintos: **Rect Transform**, **Canvas**, **Canvas Scaler** y **Graphics Raycaster**. Comentaremos brevemente la finalidad de cada uno de ellos.

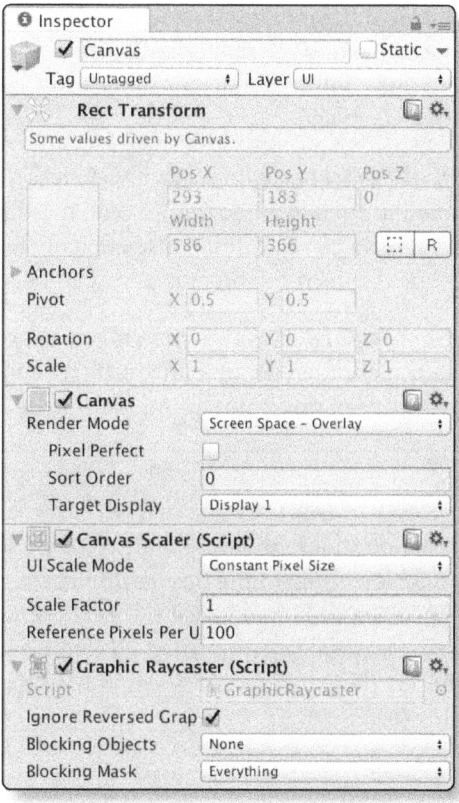

Figura 6.3. Inspector del objeto Canvas.

6.2.2.1 RECTTRANSFORM

El componente **RectTransform** es una versión ampliada del componente **Transform** que podemos encontrar en todos los GameObjects. No solo tiene todas las funcionalidades habituales del **Transform**, si no que añade funcionalidades adicionales necesarias para el posicionamiento de elementos de interfaz de usuario. De hecho, no solo el *canvas* tendrá un componente **RectTransform**, si no que los *widgets* también irán acompañados de este tipo de componente, esencial para su correcto funcionamiento.

Más adelante en este capítulo veremos las distintas opciones que proporciona a la hora de posicionar el *canvas* y los *widgets*. En el caso del *canvas*, con su configuración por defecto, este componente vendrá bloqueado y no podremos editarlo, ya que se ajustará automáticamente al tamaño de la ventana de juego.

6.2.2.2 CANVAS

Es el responsable de dibujar el interfaz de usuario por pantalla. La propiedad **Render Mode** determina el modo de renderizado del *canvas*, ofreciéndonos tres opciones distintas. Para más información consultar más abajo la Sección 6.2.3 "Modos de renderizado del canvas".

La propiedad **Pixel Perfect** cuando está activa fuerza a los *widgets* a alinearse con los píxeles de la pantalla, consiguiendo que se vean más nítidos en determinadas circunstancias. Sin embargo, su uso está desaconsejado para *widgets* en movimiento, ya que puede provocar que dichos movimientos parezcan poco fluidos.

La propiedad **Sort In Order** es útil cuando tenemos más de un *canvas* en escena, pues es quien indica el orden de dibujado, provocando que un *canvas* se vea encima de otro cuanto mayor sea este valor.

6.2.2.3 CANVAS SCALER

Modifica la escala de todos los *widgets* del *canvas* según la configuración utilizada. Una de sus funciones más útiles es la de escalar los *widgets* para que se ajusten a cualquier resolución de pantalla. La forma en la que este componente controla la escala se establece desde su propiedad **UI Scale Mode**. Profundizaremos en el escalado de la interfaz de usuario en la Sección 6.3 "Escalado automático del *canvas*".

6.2.2.4 GRAPHIC RAYCASTER

Determina, mediante un *raycast* desde la posición de la cámara, qué *widget* se encuentra bajo el puntero del ratón (o bajo el dedo en una plataforma táctil) y, por ende, con qué *widget* está interactuando el usuario. Este componente es utilizado por los módulos de input (como el Standalone Input Manager, explicado más arriba) para generar distintos eventos de interacción con la interfaz de usuario, como hacer clic sobre un botón, pasar el ratón por encima de un elemento, etc.

Su propiedad **Ignore Reversed Graphics** permiten configurar si los *raycast* que impacten contra la parte trasera de un *widget* deben ser ignorados. Las propiedades **Blocking Objects** y **Blocking Mask** permiten especificar respectivamente qué tipo de *colliders* (2D, 3D o todos) y qué capas de objetos físicos van a poder interponerse entre la cámara y los *widgets* del *canvas*, impidiendo la interacción con ellos.

6.2.3 Modos de renderizado del canvas

Por defecto, cuando creamos algún de tipo de interfaz de usuario, ésta se superpone sobre el resto de elementos 2D y 3D de la escena, viéndose por encima de todos ellos. Aunque esta suele ser la opción más común a la hora de crear un *UI*, disponemos de tres modos de funcionamiento distintos que podemos activar a través de la propiedad **Render Mode**, en el componente **Canvas**.

Los tres modos disponibles son los siguientes:

▼ Screen Space – Overlay (Superposición)

Es el modo de funcionamiento por defecto. En él todos los elementos de la interfaz de usuario se superponen al resto de elementos de la escena. A diferencia del resto de modos, en éste el componente **Canvas** no necesita saber qué cámara está activa en cada momento, lo que lo hace especialmente cómodo para la gran mayoría de interfaces de usuario.

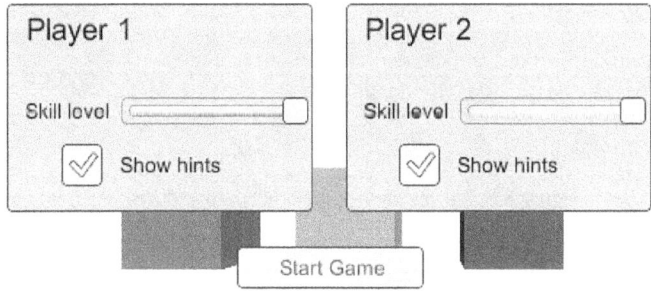

Figura 6.4. Canvas en modo "Overlay" dibujándose sobre los objetos de la escena.

▼ Screen Space – Camera

Este modo permite especificar una cámara para que el interfaz de usuario se dibuje en un plano a una determinada distancia por delante de esta, ofreciéndonos para ello las propiedades **Render Camera** y **Plane Distance**.

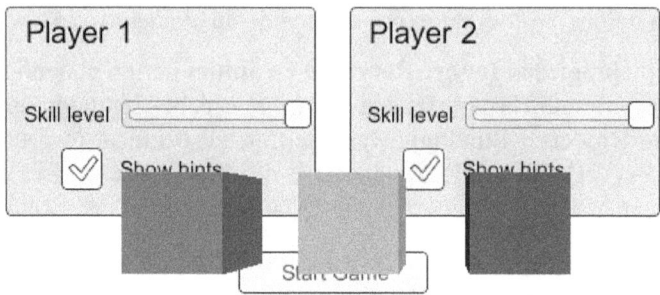

Figura 6.5. Canvas en modo "Camera" dibujándose detrás de los objetos de la escena.

Esto nos permite hacer que la interfaz de usuario aparezca por detrás de otros objetos 2D y 3D de la escena, como muestra la Figura 6.5.

▼ World Space

Este modo se caracteriza por permitirnos situar el *canvas* libremente en la escena. Al activar este modo el componente **RectTransform** del *canvas* se desbloqueará, permitiéndonos cambiar su posición, rotación y el resto de propiedades del componente libremente.

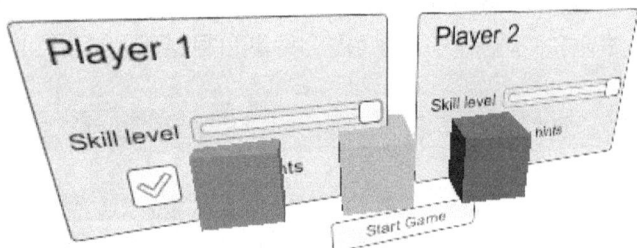

Figura 6.6. Canvas en modo "World" dibujándose junto a los objetos de la escena.

Este será el modo que usaremos para crear un GUI 3D, así como para poder añadir *widgets*, como textos o iconos, a otros objetos 2D y 3D de la escena, situando el *canvas* en la jerarquía de escena como hijo de dicho objeto.

6.3 ESCALADO AUTOMÁTICO DEL CANVAS

Dada la gran multitud diferente de dispositivos que existen en el mercado actualmente, es importante preparar las interfaces de usuario de tal forma que se adapten adecuadamente a cualquier tamaño y formato de pantalla. Por ejemplo, al crear un juego para dispositivos iOS es necesario prepararlo para distintos tamaños de pantalla y relaciones de aspecto. Mientras que el iPhone 5 tiene una pantalla de 1136x640 píxeles, la del iPhone 6 tiene 1334x750 píxeles; y aunque ambos tienen una relación de aspecto de 16:9, la del iPad es 4:3.

No solo debemos atender a estos dos aspectos, sino que también entran en juego los DPI de la pantalla. Siguiendo el ejemplo, aunque la resolución del iPhone 6 es mayor que la del 5, su tamaño físico es exactamente igual. De forma similar, las pantallas Retina de Apple o la nueva gama UHD de televisores son capaces de mostrar muchos más píxeles que las pantallas tradicionales, sin que eso suponga que su tamaño físico haya aumentado.

Por último, otro factor sumamente importante es el tipo de plataforma donde se va a mostrar la interfaz de usuario, pues ni tiene el mismo tamaño ni se ubica de la misma forma una interfaz creada para dispositivos móviles que una creada para dispositivos de sobremesa, o incluso en un caso extremo, la interfaz creada para un dispositivo de realidad virtual.

A lo largo de esta sección estudiaremos los aspectos más importantes a tener en cuenta a la hora de diseñar una interfaz de usuario, y descubriremos las funcionalidades que Unity nos ofrece para crear interfaces que se adapten a distintos tipos de pantalla.

6.3.1 Resolución de pantalla

La resolución de pantalla es uno de los aspectos más importantes que debemos tener en cuenta a la hora de pensar en la interfaz de usuario de un videojuego. Un caso muy interesante en el que observar los efectos de la resolución de pantalla sobre el UI es el del conocido MMORPG World of Warcraft, un juego con más de diez años de vida que ha ido adaptándose a cada cambio tecnológico con mayor o menor elegancia.

En el momento del lanzamiento del juego, en 2004, muchos jugadores lo disfrutaron en monitores de resoluciones cercanas a los 1024x768 píxeles, la más habitual en aquella época. Si observamos la interfaz del juego con una resolución como esa, esta se vería de la siguiente manera:

Figura 6.7. World of Warcraft a 1024x768 en 2004.

Prestemos atención a la barra inferior del juego. Como podemos ver, esta ocupa la totalidad del ancho del monitor provocando que las gárgolas de piedra decorativos de cada esquina queden cortadas, siendo imposible ver el resto de sus alas.

Sin embargo, si vemos el mismo juego con una resolución mayor, como 1920x1080 píxeles, podemos observar importantes diferencias:

Figura 6.8. World of Warcraft a 1920 x 1080 en 2014

En esta resolución la barra de acción ocupa aproximadamente la mitad de lo que ocupaba en el caso anterior (en relación a la nueva resolución), permitiendo ahora ver no solo el dibujo completo de las gárgolas que están en los extremos, sino una gran cantidad de espacio vacío alrededor que permite ver el mundo de juego con mayor detalle.

Este comportamiento que realiza World of Warcraft (y muchos otros juegos y programas) es mantener los distintos *widgets* de la interfaz de usuario con el mismo tamaño en píxeles sea cual sea la resolución, pero posicionándolos en base a porcentajes de pantalla. Por ejemplo, la barra de habilidades está situada en el centro e inferior de la pantalla (50% del ancho, 0% del alto), mientras que el mini-mapa está situado en la esquina superior derecha de la pantalla (100% del ancho, 100% del alto). Aunque la posición se adapta a la resolución, el tamaño no lo hace.

Este comportamiento puede ser adecuado para adaptar la interfaz a pantallas donde no haya grandes diferencias de resolución. Sin embargo, si probásemos este juego en una pantalla 4K descubriríamos que los *widgets* se ven excesivamente pequeños y resultaría difícil leerlos. Para solventar este problema, World of Warcraft permite al usuario aplicar un factor de escala al UI para poder agrandarlo si resultase necesario.

En nuestros juegos, dependiendo de diversos factores, tendremos que determinar la forma en la que la interfaz de usuario se adaptará a distintas resoluciones. Podremos determinar que los elementos no alteren su tamaño, como hace World of Warcraft, o por el contrario hacer que se escalen automáticamente según la resolución de la pantalla, entre otras posibilidades.

6.3.2 Relación de aspecto

La resolución de pantalla no afecta únicamente al tamaño con el que se visualizan los elementos de la interfaz de usuario, sino que también puede afectar, y en gran medida, a la posición de los mismos en pantalla. Debemos tener en cuenta

Figura 6.9. Relación de aspecto 4:3 frente a 16:9

que las pantallas pueden ser más "cuadradas" o más "alargadas" según la relación entre su ancho y su alto, lo que se conoce como su relación de aspecto, o *aspect ratio*. Algunos valores muy frecuentes de relación de aspecto son los 4:3 de los televisores y monitores antiguos, los 16:9 o 16:10 de la gran mayoría de pantallas actuales en televisores, monitores y dispositivos móviles, o los menos frecuentes 21:9 de las pantallas curvas.

La relación de aspecto de una pantalla puede hacer que dispongamos de más o menos espacio horizontal o vertical para representar el UI del juego. Esto tiene importantes implicaciones a la hora de elegir la forma en la que la interfaz de usuario se adaptará a distintas resoluciones. En caso de querer escalar los *widgets*, dicho escalado no podrá ser uniforme en los ejes horizontal y vertical, obligándonos a aplicar una escala no uniforme que puede deformar la imagen, o a expandir o recortar el *canvas* por los laterales. Valga como símil el ejemplo de un televisor de 16:9 donde al ver series o programas antiguos, grabados para una relación de 4:3, podemos elegir si aplicar un escalado no uniforme (deformando la imagen para ensancharla), o si añadir barras negras a los lados.

La relación de aspecto también afecta al posicionamiento de los *widgets*, ya que sus posiciones nunca se podrán indicar en valores absolutos de píxeles. En su lugar las posiciones se tendrán que indicar en relación a los bordes o al centro de la pantalla, o, de forma más general, en base a porcentajes de pantalla, tal y como se explicó en el ejemplo del World of Warcraft.

TRUCO

Para comprobar como el canvas, así como el resto de elementos del juego, responden a diferentes relaciones de aspecto, puedes cambiar la propiedad Aspect Ratio en la ventana de juego y probar sus distintas opciones. En función de la plataforma de destino del juego aparecerán las relaciones de aspecto más frecuentemente utilizadas. Además, mediante el símbolo + dentro del menú podrás añadir relaciones de aspecto personalizadas.

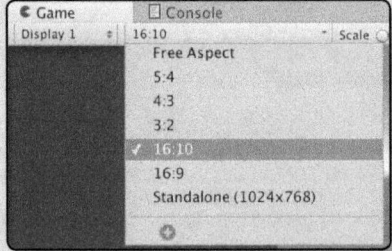

Figura 6.10. Modificando el Aspecto Ratio a 16:10.

6.3.3 Componente Canvas Scaler

El componente **Canvas Scaler**, situado en el *canvas*, es el encargado de controlar la escala final que tendrán todos los *widgets* del UI. El componente ofrece tres modos de escalado, a través de la propiedad **UI Scale Mode**.

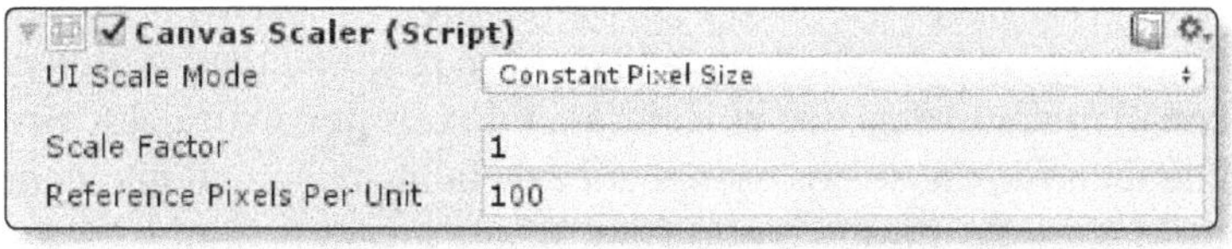

Figura 6.11. Componente Canvas Scaler.

Cada uno de los modos ofrece un comportamiento completamente distinto: **Constant Pixel Size** hace que el tamaño de los *widgets* se mantenga fijo en píxeles (como en el ejemplo de World of Warcraft explicado anteriormente); **Scale With Screen Size** hace que el tamaño de los widgets se escale automáticamente al tamaño de la pantalla en base a una resolución de referencia para la cual se diseña el juego; mientras que el modo **Constant Physical Size** hace que se mantenga el tamaño físico de los widgets, en centímetros, manteniendo este tamaño independientemente de los DPI de la pantalla.

Al comenzar a crear una interfaz de usuario es recomendable haber decidido y seleccionado de antemano el modo de escalado a usar. De no hacerlo y tener que cambiarlo una vez comenzado el trabajo, todos los *widgets* cambiaran su tamaño y posición, provocando que, en la mayoría de las situaciones, nos veamos obligados a tener que definir nuevamente todos los valores de posición y tamaño de los *widgets*.

A continuación estudiaremos en profundidad cada uno de estos modos de escalado y las propiedades que se desbloquean al utilizarlos.

6.3.3.1 CONSTANT PIXEL SIZE

Este es el modo por defecto y su nombre en castellano, "Tamaño Constante de Píxeles", indica que los *widgets* serán dibujados por Unity con el mismo tamaño en píxeles que especifiquemos en el editor. Esto provocará que cuanto mayor DPI tenga el monitor final en el que nos encontremos, más pequeños se verán los *widgets* por pantalla. Este sería el modo de escalado que utiliza World of Warcraft, tal y como se explicó más arriba.

A través de la propiedad **Scale Factor** podemos aplicar un multiplicador de escala común a todos los *widgets*. Esto puede resultar especialmente útil, teniendo en cuenta que el valor es modificable desde *script*, para ofrecer al usuario controles que le permitan ajustar la escala del UI a su gusto.

La propiedad **Reference Pixels Per Unit** sirve para convertir los píxeles de los *sprites* que usemos en el UI al sistema de unidades del interfaz de usuario. De forma poco ortodoxa, podríamos decir que este valor indica cuantos píxeles de nuestros ficheros de imagen se corresponden con cuantos píxeles de la interfaz de usuario. Si en las opciones de importación de un *sprite* este tiene la propiedad **Pixels Per Unit** con el mismo valor que el **Reference Pixels per Unit** del **Canvas Scaler**, cada pixel de dicho *sprite* se corresponderá exactamente con un pixel en la interfaz de usuario. El correcto ajuste de este valor puede afectar a la nitidez con la que se muestran determinadas imágenes en el UI.

La propiedad **Reference Pixels Per Unit** es común a todos los modos de escalado del *canvas*, por lo que no se volverá a mencionar en adelante.

6.3.3.2 SCALE WITH SCREEN SIZE

Este modo, en castellano "Escalar con el tamaño de la pantalla", hace que la relación entre el tamaño de los *widgets* y el tamaño de la pantalla se mantenga constante, sea cual sea la resolución de la pantalla en la que se esté dibujando.

En este modo los tamaños de los *widgets* se indican siempre con valores relativos a una resolución de referencia, indicada por la propiedad **Reference Resolution**. Si posteriormente el juego se ejecuta en una resolución distinta a la de referencia (lo más probable), el *canvas* escalará los *widgets* para que ocupen el mismo tamaño relativo que en la resolución de referencia. Si la resolución final es mayor que la de referencia, los *widgets* aumentarán su tamaño, y si es menor los *widgets* se reducirán, de tal forma que al final la relación entre el tamaño del *widget* y el tamaño de la pantalla se mantenga constante.

El desplegable **Screen Match Mode** define el modo de ajuste a la relación de aspecto que se aplicará sobre los *widgets*. Esta propiedad solo tiene efecto cuando la relación de aspecto de la pantalla final no coincide con la relación de aspecto de la resolución de referencia, ofreciéndonos tres modos de ajuste.

El modo **Match Width or Height** determina el eje que será tenido en cuenta para saber en qué medida deben escalarse los objetos, definido a través del *slider* que aparecerá al seleccionar este modo y que nos permitirá elegir entre el ancho, el alto, o un valor intermedio entre estos dos. Por ejemplo, si elegimos que el ajuste de escala se haga en relación al ancho, el *canvas* determinará el escalado que debe aplicar a los *widgets* comparando el ancho de la resolución final con el ancho de la resolución de referencia. En el eje contrario el *canvas* se podrá expandir (mostrando más espacio) o recortar (mostrando menos espacio), según corresponda.

El modo **Expand** añade espacio al *canvas* por los lados, en el eje pertinente, para que en ningún caso, ni vertical ni horizontalmente, el tamaño final del *canvas* sea menor que el de referencia. De esta manera puede que en la versión final del juego el *canvas* se muestre más grande que el de referencia, con espacio adicional en la horizontal o la vertical, pero nunca recortado respecto a la resolución de referencia.

Alternativamente, el modo **Shrink** recorta el *canvas* por los lados, en el eje pertinente, para que ni vertical ni horizontalmente el tamaño final del *canvas* sea mayor que el de referencia. En la versión final del juego el *canvas* se podría ver más pequeño que el de referencia, con un trozo recortado a cada lado en la horizontal o la vertical, pero nunca con espacio adicional respecto a la resolución de referencia.

6.3.3.3 CONSTANT PHYSICAL SIZE

En este modo de escalado Unity mantendrá el tamaño físico de cada elemento sea cual sea el tamaño y los DPI de la pantalla en la que se estén representando.

Puede haber varias situaciones donde este modo nos sea de utilidad, como al diseñar los controladores de un joystick virtual en un dispositivo móvil. En un caso como este nos interesa que el *widget* sea fácil de pulsar en cualquier pantalla y, por tanto, necesitamos asegurarnos de que siempre va a tener el mismo tamaño físico, ya sea la pantalla más grande o más pequeña, y sea cual sea su resolución y DPI.

Cuando hablamos de tamaños físicos debemos especificar qué unidad de medida se utilizará: centímetros, metros, pulgadas, etc. Podemos establecer esta unidad en la propiedad **Physical Unit** del componente.

La propiedad **Default Screen DPI** nos permite establecer unos valores por defecto de DPI que se utilizarán en caso de que Unity no sea capaz de obtener el valor de DPI de la pantalla donde se esté ejecutando el juego. Por otro lado, la propiedad **Default Sprite DPI** determina la relación entre el espacio en píxeles que ocupan los *sprites* en el UI, y los DPI con los que se mostrará dichos *sprites* por pantalla.

6.4 WIDGETS

Para poder añadir funcionalidad a la interfaz de usuario Unity nos ofrece una gran variedad de *widgets* como etiquetas, imágenes, botones o deslizadores. La funcionalidad de los *widgets*, al igual que el resto de funcionalidades de Unity, está basada en última instancia en el uso de GameObjects con componentes.

Existen dos grandes tipos de componentes de UI: los visuales que dan una representación gráfica al *widget*, como una imagen o un texto; y los de interacción que permiten que esos *widgets* respondan a las acciones del jugador, como pulsar un botón o mover un control deslizante.

Poniendo como ejemplo el caso de un botón, en él interviene tanto un componente visual para dibujar la imagen que da forma al botón, como un componente de interacción para detectar el momento en que el usuario haga clic sobre él y poder actuar en consecuencia.

Todos nuestros componentes de interfaz de usuario, tanto de interacción como visuales, se encuentran dentro del menú **Component → UI**.

6.4.1 Componentes visuales

En esta categoría incluimos todos los componentes de UI que permiten mostrar información visual en la interfaz de usuario, o a modificar la forma en la que dicha información se visualiza.

6.4.1.1 TEXT

El componente **Text** permite mostrar un texto en la interfaz de usuario. Es muy utilizado para mostrar etiquetas, así como mensajes, conversaciones, tutoriales o cualquier otro elemento que requiera de información textual. Este componente también se utiliza como pieza para construir *widgets* más complejos, como botones que incluyen un texto, listas de elementos o menús desplegables.

Mediante las distintas propiedades de este componente podemos fijar el texto a mostrar, su alineación, la tipografía y su estilo, etc. Más adelante, en la Sección 6.7 "Componente Text" abordaremos el uso de este componente en profundidad.

NOTA

El componente **Text** permite el uso de algunas etiquetas al estilo HTML para poder especificar partes del texto que tengan un color, tamaño o estilo distinto. Para ello es necesario activar su propiedad **RichText**, lo que habilitará el uso de etiquetas <color>, <b>, <i> y <size> en el texto, tal y como se muestra en el siguiente ejemplo:

<color=#FFFFF>Hola</color> <b>Mundo</b>

6.4.1.2 IMAGE

El componente **Image** permite mostrar una imagen en la interfaz de usuario. Para hacer que este componente muestre una determinada imagen, es necesario que en las opciones de importación del fichero de imagen la propiedad **Texture Type** tenga el valor **Sprite (2D and UI)**. Al configurar una textura de esta manera le indicaremos a Unity que dicha imagen es un *sprite* que se utilizará únicamente para gráficos 2D y para la interfaz de usuario. Las distintas propiedades del componente nos permitirán no solo seleccionar la imagen a mostrar, de entre aquellas que hayamos configurado como *sprite*, sino que también nos permitirá aplicarle un color de tintado.

NOTA
Existe una variante de este componente, llamada **Image Raw,** que nos permite cargar texturas en vez de *sprites*. Este tipo de componente tiene usos generalmente más avanzados, como el de poder mostrar en la interfaz de usuario texturas procedurales o generadas en tiempo real.

6.4.1.3 MASK

El componente **Mask** altera la forma en la que se visualizan los *widgets* situados como descendientes en su jerarquía, recortando su área visible. Este componente se utiliza junto con un componente **Image** situado en el mismo GameObject, de forma que los píxeles transparentes de la imagen "recortarán" a los *widgets* hijos, mientras que los píxeles visibles delimitarán las zonas visibles en los *widgets* hijos. En todo caso, la imagen utilizada por la máscara no se visualizará en la interfaz de usuario, sirviendo únicamente para delimitar las zonas a recortar.

Figura 6.12. Imagen sin máscara.

Figura 6.13. Misma imagen con máscara en forma de estrella.

Como puede verse en las Figuras 6.12 y 6.13, una máscara nos permite seleccionar la zona del *widget* a recortar de tal forma que en la interfaz de usuario se visualice sólo esa sección. Tanto la posición de la imagen como la de la propia máscara pueden moverse, pudiendo crear una gran variedad de efectos distintos, especialmente en widgets complejos como listas o paneles con *scroll*.

> ⓘ **ATENCIÓN**
>
> El componente **Mask** solo hará su efecto si va acompañado de un componente **Image** (lo más habitual) o de un componente **Text** (si se desea recortar a los *widgets* hijos con la forma de caracteres). Dicha imagen o texto no deben tener un color de tintado completamente transparente, ya que en ese caso harían invisibles a todos los *widgets* hijos.

6.4.1.4 SHADOW Y OUTLINE

Los componentes **Shadow** y **Outline**, cuando van junto a un componente **Image** o **Text**, añaden un efecto de sombra o contorno a dicha imagen o texto. Un uso común es el de añadir sombras y contornos a los títulos de un juego, para resaltarlos y facilitar su lectura. Más adelante en el capítulo profundizaremos en estos dos componentes.

6.4.2 Componentes de interacción

Este tipo de componentes nos permiten enviar eventos de interacción de usuario a un *widget*, permitiéndonos crear interfaces de usuario interactivas. Ejemplo de ello serían el componente **Button** que nos permite crear un *widget* de botón añadiendo a una imagen o a un texto la posibilidad de que el usuario pulse sobre él para realizar una acción; o el componente **Slider** que combina varios sub-objetos con imagen para crear un *widget* de control deslizante que el usuario puede arrastrar.

Como podemos ver en los ejemplos anteriores, los componentes de interacción siempre funcionan en colaboración con otros objetos y/o componentes. Por ejemplo, el componente **Button** debe estar siempre acompañado de un componente **Image** o **Text** al que queramos añadir interactividad. Además, dicho componente debe tener su propiedad **Raycast Target** habilitada para que Unity sea capaz de determinar mediante *raycast* si el usuario está interactuando con el *widget*.

6.4.2.1 EVENTOS

Todos los componentes de interacción se caracterizan por disponer de al menos un evento de interacción de usuario. Dicho evento podrá ser enlazado con algún GameObject de nuestra escena, para que cuando el usuario realice la interacción pertinente, se ejecute automáticamente el método que queramos de cualquiera de los componentes del objeto. La Figura 6.14 muestra como ejemplo el área donde se configuran los eventos **OnClick** de un botón.

Figura 6.14. Evento OnClick en el componente Button.

Un evento puede asociarse a varios métodos diferentes en distintos **GameObjects** de la escena, siempre que estos tengan asociados los componentes oportunos. Para añadir una llamada a un método debemos hacer clic en el botón "+" y arrastrar al campo vacío, donde pondrá "*None (Object)*", el **GameObject** que tenga el componente en cuestión. Esto desbloqueará una lista desplegable a la derecha donde deberemos seleccionar el componente o *script* pertinente y, dentro de este, el método que queramos que Unity invoque cuanto tenga lugar el evento.

> **TRUCO**
> Un GameObject puede asociar un evento consigo mismo para que, cuando este tenga lugar, se ejecute alguno de los métodos de sus otros componentes o *scripts*. Para hacer esto simplemente arrastra el propio GameObject con el que estés trabajando al evento pertinente en su inspector.

Es posible asociar eventos a métodos públicos de *scripts* creados por nosotros, así como a métodos públicos de componentes de Unity o de terceros, siempre que tengan como máximo un parámetro. Si seleccionamos un método que recibe un parámetro, el inspector nos permitirá especificar qué valor deberá pasar Unity al método cuando lo invoque.

6.4.2.2 COMPONENTES Y GAMEOBJECTS DE INTERACCIÓN

A la hora de trabajar con componentes de interacción, Unity nos ofrece dos vías distintas para hacerlo. Una consiste en crear *widgets* preconstruidos que incluyen uno o más GameObjects formando una jerarquía, con los componentes de interacción pertinentes ya incluidos y parcialmente configurados. El menú **GameObject -> UI** nos da acceso a estos *widgets* preconstruidos.

Por ejemplo, si usamos la opción **GameObject → UI → Button** crearemos un **GameObject** que contendrá, entre otros, un componente de tipo **Image** con el aspecto visual del botón y un componente **Button** que le añade la interacción de usuario mediante clic. Además, este objeto tendrá también un GameObject hijo con un componente **Text** que representa el título del botón.

La otra forma de trabajar con componentes de interacción consiste en añadirlos directamente a los GameObjects del *canvas*. A través del menú **Component -> UI** tenemos a nuestra disposición todo el catálogo de componentes de interacción de Unity. Esta forma de utilizarlos es, por lo general, más compleja. Muchos de los componentes de interacción tienen una gran cantidad de propiedades que configurar, y resulta más sencillo crearlos como *widgets* preconstruidos para posteriormente modificarlos, que construir el *widget* manualmente desde cero.

6.4.3 Widgets preconstruidos

En la siguiente sección exploraremos algunos de los tipos de *widgets* preconstruidos que podemos crear a través del menú **GameObject -> UI**, y los componentes de interacción que utilizan.

Dado que no es de interés profundizar en las propiedades de estos componentes, al ser muchas y variadas, mencionaremos que todos ellos ofrecen las propiedades necesarias para configurar el aspecto visual del *widget* y darle un estilo gráfico propio, así como para establecer las animaciones pertinentes para las transiciones entre estados del *widget* (normal, resaltado, pulsado, deshabilitado).

6.4.4 Button

Los botones, con el componente **Button**, disponen de un evento `OnClick()` que se ejecuta cuando el usuario hace clic sobre él.

6.4.5 Toogle

Los *toggles* (también llamados *checkboxes*), con el componente **Toggle**, disponen de un evento `OnValueChanged(bool)` que se ejecuta cuando el usuario hace clic sobre él, indicándonos si ha quedado activado o desactivado. Se recomienda su uso para permitir al usuario activar o desactivar opciones del juego.

Un *toggle* puede formar parte de un *widget* mayor mediante el componente **ToggleGroup**, que permite agrupar varios *toggles* de tal forma que solo uno de ellos pueda estar activado a la vez. Normalmente el objeto con componente **ToggleGroup** sería el padre de todos los *toggles*, y estos a su vez le referenciarían a él a través de la propiedad **Group**. Esto es especialmente útil cuando queremos crear listas de opciones donde sólo puede ser quedar seleccionada una de ellas.

6.4.6 Slider

Los *sliders*, con el componente **Slider**, disponen de un evento `OnValueChanged(float)` que se ejecuta cuando el usuario desliza su controlador, indicándonos el porcentaje en el que ha quedado situado el controlador en relación al tamaño total del *slider*. Uno de sus usos más habituales es el de controlar el volumen de la música.

6.4.7 Dropdown

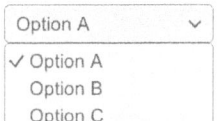

Los menús *dropdown* (también llamados *combo box*), con el componente **Dropdown**, nos permiten desplegar una serie de opciones al ser pulsado para que el usuario seleccione una de ellas. Este *widget* dispone de un evento `OnValueChanged(int)` que se ejecuta cada vez que el usuario cambia la opción seleccionada. Un ejemplo de su uso es la selección del nivel de dificultad al empezar un juego.

6.4.8 InputField

Los *input fields*, con el componente **InputField**, permiten que el usuario introduzca un texto, como un nombre de usuario o contraseña. Este *widget* dispone de dos eventos, `OnValueChanged(string)` que se ejecuta cada vez que el usuario introduce un nuevo carácter en el campo de texto, y `OnEndEdit(string)` que se ejecuta cuando el usuario termina de introducir el texto.

6.4.9 Panel

Los paneles son *widgets* sencillos que incluyen un componente **Image**, además del **Rect Transform**. A diferencia de todos los anteriores, los paneles no son interactivos. Su principal característica reside en que, al crearse, se configuran automáticamente de una forma óptima para la creación de ventanas.

Por un lado, el panel viene preconfigurado con una imagen de fondo translúcida diseñada para escalarse a cualquier resolución sin pérdida de calidad. Además, las anclas del panel también se establecen al ancho y alto del *canvas* o *widget* padre. Estas características hacen que los paneles resulten especialmente cómodos para crear ventanas donde agrupar otros *widgets* hijos.

Una vez creados, las propiedades del panel pueden modificarse a placer, e incluso su componente **Image** puede eliminarse si deseamos que el fondo del panel sea transparente.

6.4.10 Scroll View

Los *scroll view*, con el componente **Scroll Rect**, son similares a los paneles, con la diferencia de que permiten que el usuario haga *scroll* para navegar por contenidos cuyo tamaño exceda el del propio *scroll view*. Este *widget* tiene cuatro objetos hijos de gran importancia: la barra de desplazamiento horizontal, la barra de desplazamiento vertical, y *viewport* o zona visible, y, como hijo de este último, el contenido a mostrar, donde podemos añadir todos los *widgets* que sean necesarios.

Aunque el *widget* gestiona automáticamente la interacción del usuario mediante *scroll*, también incluye un evento `OnValueChanged(Vector2)` donde nos informa de todos los desplazamientos realizados por el usuario.

6.5 POSICIONAMIENTO DE WIDGETS

Uno de los aspectos más complejos del trabajo con *widgets* consiste en su correcto posicionamiento dentro del *canvas*. Debido a las complejidades que introduce el desarrollo multiplataforma, obligándonos a crear interfaces de usuario adaptables a distintas resoluciones y relaciones de aspecto, el posicionamiento de widgets requiere de un meticuloso trabajo en donde no solo es necesario pensar donde se debe dibujar cada uno, sino cómo se reposicionará y cambiará de tamaño si varía la resolución o la relación de aspecto respecto a la cual fue definido. A continuación estudiaremos los mecanismos que proporciona Unity para facilitarnos esta labor.

6.5.1 Posicionamiento absoluto y relativo

La solución ofrecida por Unity para la creación de interfaces adaptables a distintas resoluciones y relaciones de aspecto consiste en el uso de un sistema de posicionamiento de *widgets* relativo, basado en el uso de porcentajes respecto a la resolución de pantalla; en contraposición con un posicionamiento absoluto, basado en píxeles.

El posicionamiento de *widgets* absoluto consiste en indicar en qué píxel de la pantalla comenzará a dibujarse cada *widget* mediante dos coordenadas X e Y, utilizando como origen la esquina superior izquierda de la pantalla. Este sistema, en principio muy sencillo e intuitivo, tiene una importante limitación: su incapacidad de adaptarse adecuadamente a distintas resoluciones y, especialmente, a distintas relaciones de aspecto. Por ejemplo, una interfaz diseñada en valores absolutos para una resolución de 800 x 600 píxeles (4:3) al visualizarse en una pantalla 4 veces más grande, de 1600 x 1200 píxeles, quedaría dibujada en la mitad superior derecha de la pantalla, ya que todo el espacio adicional no estaría siendo utilizado. Este problema se podría resolver fácilmente escalando la interfaz de manera uniforme, en el caso del ejemplo con un factor de escala 4x. Sin embargo, esto no resolvería todos los problemas del posicionamiento absoluto ya que, en una pantalla con distinta relación de aspecto, como 1920 x 1080 (16:9), sería imposible aplicar un escalado uniforme respecto a la resolución original de 800 x 600. Si se intentase un escalado uniforme, la interfaz quedaría o bien recortada, quedando oculta parte de la información que muestra; o bien ampliada, con espacio vacío en los laterales y desaprovechando el mayor espacio disponible en la pantalla de 16:9.

Ante estos problemas surge la idea de utilizar posicionamiento relativo para colocar los *widgets* en el *canvas*. El posicionamiento relativo consiste en asignar a cada *widget* un porcentaje de pantalla como posición, dejando al propio *canvas* la tarea de convertir dicha posición relativa en una posición absoluta en el momento de dibujarlo. Por ejemplo, un *widget* situado en una posición X = 50%, Y = 50% se dibujaría siempre en la mitad de la pantalla, sea cual sea su resolución y relación de aspecto de la pantalla donde se dibuje. Unity utiliza un sistema parecido a este, algo más complejo, basado en el uso del componente **RectTransform**.

6.5.2 Rect Tool

Antes de continuar estudiando el posicionamiento de *widgets* y el componente **RectTransform**, veremos cómo activar algunas opciones y herramientas del editor que nos ayudarán a trabajar con dicho componente.

En primer lugar, una de las formas más cómodas de trabajar con interfaces de usuario (y con gráficos 2D en general) es activando la vista 2D de la escena, haciendo clic en el botón **2D** en la parte superior de la ventana de escena, o haciendo clic en cualquier punto de la ventana de escena y pulsando la tecla "2" de nuestro teclado.

Figura 6.15. Botón para activar la proyección 2D en la ventana de escena.

Esto provocará que la proyección de nuestra cámara de escena pase a ortogonal, sin mostrar la profundidad de los objetos, y que esta se alinee de frente al plano XY, lo cual nos ayudará a trabajar con el *canvas* y sus *widgets*.

Para ayudarnos a mover y dar tamaño a los *widgets* del *canvas*, Unity nos ofrece una herramienta de transformación pensada específicamente para ello: la **Rect Tool**, a la que podemos acceder mediante su botón dedicado o mediante su atajo de teclado, la tecla **T**. Esta herramienta nos permite modificar visualmente la posición, la rotación, el tamaño y el resto de propiedades del componente **RectTransform** de nuestros *widgets*.

Figura 6.16. Botón para activar la Rect Tool.

Para mover un *widget* bastará con hacer clic en cualquier visible del mismo y desplazarlo, teniendo cuidado únicamente de no hacer clic sobre sus controles de transformación o de pivote, representados por puntos azules.

Para cambiar el tamaño de un *widget* haremos clic sobre alguno de los controles de transformación situados en sus esquinas y arrastraremos hasta darle el tamaño deseado. Conviene indicar que esto no modifica la escala del *widget*, que idealmente debe estar siempre a 1, si no que modifica según corresponda las propiedades de posición, tamaño y margen del **RectTransform**, explicadas más adelante.

Para rotar un *widget* situaremos el ratón cerca de los controles de transformación, pero unos píxeles hacia fuera siguiendo la diagonal a cada esquina. Si lo hacemos correctamente, el cursor del ratón cambiará añadiendo un pequeño icono de rotación en su parte superior derecha, momento en el cual podremos hacer clic y arrastrar hasta darle la rotación deseada.

Además de estas funcionalidades, la herramienta **Rect Tool** también nos permite modificar visualmente las anclas y el pivote de los *widgets*, algo que veremos más adelante cómo hacer.

6.5.3 RectTransform: Ancla, Pivote y Posición

El componente **RectTransform** hereda la funcionalidad del componente **Transform** y le añade una serie de propiedades y funcionalidades adicionales pensadas para facilitar el posicionamiento de *widgets*. Todos los objetos con componente **RecTransform** definen un área rectangular donde se dibujará su contenido. Cada *widget* define esta área en relación a su *widget* padre en la jerarquía (lo que permite crear *widgets* compuestos), o, en su defecto, en relación al propio *canvas*. El *canvas* a su vez define su área de dibujado en relación a la resolución de pantalla, excepto en el modo **World Space**, donde su área de dibujado se puede especificar libremente.

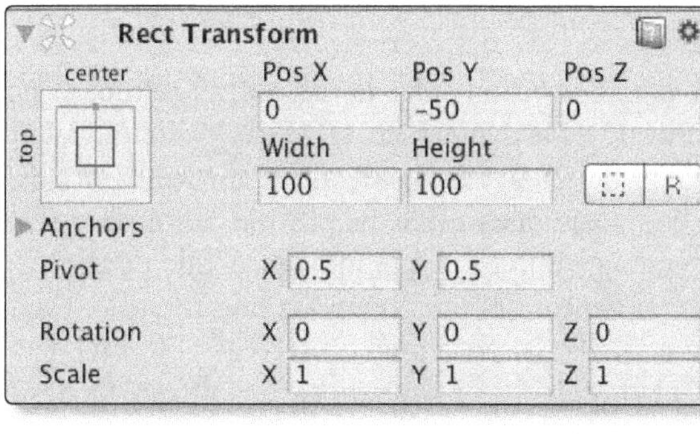

Figura 6.17. Inspector del componente RectTransform.

Las propiedades que definen el área rectangular del **RectTransform** son tres: las anclas (propiedad **Anchors**), el pivote (propiedad **Pivot**), la posición (propiedades **PosX**, **PosY**, **PosZ**) y el tamaño (propiedades **Width** y **Height**). Las propiedades de posición y tamaño en ocasiones son reemplazadas por las de margen en uno o ambos ejes (propiedades **Left**, **Right**, **Bottom** y **Top**). Además de estas propiedades, se siguen manteniendo la rotación (propiedad **Rotation**) y la escala (propiedad **Scale**) propias del componente **Transform**. A continuación estudiaremos todas estas propiedades.

6.5.3.1 ANCLAS

Las **anclas** (*anchors*) especifican la **posición relativa** de un *widget* respecto su padre, en los ejes X e Y, y mediante porcentajes unitarios (entre 0 y 1) donde los valores X=0, Y=0 se corresponden con la esquina inferior izquierda del objeto padre. Por ejemplo, si un *widget* está anclado horizontalmente en X=0.5, este se dibujará horizontalmente en mitad del *widget* o *canvas* padre; mientras que si se ancla a X=1, el *widget* se dibujará en lateral derecho del padre. Las anclas de un *widget* se representan en la ventana de escena mediante cuatro punteros desplegables, que cuando están unidos forman una cruz.

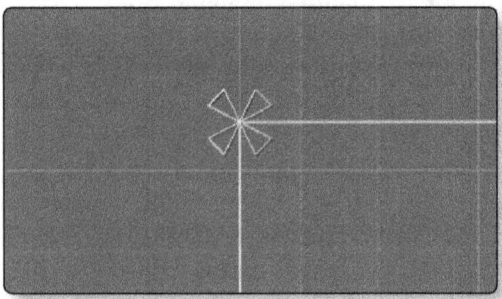

Figura 6.18. Widget anclado a la esquina superior izquierda del padre (X=0, Y=1)

Un *widget* puede estar anclado no solo a un punto, si no a dos o incluso cuatro, especificando de esta manera no solo una posición relativa, sino también un **tamaño relativo** al del padre. En este caso el ancla se "divide" en dos o cuatro anclas, utilizando dos posiciones relativas por eje, mínimo y máximo. El mínimo y máximo son porcentajes unitarios que indican donde comienza y donde termina de dibujarse el *widget* dentro del área ocupada por el padre. Siguiendo el ejemplo anterior, si el mismo *widget* se posiciona en un $Y_{min} = 0$ y un $Y_{max} = 0.5$, el *widget* medirá un 50% del alto del padre, y ocupará el espacio que va desde la parte inferior hasta la parte central del mismo.

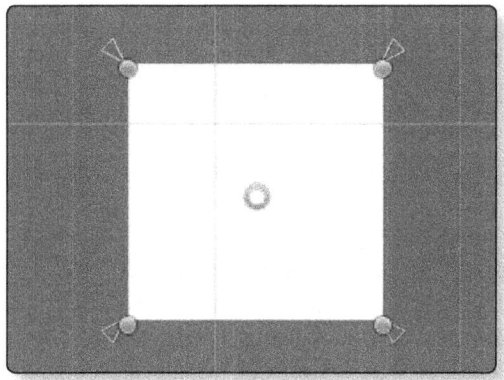

Figura 6.19. Widget anclado al 100% del ancho y 100% del alto del padre
($X_{min}=0$, $X_{max}=1$, $Y_{min}=0$; $Y_{max}=1$)

Cuando un *widget* está anclado a dos o cuatro puntos, la cruz formada por los cuatro punteros se separará en dos o cuatros partes respectivamente, según esto ocurra en el eje X, en el Y o en ambos, tal y como se muestra en la Figura 6.19.

> **NOTA**
> En realidad las anclas de un **RectTransform** siempre vienen definidas por cuatro valores: para el eje X los valores **Xmin** y **Xmax**, y para el eje Y los valores **Ymin** e **Ymax**. Si en un eje solo se desea especificar una posición relativa, se dará exactamente el mismo valor a las propiedades *min* y *max* pertinentes. Por el contrario, si en un eje se desea especificar tanto posición como tamaño relativo, entonces se les darán valores distintos a las propiedades *min* y *max* correspondientes a dicho eje.

6.5.3.2 POSICIÓN, TAMAÑO Y MARGEN

La **posición** indica un desplazamiento absoluto en píxeles respecto a la posición relativa del *widget* indicada por sus anclas. Dicho de otra manera, mediante las propiedades de posición podemos desplazar el *widget* un cierto espacio respecto a la posición a la que está anclado. Por ejemplo, un *widget* anclado horizontalmente en X = 0 y con una posición de X = 10, se dibujaría en el lateral izquierdo de la pantalla con un desplazamiento de 10 píxeles hacia la derecha. La posición nos permite ajustar con más precisión el lugar exacto donde colocar cada *widget*. Un uso frecuente consiste en añadir pequeños desplazamientos o márgenes a los *widgets* respecto a las posiciones indicadas por las anclas, especialmente cuando el *widget* se posiciona en un lateral de la pantalla.

El **tamaño**, por su parte, indica el área en píxeles ocupada por el *widget*. Como ejemplo, un *widget* con tamaño X = 200 e Y = 500 ocuparía 200 x 500 píxeles en pantalla. Aunque en teoría los tamaños de los objetos no deberían indicarse en términos absolutos, ya que estos no se adaptan a distintas resoluciones de pantalla, en Unity sí podemos hacerlo siempre y cuando estemos utilizando modo **Scale With Screen Size** del componente **Canvas Scaler** en el *canvas*. Con este modo activo los tamaños absolutos (y también los desplazamientos, explicados en el párrafo anterior) se ajustarán automáticamente a la resolución de pantalla, funcionando en última instancia como si fuesen tamaños (y desplazamientos) relativos.

Las dos propiedades de posición y tamaño solo se utilizan en los ejes donde el *widget* está anclado a un único punto. Sin embargo, si el *widget* está anclado vertical u horizontalmente a dos puntos, en ese caso las propiedades de posición y tamaño desaparecen en el eje pertinente, y se reemplazan por las propiedades de **margen**. Estas permiten especificar un cierto margen derecho e izquierdo, o superior e inferior (según el eje) respecto a la posición y tamaño relativo indicado por las anclas. Por ejemplo, un *widget* cuya ancla tenga los valores $X_{min} = 0$ y $X_{max} = 1$ se dibujará ocupando todo el ancho disponible en el padre. Al aplicarle un margen izquierdo y derecho de 20 píxeles, el *widget* se dibujará siempre dejando un hueco vacío de ese tamaño en los laterales del *widget* o *canvas* padre.

TRUCO
Una forma cómoda de crear interfaces de usuario que se escalen para adaptarse a cualquier pantalla consiste en activar el modo **Scale With Screen Size** del componente **Canvas Scaler** y diseñar la mayor parte del UI utilizando posiciones relativas y tamaños absolutos (anclando cada *widget* solo a un punto). Al hacerlo, el *canvas* escalará uniformemente todos los *widgets* para adaptarlos a cualquier resolución de pantalla. Los únicos *widgets* que no se adaptarán correctamente serán aquellos que requieran un escalado no uniforme para adaptarse a distintas relaciones de aspecto. Estos *widgets* serían los únicos en los que tendremos que preocuparnos de especificar su tamaño relativo anclándolos a dos o cuatro puntos.

6.5.3.3 PIVOTE

El **pivote** (*pivot*) especifica la posición dentro del área ocupada por el *widget* que será utilizada como pivote a la hora de posicionarlo, rotarlo y escalarlo. El punto de pivote del *widget* se mantendrá en todo momento situado en el lugar indicado por las propiedades de ancla y posición, y también será el punto alrededor del cual rotará y se escalará el *widget* si cambiamos su rotación, tamaño o escala. El pivote se especifica con dos propiedades, X e Y, en las que podemos especificar un porcentaje unitario donde X = 0, Y = 0 se corresponde con la esquina inferior izquierda del *widget*.

6.5.4 Ubicación de anclas y pivote

Aunque es posible configurar las anclas, pivote y demás propiedades del componente **Rect Transform** manualmente a través del inspector, Unity proporciona otras formas más visuales de ajustar estas propiedades. La ventana **Anchor Presets**, a la que podemos acceder pulsando sobre el cuadrado en la esquina superior izquierda del componente **Rect Transfrom**, nos ofrece la posibilidad de configurar rápidamente las anclas de un widget, además de su pivote y posición.

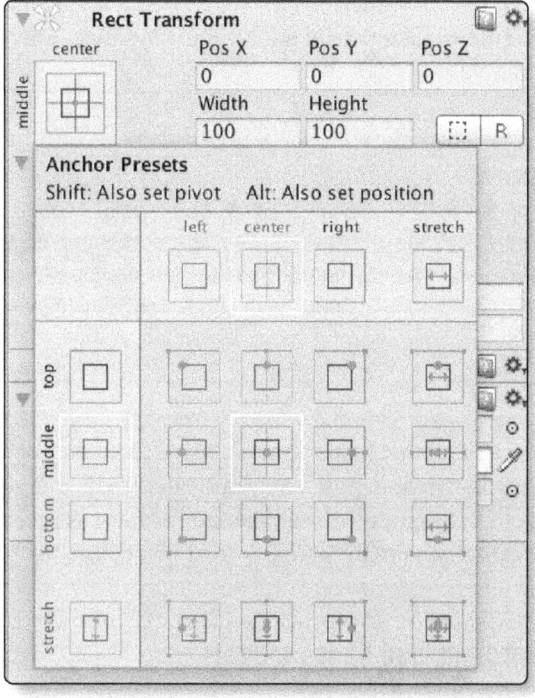

Figura 6.20. Ventana Ancho Presets.

Esta ventana nos ofrece una serie de valores predefinidos para anclar el *widget* a posiciones y áreas claves de la pantalla, como el centro, los laterales y las esquinas. Si pulsamos cualquiera de los botones de la ventana las anclas del *widget* se ajustarán automáticamente a las posiciones deseadas, pero su posición y tamaño final se mantendrán intactos. Si mantenemos pulsada la tecla **SHIFT** al elegir la posición de las anclas, el pivote del *widget* también se ajustará a la posición más adecuada a ese anclaje. Si mantenemos pulsada la tecla **CTRL**, además de las anclas, también se modificará la posición y/o el tamaño del objeto para ajustarse a su nuevo anclaje. Recomendamos al lector probar las distintas combinaciones para familiarizarse con ellas.

Las anclas y el pivote también pueden configurarse visualmente mediante la herramienta **Rect Tool**. Con esta herramienta activa podemos mover el ancla haciendo clic sobre su centro (cuando está unida) y desplazándola a la posición deseada del *widget* padre; podemos separar o unir las anclas haciendo clic sobre uno de los cuatro punteros y arrastrándolo vertical u horizontalmente; y podemos cambiar el pivote haciendo clic sobre el aro azul que lo representa, arrastrándolo hasta el punto deseado dentro del propio *widget*. Si al mover un ancla mantenemos pulsada la tecla **SHIFT**, conseguiremos que la posición del *widget* se ajuste también para mantener constante su distancia al ancla, ahorrándonos tener que reposicionarlo una vez ajustada el ancla.

TRUCO
Para poder ver y modificar el pivote de un objeto con la herramienta **Rect Tool** es necesario que esté activo el modo **Pivot** en la herramienta de disposición de *gizmos* (botón **Pivot/Center** en la parte superior del editor). Si está activo el modo Center, el aro azul se mostrará translúcido en el centro del objeto y no podrás moverlo.

Usualmente, después de haber modificado las anclas y el pivote de un *widget* con cualquiera de estos mecanismos, tendremos que reajustar su posición, tamaño y/o márgenes respecto a los puntos de anclaje. La forma más precisa de hacerlo suele ser el ajuste de los valores manualmente desde el inspector.

6.5.5 Jerarquía y profundidad de los widgets

Como hemos visto, una de las características más interesantes de los widgets es que, gracias a su componente **Rect Transform**, es posible crear relaciones de jerarquía entre ellos de forma que los *widgets* hijos se posicionen y dimensionen en relación a su *widget* padre. A este respecto, conviene saber que los *widgets* hijos siempre se dibujarán por encima de su *widget* padre.

Cuando dos *widgets* se encuentran en el mismo nivel de la jerarquía, la profundidad a la que se dibuja cada uno viene determinado por su posición en dicho nivel de la jerarquía, dibujándose en el mismo orden en el que se encuentren. Los *widgets* que ocupen las primeras posiciones dentro de un nivel de la jerarquía, se dibujarán antes que los que ocupen las últimas posiciones, pudiendo quedar tapados por estos.

De forma similar, cuando utilizamos componentes de *auto-layout* para distribuir los *widgets* hijos de un panel (ver más adelante en la Sección 6.8 "Auto-Layout"), el orden que estos ocupan en la distribución será el mismo que ocupen en la jerarquía de escena.

6.6 SPRITES Y COMPONENTE IMAGE

Uno de los *widgets* más básicos en cualquier interfaz de usuario es la imagen. Unity nos ofrece una gran variedad de funcionalidades para trabajar con imágenes en el interfaz de usuario y cubrir cualquier tipo de uso que queramos hacer de ellas.

6.6.1 Sprites

Los *sprites* son texturas configuradas y optimizadas para su uso en los elementos 2D del juego y en la interfaz de usuario. A partir de una textura es posible obtener uno o varios *sprites*, en el caso de que esta esté diseñada para trocearse, lo que se conoce habitualmente como *spritesheet* u hoja de *sprites*. Solo mediante el uso de *sprites* podemos aprovechar todas las capacidades que el sistema de UI de Unity proporciona a la hora de trabajar con imágenes.

Para crear un *sprite* hay que importar la textura pertinente al proyecto y configurar su propiedad **Texture Type** en las opciones de importación al valor **Sprite (2D and UI)**, pulsando seguidamente el botón **Apply**. Las texturas configuradas de esta manera solo podrán ser utilizadas para gráficos 2D y para la interfaz de usuario del juego. La configuración por defecto de las opciones de importación será válida habitualmente para cualquier textura que contenga un único *sprite* y que deseemos utilizar en la interfaz de usuario, por lo que no se profundizará en ellas. Si deseas obtener más información sobre estas opciones, puedes acceder a la documentación oficial a través del siguiente enlace: https://docs.unity3d.com/Manual/TextureTypes.html#Sprite

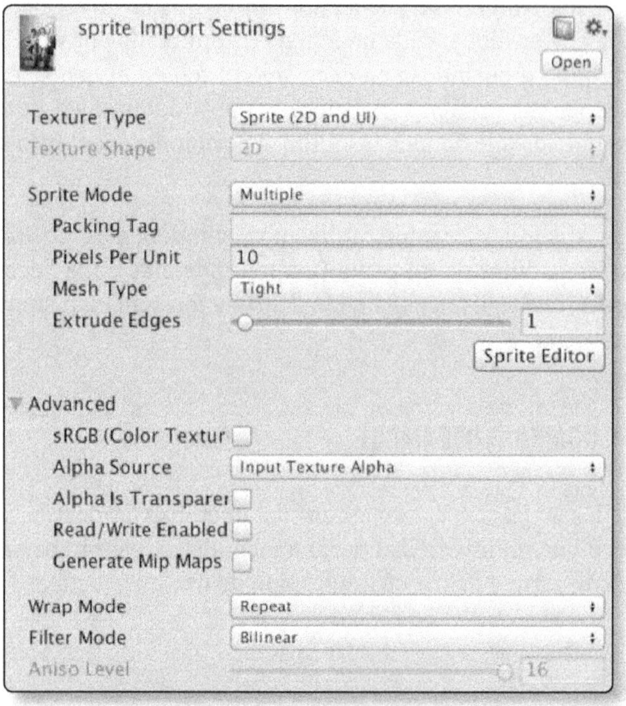

Figura 6.21. Textura importada como Sprite.

Sí que estudiaremos sin embargo una de las herramientas más útiles a la hora de configurar *sprites* para su uso en el UI, el denominado **Sprite Editor**, accesible a través del botón con el mismo nombre en las opciones de importación de la textura. Más adelante, en la Sección 6.6.4 "Edición de un *sprite* para una imagen Sliced", profundizaremos en el uso de esta herramienta.

Unity también ofrece algunas otras herramientas para el trabajo como *sprites*, aunque aquí solo las mencionaremos dado que su uso no está directamente relacionado con la interfaz de usuario. El componente **Sprite Renderer** permite dibujar *sprites* por pantalla para su uso como elementos de un juego 2D, independientes de la interfaz de usuario. La herramienta **Sprite Creator**, accesible desde las opciones del menú **Assets → Create → Sprites**, permite crear *sprites* con formas geométrica predefinidas como triángulos, cuadrados o hexágonos. Sin embargo, este tipo de *sprites* solo pueden ser utilizados junto con el componente **Sprite Renderer**, y no funcionan correctamente en la interfaz de usuario. Por último, la herramienta **Sprite Packer** sirve para combinar varios *sprites* en una única textura de mayor tamaño, optimizando de esta manera la carga de las imágenes en la tarjeta gráfica. Puede considerarse una herramienta avanzada solo necesaria en caso de necesitar optimizar el rendimiento del juego. Puede encontrarse más información sobre todas estas herramientas en el siguiente enlace: *https://docs.unity3d.com/Manual/Sprites.html*

> ⚠ **CUIDADO**
>
> Si arrastras una textura configurada como *sprite* a la escena o a la jerarquía se creará un nuevo GameObject con un componente **Sprite Renderer** configurado para dibujar el *sprite* en cuestión. Este objeto no es un *widget* y no está diseñado para ser usado en la interfaz de usuario, dentro de un *canvas*. Para utilizar un *sprite* correctamente en la interfaz de usuario es necesario crear primero un objeto con el componente **Image** y después configurar su *sprite*, como veremos a continuación.

6.6.2 Componentes Image y RawImage

Como se mencionó en la Sección 6.4 "Widgets" de este capítulo, existen dos tipos de componentes para representar una imagen en la interfaz de usuario: el componente **Image** y el componente **RawImage**.

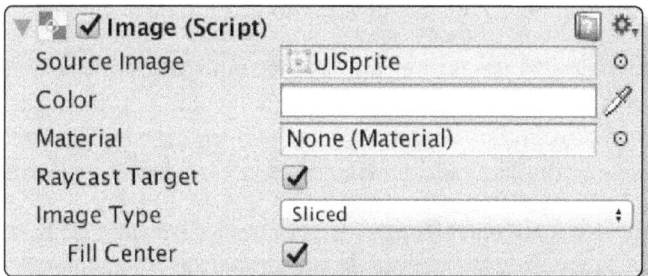

Figura 6.22. Componente Image.

El componente **Image** está diseñado para dibujar un *sprite* en la interfaz de usuario y es el más comúnmente utilizado dada su versatilidad y flexibilidad a la hora de poder elegir la forma en la que se dibuja el *sprite*. El componente **RawImage**, por el contrario, está diseñado para dibujar texturas no configuradas como *sprite*, lo que resulta necesario para determinados usos avanzados como el dibujado de texturas procedurales en la interfaz de usuario. Dado que ambos componentes son muy similares en su uso, pero el componente **Image** es más habitual y dispone de más opciones, nos centraremos en él.

Para crear un *widget* que vaya acompañado del componente **Image**, utilizaremos normalmente la opción del menú **GameObject** → **UI** → **Image**. La opción **GameObject** → **UI** → **Panel** también añade un nuevo *widget* con este componente, pero con sus anclas configuradas para ocupar el 100% del tamaño del *widget* o *canvas* padre, y con un *sprite* de fondo preestablecido, con un cierto valor de transparencia. El uso del panel es ideal para agrupar otros *widgets* hijos. También destacaremos la opción **GameObject** → **UI** → **Button** que crea un *widget* de botón con una imagen de fondo y una etiqueta de texto, permitiéndonos añadir una acción al mismo tal y como vimos en la Sección 6.4.2 "Componentes de interacción". Utilizaremos por tanto la que más nos interese en cada momento.

Una vez creado el *widget* pertinente, el siguiente paso será asignarle un *sprite* en la propiedad **Source Image** de su componente **Image**. Podremos asignarle cualquiera de los *sprites* que hayamos importado en el proyecto, así como algunos otros *sprites* que el propio Unity incluye por defecto (los *sprites* por defecto no son accesibles ni editables en forma alguna). Tras asignar la imagen, está se empezará a mostrar en el área indicada por el componente **Rect Transform**.

La propiedad **Color** del componente permite asignar un color de tintado a la imagen, de forma que los colores originales del *sprite* se verán "multiplicados" por el color de tintado elegido. Los colores más claros de la imagen, como el blanco, se teñirán del color elegido, notándose menos el efecto en los colores cuanto más oscuros sean, hasta el negro que no se verá modificado en absoluto.

La propiedad **Material** permite asignar un material a la imagen para que se dibuje por pantalla usando un *shader* personalizado, algo innecesario salvo para la creación de efectos gráficos avanzados, ya que, en caso de no especificar ningún material, el *sprite* se dibujará adecuadamente con el material *Sprites-Default*.

La propiedad **Raycast Target** le indica al *raycaster* de la escena si debe tener en cuenta a este *widget* a la hora de comprobar las interacciones de usuario. Si el objeto va a tener algún tipo de interactividad, por ejemplo, al acompañarse de un componente **Button**, será necesario mantener esta propiedad activa ya que de otra forma la interacción del usuario con este *widget* resultaría ignorada.

Cuando el componente **Image** tiene un *sprite* asignado se desbloquean una serie de propiedades adicionales de gran importancia, como la propiedad **Image Type**. En la siguiente sección analizaremos estas propiedades en detalle.

6.6.3 Tipos de imagen

Al asignar un *sprite* al componente **Image** aparecerá la propiedad **Image Type** que nos ofrecerá varias opciones para elegir la forma en la que la imagen se dibujará en la interfaz de usuario. A continuación estudiamos las cuatro opciones disponibles:

- **Simple**

    Es el modo **Simple** es el modo básico de dibujado de una imagen. Al usar esta opción toda la imagen se escalará para ocupar el área del *widget* pudiendo quedar deformada si la relación de aspecto del widget no se corresponde con el del *sprite*. Activando la propiedad **Preserve Aspect** la imagen se escalará uniformemente, manteniendo su relación de aspecto y evitando que se deforme, aunque esto suponga no ocupar todo el espacio disponible en el *widget*.

- **Sliced**

    El modo **Sliced** está diseñado para su uso con *sprites* que tengan que adaptarse a cualquier tamaño y relación de aspecto sin perder calidad ni deformarse. Estos *sprites* deben tener un diseño particular y deben ser configurados de forma específica mediante la herramienta **Sprite Editor** de Unity, tal y como se muestra más adelante.

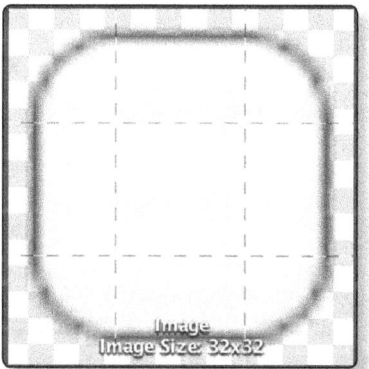

Figura 6.23. Guías de un sprite en modo Sliced.

Tal y como podemos observar en la Figura 6.23, los *sprites* diseñados para su uso en modo Sliced tienen unas guías que delimitan nueve zonas distintas, motivo por el que se les denomina imágenes *9-patch*. Cada zona indica cómo debe escalarse esa parte de la imagen para adaptarla al área ocupada por el *widget*. Las cuatro esquinas nunca sufrirán ningún tipo de escalado; los cuatro bordes únicamente sufrirán escalado horizontal o vertical, según el lateral en el que se encuentren; mientras que la zona central se escalará vertical y horizontalmente según sea necesario.

▼ **Tiled**

El modo **Tiled** repite la imagen con su tamaño original tantas veces haga falta para rellenar el ancho y alto total del área ocupada por el *widget*. Es posible ajustar el tamaño con el que se dibuja el *sprite* modificando la propiedad **Pixels Per Unit** en las opciones de importación de la textura. En algunos casos Unity también nos recomendará seleccionar la opción **Repeat** dentro de la propiedad **Wrap** en las opciones de importación, para mejorar el rendimiento a la hora de dibujar el *sprite* múltiples veces.

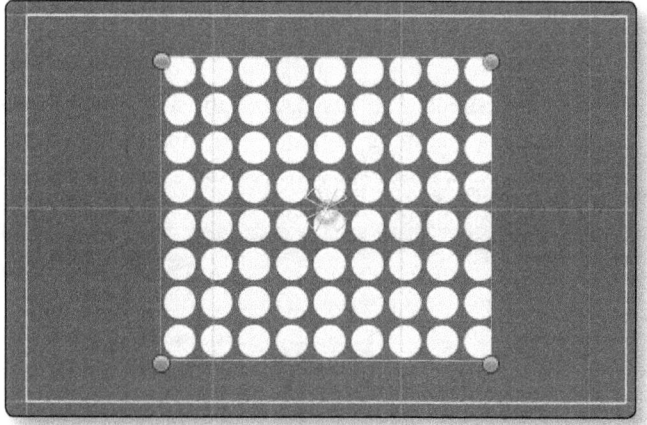

Figura 6.24. Imagen configurada en modo Tiled.

▼ **Filled**

El modo **Filled** añade a la imagen la posibilidad de mostrar solo un porcentaje de la misma, rellenándose o vaciándose la imagen horizontalmente, verticalmente, o en ángulos de 90, 180 o 360 grados. Este modo es ideal para crear barras de vida o energía que van llenándose y vaciándose durante la partida, así como iconos de habilidad con *cooldown* que se rellenan poco a poco, entre otros muchos usos.

Al activar este modo se desbloquean varias propiedades adicionales que permiten configurar la forma en la que se rellena la imagen, con las propiedades **Fill Method**, **Fill Origin** y **Clockwise**, así como el propio porcentaje de relleno con la propiedad **Fill Amount**. El porcentaje de relleno habitualmente se modifica por *script*, algo que podemos hacer a través de la propiedad `fillAmount` del componente `Image`.

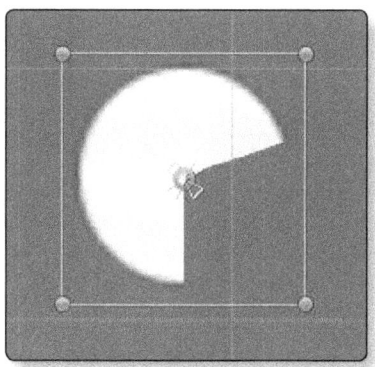

Figura 6.25. Imagen configurada en modo Filled con relleno de 360% al 70%.

6.6.4 Edición de un sprite para una imagen Sliced

Las imágenes configuradas en modo **Sliced** se utilizan para crear *widgets*, como ventanas, paneles o botones, que se adapten a cualquier tamaño sin deformarse ni perder calidad gráfica.

Si hacemos que un *sprite* básico, con un componente **Image** en modo **Simple**, se escale a distintos tamaños, podremos observar cómo este se deforma y pierde calidad gráfica, viéndose borroso y pixelado. Esto se puede evitar usando el modo **Sliced**, siempre que el *sprite* a escalar haya sido diseñado y configurado adecuadamente. Esta configuración consiste en añadir guías al *sprite* para marcar 9 zonas distintas: las cuatro esquinas, los cuatro bordes y la zona central. Al escalar un *sprite* configurado de esta manera, Unity mantendrá las esquinas intactas, escalará los bordes únicamente en la vertical u horizontal, y escalará la zona central libremente. Si el *sprite* ha sido diseñado teniendo esto en cuenta, podrá ser escalado a cualquier tamaño sin perder nitidez. Este tipo de *sprites* se denominan *9-patch*.

Suponiendo que disponemos de un *sprite 9-patch*, al importarlo tendremos que añadirle las mencionadas guías en esquinas y bordes. Para ello haremos clic en el botón **Sprite Editor** en las opciones de importación del *sprite*, en el inspector.

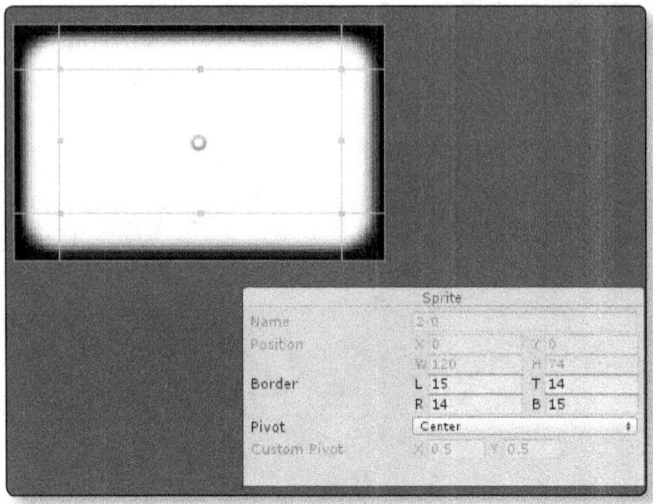

Figura 6.26. Ventana Sprite Editor con guías del sprite configuradas.

Al hacerlo, se abrirá la ventana de la Figura 6.26 donde veremos el *sprite* con cuatros puntos verdes en los laterales. Arrastrando cada uno de los cuatro puntos verdes podremos establecer las guías que dividirán el *sprite* en las 9 zonas ya explicadas. Al terminar de establecerlas pulsaremos el botón Apply, situado en la parte superior de la ventana, para guardar los cambios. Acto seguido podremos usar este *sprite* en una imagen en modo **Sliced** para ver cómo se escala. Si el *sprite* tiene un diseño adecuado para este uso, no debería perder calidad al escalarse.

 **NOTA**
Si al arrastrar el ratón es una línea azul en lugar de una línea verde la que se desplaza, estamos arrastrando la zona visible del *sprite*, no las guías para una imagen en modo **Sliced**. Pulsa **CTRL+Z** o **CMD+Z** para volver atrás e intentarlo de nuevo.

6.6.5 Uso de componente Image por script

Para poder cambiar una imagen a través de *script* deberemos acceder al componente Image del objeto y cambiar su propiedad sprite asignándole el *sprite* deseado. En el siguiente ejemplo se muestra un *script* que permite configurar un listado de *sprites* en el inspector de forma que cada vez que al pulsar espacio se vayan mostrando cada uno de los *sprites* del listado:

```csharp
using UnityEngine;
using UnityEngine.UI;

public class CambiarSprites : MonoBehaviour {

    public Sprite[] sprites;
    private int nSpriteActual;

    void Update()
    {
        if(Input.GetKeyDown(KeyCode.Space))
        {
            nSpriteActual = (nSpriteActual + 1) % sprites.Length;
            Sprite sprite = sprites[nSpriteActual];
            GetComponent<Image>().sprite = sprite;
        }
    }
}
```

Un uso muy frecuente del componente Image a través de *script* es la modificación de la propiedad fillAmount para conseguir que una imagen en modo **Filled** se vacíe o rellene durante el transcurso del juego. En el siguiente código de ejemplo se muestra cómo hacer que una imagen se vacíe inmediatamente para rellenarse a continuación a lo largo de un cierto tiempo:

```csharp
using UnityEngine;
using UnityEngine.UI;

public class IconoCooldown : MonoBehaviour {

    public float tiempoRelleno;
    float porcentajeRelleno;

    void Update()
    {
        if(porcentajeRelleno < 1.0f)
        {
            porcentajeRelleno += Time.deltaTime / tiempoRelleno;
            porcentajeRelleno = Mathf.Min(porcentajeRelleno, 1.0f);
            GetComponent<Image>().fillAmount = porcentajeRelleno;
        }
    }
```

```
        public void Vaciar()
        {
            GetComponent<Image>().fillAmount = 0;
        }
    }
```

> **NOTA**
> Las clases correspondientes de los componentes de UI se encuentran en el espacio de nombres UnityEngine.UI. Por este motivo, siempre que vayas a trabajar con este tipo de componentes, como Image, Text o Button, te recomendamos añadir la siguiente línea en la parte superior del *script*, junto a otras sentencias using:
>
> using UnityEngine.UI;

6.7 COMPONENTE TEXT

Como ya hemos podido ver, el componente **Text** nos permiten mostrar por pantalla mensajes con distintos propósitos, como títulos, etiquetas o conversaciones. Este componente ofrece una gran variedad de opciones de configuración que nos permiten cambiar su disposición y su apariencia visual. En esta sección analizaremos algunas de las opciones más importantes.

6.7.1 Propiedades del componente Text

Las propiedades del componente **Text** permiten cambiar su disposición y apariencia visual. Las propiedades agrupadas en el inspector del componente bajo la cabecera **Character** permiten configurar aspectos habituales en los editores de texto como el tipo, tamaño o estilo de fuente, entre otros. Destacamos entre estas la propiedad **Font**, que nos permite elegir la tipografía a utilizar de entre aquellas que hayamos importado en el proyecto en formato TTF u OTF. Consultar el siguiente enlace para más información sobre importación de tipografías: *https://docs.unity3d.com/Manual/class-Font.html*. También es destacable la propiedad **Rich Text**, que permite añadir etiquetas estilo HTML al texto para poder configurar con más detalle su apariencia gráfica, tal y como veremos más adelante.

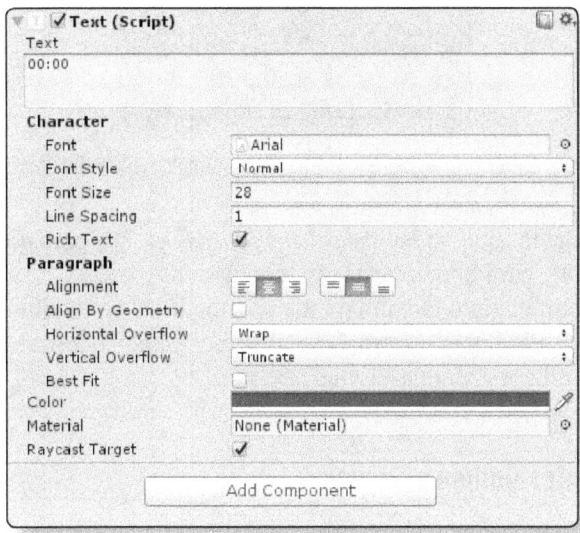

Figura 6.27. Componente Text.

A continuación, las propiedades agrupadas bajo la cabecera **Paragraph** permiten configurar aspectos habituales de los párrafos, como la alineación del texto o el comportamiento a aplicar cuanto el texto del párrafo no cabe en el tamaño del *widget*. Dentro de estas propiedades conviene destacar la propiedad **Best Fit**, que al activarla hace que el tamaño de fuente se ajuste automáticamente para que el texto quepa dentro del tamaño del *widget*. Al activar esta propiedad se desbloquean dos propiedades adicionales, **Min Size** y **Max Size**, que permiten establecer el tamaño mínimo y máximo de fuente. Mientras la propiedad **Best Fit** está activa, la propiedad **Font Size** es ignorada.

6.7.2 Modo Rich Text y etiquetas de estilos

La propiedad **Rich Text** permite que el texto contenga etiquetas de estilo, muy similares a las existentes en HTML, que permiten cambiar el tamaño, color y estilo de fuente a párrafos, palabras o caracteres individuales del texto.

Como ejemplo, pongamos que queremos que algunos caracteres de un texto se muestren en color rojo. Para hacerlo, escribiríamos las etiquetas `<color=red>` al principio de los caracteres a mostrar en rojo y la etiqueta `</color>` después del último carácter a colorear. En el siguiente ejemplo se muestra un texto coloreado mediante este mecanismo:

Figura 6.28. Texto <color=red>00</color>:<color=blue>00</color>

Otras etiquetas que podemos utilizar son <b> y </b> para demarcar textos en negrita; <i> y </i> para demarcar textos en cursiva; o <size=12> y </size> para demarcar textos con distinto tamaño de fuente, donde 12 se sustituiría por el tamaño de fuente deseado. Para más información al respecto, consultar el siguiente enlace: https://docs.unity3d.com/Manual/StyledText.html

6.7.3 Componentes Outline y Shadow

Los componentes Outline y Shadow, accesibles desde el menú **Component → UI → Effects**, permiten añadir un borde o una sombra a cualquier texto. Ambos componentes permiten configurar el color del borde o sombra, así como el desplazamiento del efecto. Aunque se pueden utilizar también junto al componente **Image**, lo más habitual es usarlos con el componente **Text** a la hora de crear títulos o etiquetas que destaquen por encima del resto de elementos del juego.

Figura 6.29. Texto con componentes Outline y Shadow.

6.7.4 Uso de componente Text por script

Para poder cambiar un texto a través de *script* deberemos acceder al componente Text del objeto y cambiar su propiedad text asignándole la cadena de texto deseada. En el siguiente ejemplo se muestra cómo hacer que un texto se vaya mostrando poco a poco, como si se escribiese a máquina:

```
using UnityEngine;
using UnityEngine.UI;

public class TextoAMaquina {

    public string cadenaTexto;

    IEnumerator Start() {
        Text texto = GetComponent<Text>();
        texto.text = string.Empty;

        foreach(char s in cadenaTexto) {
            texto.text += s;
            yield return new WaitForSeconds(.1f);
        }
    }
}
```

6.8 AUTO-LAYOUT

Aunque mediante los componentes estudiados anteriormente es posible crear interfaces que se adapten correctamente a cualquier tipo de pantalla, en ocasiones son necesarias aún más herramientas para ayudarnos a distribuir los *widgets* de la interfaz de usuario, especialmente cuando necesitamos posicionar o dimensionar unos *widgets* en relación a otros.

Ejemplos de este tipo de interfaces son una lista de ítems en una tienda, una rejilla de iconos en un inventario, o un listado de mensajes en un chat. Para ayudarnos a crearlas, Unity nos proporciona diversos componentes que nos permiten agrupar, posicionar y dimensionar *widgets* de forma semiautomática, ya sea vertical u horizontalmente. Denominaremos a estos componentes de *layout*, ya que su función es ayudar a la distribución de los *widgets* en la interfaz de usuario.

6.8.1 Fundamentos del sistema de Auto-Layout

Para entender la forma en la que los componentes de *layout* nos ayudan a distribuir *widgets*, debemos primeramente comprender dos conceptos en los que se basa este sistema: los *layout elements* y los *layout controllers*.

6.8.1.1 LAYOUT ELEMENT

Todos los *widgets* de la interfaz de usuario, solo por tener **Rect Transform**, son considerados automáticamente *layout elements*. Un *layout element* tiene información sobre el tamaño que necesita tener el *widget* para mostrar su contenido completo. Esta información es utilizada por los *layout controller* para determinar cómo posicionar y dimensionar el *widget* según el espacio disponible.

Los *layout elements* proporcionan la siguiente información a los *layout controllers*: el ancho y alto mínimo en píxeles que debería tener el *widget*, el ancho y alto preferible en píxeles para que el *widget* pueda mostrar todo su contenido, así como, en caso de sobrar espacio, un ancho y alto flexible, que indica si el *widget* puede crecer más allá del ancho y alto preferible.

Por ejemplo, determinados componentes, como **Image** o **Text**, internamente ejercen de *layout element* proporcionando a los *layout controllers* el ancho y alto preferible para que estos, en la medida de lo posible, les asignen tamaños suficientemente grandes para mostrar su contenido. En el caso del componente **Image** su ancho y alto preferible será el tamaño del *sprite* que esté mostrando, mientras que el tamaño preferible del componente **Text** será el que ocupe el texto, en función de su extensión y del tamaño de fuente utilizado.

6.8.1.2 LAYOUT CONTROLLER

Los *layout controllers* se encargan de dar una posición y tamaño definitivos a los *layout elements*, siguiendo distintos criterios y basándose siempre en la información que estos proporcionan. Por ejemplo, existe un tipo de *layout controller* que se encarga de distribuir horizontalmente a sus *widgets* hijos a lo largo del espacio disponible en un panel, asignando a cada uno de ellos un tamaño final en función de su tamaño mínimo, preferible y flexible.

La secuencia de acciones que un *layout controller* realiza a la hora de calcular el tamaño de los *layout elements* que gestiona, es la siguiente:

1. Reserva el tamaño mínimo horizontal y verticalmente basándose en los anchos y altos mínimos de los *layout elements* que gestiona.

2. Si sobra espacio, realiza la misma operación que antes, pero basándose en los anchos y altos preferibles de los *layout elements* que gestiona.

3. Si aún hay espacio adicional, expande aquellos *layout elements* que tengan un ancho o alto flexible, repartiendo el espacio entre ellos proporcionalmente en base a dichos valores.

6.8.2 Componente Layout Element

Aunque algunos componentes como **Image** o **Text** controlan el *layout element* de un *widget* proporcionando su ancho y alto preferido, en ocasiones querremos sobrescribir las dimensiones por defecto para controlar con mayor precisión la forma en que los *layout controllers* posicionan y dimensionan nuestros widgets. Esto es posible a través del componente **Layout Element**, accesible desde **Component → Layout → Layout Element**.

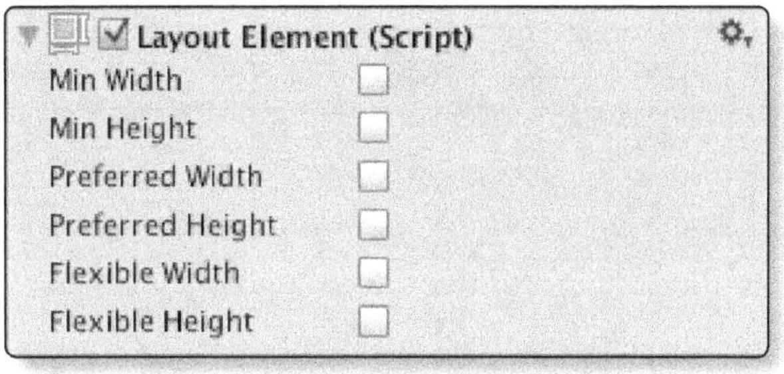

Figura 6.30. Componente Layout Element.

El componente **Layout Element** tiene las siguientes propiedades: **Min Width** (anchura mínima), **Min Height** (altura mínima), **Preferred Width** (anchura preferida), **Preferred Height** (altura preferida), **Flexible Width** (anchura flexible) y **Flexible Height** (altura flexible). Para sobrescribir cualquiera de los valores, bastará con hacer clic sobre cualquiera de los *checkboxes*, e introducir el valor que queramos en el campo numérico que aparecerá a su derecha.

Conviene destacar que mientras las dimensiones mínimas y preferidas son valores absolutos en píxeles, las dimensiones flexibles son valores relativos que toman como valor porcentajes unitarios. Estos porcentajes indican si el *widget* puede crecer más allá del ancho y alto preferible, y en su caso, cómo se reparte el espacio sobrante con otros *layout elements* hermanos que también tengan dimensiones flexibles. Usualmente las dimensiones flexibles tienen valor 0 (no flexible) o 1 (flexible),

Por ejemplo, un *widget* con ancho flexible 0 no será dimensionado por encima de su ancho y alto preferido siempre que sea posible, mientras que un widget con ancho flexible 1 sí será dimensionado por encima de su tamaño preferido cuando sobre espacio. En caso de que varios *layout elements* tengan que repartirse el espacio sobrante, las dimensiones flexibles actuarán como porcentajes, de forma que dos elementos con ancho flexible 1 se repartirán el espacio disponible al 50%, mientras que si uno tiene ancho flexible 1 y el otro 2, el primero se quedará con el 33% y el segundo con el 66% del espacio sobrante.

6.8.3 Componentes Layout Controller

Unity nos proporciona varios tipos de *layouts controller*, en forma de componentes que podemos añadir a nuestros *widgets* para ajustar de forma semi-automática sus posiciones y tamaños, o las de sus hijos. Cuando añadimos un componente de este tipo a un *widget,* algunas de sus propiedades en el componente **RectTransform** (o en los de sus hijos) quedan bloqueadas, resultando imposible modificarlas.

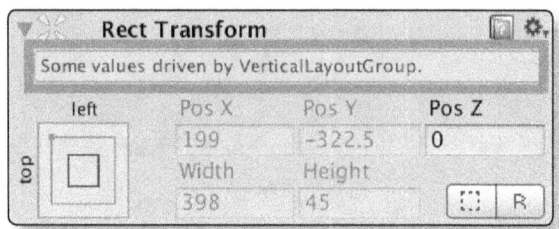

Figura 6.31. Rect Transform controlado por un layout controller.

Este comportamiento busca evitar cualquier tipo de conflicto entre la posición o tamaño calculado por el *layout controller*, y los valores que pudiéramos introducir nosotros.

A continuación estudiaremos los distintos tipos de componente *layout controller.*

6.8.3.1 CONTENT SIZE FITTER

Al añadir este componente a un *widget*, su tamaño final se ajustará automáticamente al tamaño indicado por su *layout element*, pudiendo elegir si ajustarse al tamaño mínimo o al preferido tanto horizontal como verticalmente.

Por ejemplo, al añadirlo a un *widget* con un componente **Text** y elegir que se ajuste horizontalmente al tamaño preferido, el tamaño del widget se ajustará automáticamente al ancho del texto que contiene.

6.8.3.2 ASPECT RATIO FITTER

Al añadir este componente a un *widget*, su alto se calculará en base a su ancho, o viceversa, según el modo de funcionamiento seleccionado en la propiedad **Aspect Mode** y a la relación de aspecto fijada en la propiedad **Aspect Ratio**. Recordamos que la relación de aspecto se calcula como la división del ancho por el alto.

6.8.3.3 LAYOUT GROUPS

Dentro de este grupo incluimos los componentes **Horizontal Layout Group**, **Vertical Layout Group** y **Grid Layout Group**. Al añadir cualquiera de estos componentes a un *widget*, sus *widgets* hijos se distribuirán de forma horizontal, vertical o en rejilla ocupando el espacio disponible en el padre. Habitualmente estos componentes se utilizan en ventanas o paneles que tengan varios *widgets* hijos, para posicionar estos automáticamente unos tras otros.

Figura 6.32. Bandas de colores distribuidas mediante un Horizontal Layout Group.

Los componentes **Layout Group** ofrecen varias propiedades que permiten controlar la forma en la que distribuyen a sus *widgets* hijos. La propiedad **Child Alignment** determina la alineación de los hijos horizontal y verticalmente. La propiedad **Child Force Expand** permite elegir si los *widgets* se deben distribuir pegados uno tras otro, o, por el contrario, lo más separados posible entre sí, en caso de haber hueco libre. La propiedad **Control Child Size** hace que el propio **Layout Group** controle no solo la posición, sino también el tamaño de los objetos, haciendo que ocupen el tamaño preferido si la propiedad **Child Force Expand** está desactivada, o forzando a que se expandan para ocupar todo el espacio disponible, si dicha propiedad está activada. Conviene destacar que, si las propiedades **Control Child Size** y **Child Force Expand** están activadas, todos los *widgets* hijos se comportarán como si tuvieran un ancho o alto flexible mínimo de 1.

> ⚠ **CUIDADO**
>
> Los distintos componentes *layout controller* pueden generar conflictos entre sí si intentan controlar una misma propiedad del widget. Aunque algunos componentes combinan bien, como un **Content Size Fitter** y un **Horizontal Layout Group** en el mismo panel, otros serán incompatibles entre sí pudiendo producir errores en los cálculos de tamaños y posiciones. Si se produce alguna incompatibilidad, Unity nos avisará en el inspector informándonos del componente que debemos eliminar para evitar posibles problemas.
>
>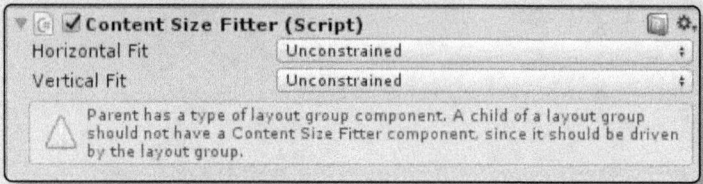
>
> **Figura 6.33.** Conflicto entre componentes layout controller.

APÉNDICE

Para finalizar el libro os presentamos una recopilación de herramientas, tutoriales, sitios web y bibliografía que os permitirán seguir ampliando los conocimientos dentro del mundo de desarrollo de videojuegos.

HERRAMIENTAS

Como hemos visto a lo largo del libro, para desarrollar un juego, no solo es necesario un entorno de desarrollo como Unity, sino que hay muchas más cosas alrededor. Estas herramientas nos permiten desarrollar gráficos, modelos 3D, mapas, documentos de diseño, etc. Hemos optado por recomendar, cuando ha sido posible, herramientas de software libre.

- **Blender:** Blender es junto a 3DMax y Maya una de las principales herramientas de modelado, renderizado, iluminación y animación en 3D. La diferencia con estas herramientas es que Blender es de libre uso, código abierto y se encuentra disponible para sistemas operativos Windows, Mac OS y diversos sistemas Unix, incluyendo Linux. Puedes descargarlo desde la página web *https://www.blender.org*

- **The Gimp**: GIMP Es una herramienta de diseño que permite realizar tareas como retoque fotográfico, creación de imágenes y composición. Se pueden ampliar sus características y funcionalidades mediante el uso de extensiones y complementos. También dispone de la posibilidad de automatizar tareas mediante *scripting*. Se puede descargar desde su página oficial: *https://www.gimp.org* o desde la página del Grupo de Usuarios de GIMP en Español: *http://www.gimp.org.es*

▼ **Synfig:** Es una herramienta de animación en 2D, no solo orientada a videojuegos, pero que tiene una gran aplicación en este campo debido a que permite la animación de *sprites* mediante un sistema de huesos. Estas animaciones pueden ser exportadas posteriormente en forma de imágenes o de video para la realización de cinemáticas, teniendo, en este caso, la posibilidad de incorporar sonido. Sus alternativas comerciales son Spriter, Spine o ToonBoom entre otras. La herramienta se puede descargar desde *http://www.synfig.org* y en la web también hay un foro de soporte internacional (en inglés) y uno específico de habla hispana.

▼ **OpenToonZ:** Esta herramienta de animación vectorial 2D ha sido creada a partir del código fuente de Toonz, que fue utilizado para la composición de películas y series animadas como El viaje de Chihiro, La Princesa Mononoke o Futurama.

Toonz ahora está disponible como software libre bajo el nombre OpenToonz, y se puede usar de forma gratuita. Desde la web *https://opentoonz.github.io/e/,* puede descargarse OpenToonz y otras herramientas, así como los manuales.

▼ **Audacity:** Es una herramienta de edición de sonido con capacidad de trabajar en modo multipista. No tiene las mismas funciones ni potencia que otras herramientas comerciales, pero es una herramienta bastante útil para personas que comienzan a trabajar con la edición de sonido. Cuenta con herramientas de edición como copiar, cortar, pegar, junto con varios efectos básicos útiles en una edición. Puede descargarse desde *http://www.audacityteam.org*

▼ **Tilemap Editor:** Es una herramienta muy conocida que se utiliza para dibujar mapas, que luego pueden ser importados desde los distintos motores que se utilizan para desarrollar juegos. La herramienta se puede conseguir en la web *http://www.mapeditor.org* y los mapas generados pueden ser utilizados en Unity por medio de algunos *assets* o aplicaciones externas. Uno de estos *assets* es Tiled2Unity, que puedes encontrar en *http://www.seanba.com/tiled2unity* y que transforma los mapas creados con el editor en prefabs que se pueden usar en Unity

Existen muchos *assets* y herramientas para utilizar los mapas de esta herramientas, algunas de pago y otras gratuitas.

RECURSOS

- **Free Unity Assets megalist**: Procedural Worlds, un desarrollador de Unity muy conocido por desarrollar un *asset* llamado Gaia, que sirve para generar terrenos y escenarios, mantiene una lista de los 180 mejores *assets* gratuitos para Unity, esta lista se encuentra clasificada por categorías y están recopilados *assets* para casi cualquier aspecto que se necesite en un juego: modelos 3D, programación, realidad virtual, inteligencia artificial, etc.

  La página está en inglés y puedes acceder a ella desde la siguiente dirección: *http://www.procedural-worlds.com/blog/best-free-unity-assets-categorised-mega-list*

- **Open GameArt:** Open Game Art es un sitio web donde la gente intercambia recursos de dominio público que son útiles para el desarrollo de juegos, contiene gráficos en 2D y modelos 3D, música o efectos sonoros, pero también tiene cosas curiosas como una lista de nombre de ciudades de fantasía o una lista de nombre para personajes entre otras muchas cosas. Está accesible en *https://opengameart.org*

- **Keney:** La web *https://kenney.nl/* contiene aproximadamente unos 40000 archivos imagen, audio y modelos 3D que pueden ser utilizados de forma libre en proyectos personales o comerciales, solo una pequeña parte de los archivos disponibles es de pago.

BIBLIOGRAFÍA

- **Arte de videojuegos:** A través de este libro, escrito por Daniel González, comenzarás un viaje por el arte de un videojuego: diseño de personajes, iluminación, estética, escenarios… Este libro, publicado por Ra-Ma, trata sobre cómo transformar una idea de juego escrita en un papel en una imagen que conecte con el jugador.

- **Curso de narrativa en videojuegos:** En este manual escrito por **Jose Alberto Corbal** y publicado por **Ra-Ma**, se exploran las diferencias narrativas en función del género de videojuegos tan fuertemente ligado al desarrollo. Son simulaciones en las que es necesario saber qué resaltar con exuberancia, qué mostrar sutilmente para no sobrecargar la experiencia y qué ofuscar para no distraer la atención argumental; y que así puedan brillar otros aspectos sin que se vea alterado el mensaje.

- **Diseño de videojuegos:** Este libro, escrito por Daniel González, es un manual para poder convertir una idea de un videojuego en un producto; en él veremos cómo se trabaja en la realización del guión, los personajes, escenarios, mecánicas de juego, inteligencia artificial, etc.

TUTORIALES

- **How videogames changed the world:** Este documental trata sobre veinticinco videojuegos que fueron pioneros en su momento, tales como Pacman, Tetris o Super Mario y analiza distintos aspectos de los mismos, como su jugabilidad, su desarrollo o las características que hicieron que se convirtiesen en un éxito. El documental está en inglés y puedes verlo en *https://vimeo.com/86920129*

- **Histeria GameDev:** En el blog *https://histeriagamedev.wordpress.com*, que mantiene **Santi Andrade**, podrás encontrar interesantes tutoriales para aprender a hacer cosas como sistemas de patrones de movimiento, ataques a distancia, puntos de guardado o un controlador en una pantalla táctil.

- **Intel GameDev:** Intel tiene un excelente sitio dedicado al desarrollo de videojuegos en *https://software.intel.com/en-us/gamedev,* donde hay muy buenos artículos que abarcan desde la creación de personajes o el diseño conceptual hasta la aplicación de sistemas de monetización para ganar dinero con los juegos, pasando por los aspectos técnicos de construcción o testeo. Tanto el sitio como los artículos están en inglés y alguno de los artículos están especialmente dedicados a Unity, existiendo varios acerca de la optimización del juego en distintas plataformas.

COMUNIDADES Y FOROS

- **UnityAnswers**: Sitio web mantenido por los creadores del motor Unity, donde puedes realizar cualquier pregunta acerca de Unity o buscar en la inmensa base de datos de preguntas ya realizadas. Puedes acceder en *http://answers.unity3d.com/index.html*, el sitio se encuentra en idioma inglés.

- **UnitySpain:** Comunidad de habla hispana de Unity, donde puedes plantear tus dudas o resolver las que tengan otros acerca del motor, además de presentar tus proyectos. Dispone de foros dedicados a la programación, al arte 2D y 3D, al diseño de videojuegos o a la construcción y optimización de los videojuegos realizados con Unity para cada una de las distintas plataformas. Puedes acceder a ella en *http://www.unityspain.com/*

MATERIAL ADICIONAL

El material adicional de este libro puede descargarlo en nuestro portal web: *http://www.ra-ma.es*.

Debe dirigirse a la ficha correspondiente a esta obra, dentro de la ficha encontrará el enlace para poder realizar la descarga. Dicha descarga consiste en un fichero ZIP con una contraseña de este tipo: XXX-XX-XXXX-XXX-X la cual se corresponde con el ISBN de este libro.

Podrá localizar el número de ISBN en la página IV (página de créditos). Para su correcta descompresión deberá introducir los dígitos y los guiones.

Cuando descomprima el fichero obtendrá los archivos que complementan al libro para que pueda continuar con su aprendizaje.

INFORMACIÓN ADICIONAL Y GARANTÍA

- ▼ RA-MA EDITORIAL garantiza que estos contenidos han sido sometidos a un riguroso control de calidad.

- ▼ Los archivos están libres de virus, para comprobarlo se han utilizado las últimas versiones de los antivirus líderes en el mercado.

- ▼ RA-MA EDITORIAL no se hace responsable de cualquier pérdida, daño o costes provocados por el uso incorrecto del contenido descargable.

- ▼ Este material es gratuito y se distribuye como contenido complementario al libro que ha adquirido, por lo que queda terminantemente prohibida su venta o distribución.

www.ingramcontent.com/pod-product-compliance
Lightning Source LLC
Chambersburg PA
CBHW082035230426
43670CB00016B/2665